草津温泉の社会史

関戸明子
Sekido Akiko

青弓社

草津温泉の社会史　目次

カバー画――中澤麻吉「上州草津温泉真景図」一九一六年　装丁――神田昇和

凡例

本書で使用する史料には不適切な用語や表現が使われていて、ハンセン病に対する差別的表現がみられる。本書では、歴史的文脈を尊重して原典のままとしている。

表題や引用文などに用いられている旧字体は原則として新字体に改めている。

引用文については、第4章では字体以外は原典のままだが、そのほかの章では、読みやすさを考慮して、句読点や仮名遣いなどに修正を加えたり、要点をまとめたりしている。

共同浴場や旅館の名称は、それぞれの時期の一般的な表記を用いている。例えば、現在の施設名称としては「熱乃湯」となっているが、それ以前はもっぱら「熱の湯」が用いられていた。また「大阪屋」は、戦前には「大坂屋」の表記が用いられていた。これらはあえて統一していない。

本書に掲載している図や写真は、所蔵機関を明記したもの以外は、すべて筆者が所有するものである。

序章　本書のねらいと構成

草津温泉は群馬県北西部に位置する草津町にある。草津町はユニークな地方自治体である。昭和・平成の大合併を経ても、なお近世の村レベルの範域を基礎としているからである。その歴史をひもとこう。

一八八九年（明治二十二年）の町村制施行にともない、草津・前口・日影・太子《おおし》・赤岩・小雨・生須《なます》・入山という八つの村（いずれも近世の村を継承）が合併して草津村が成立した。役場は草津から離れた小雨に置かれた（位置関係は図1を参照）。しかし、農林業を主体とするほかの村と草津とでは人情・風俗・習慣などが異なり、温泉地の発展に資すべき政策の遂行も望まれないため、八七年に発足した草津温泉改良会の制度を拡張し、入浴客から一泊ごとに湯銭を徴収して、浴場の改築や道路の改修などに充てた。つまり、この草津温泉改良会が地方公共団体の役割を果たしていたのである。その後、県や国に対する分離請願運動によって、一九〇〇年（明治三十三年）、草津・前口の二つの大字と小雨ほか六つの大字が分かれて、草津町と六合《くに》村（二〇一〇年に中之条町と合併）が成立した。厳密にいえば、草津村だけではなく前口村も加わって草津町となったわけだが、一八七五年の人口は草津村六百四十五人、前口村九十九人と草津が九割近くを占めていた[1]ので、温泉集落を基盤とした地方自治体が成立したといってもいいだろう。草津町の行政区域は、昭和・平成の大合併でも変化することなく今日に至っている。二〇一七年の町の人口六千五百四十七人に対して、一六年には二百四万人の宿泊客があった。

草津温泉では「泉質主義」を掲げ、「自然湧出泉として湯量日本一」「源泉一〇〇パーセント掛け流しの天然温泉」「強力な殺菌力を誇る温泉」の三点を強調している。温泉の自然湧出量が日本一とあるように、毎分三万二千三百リットルが自噴している。一方で、自噴と動力を合わせた湧出量としては別府温泉郷の毎分八万三千五十八リットルが日本一になっている。[2]

別府温泉郷は大分県別府市に広がる。別府市は別府八湯と総称される別府・浜脇・亀川・鉄輪・観海寺・堀田・柴石・明礬の八つの温泉地をもち、多くの市営浴場も立地する。一八八九年（明治二十二年）の町村制施行によって、別府（一八九三年町制。別府が立地）・浜脇（一八九三年町制。浜脇が立地）・御越（一九〇一年町制、二五年亀川町に改称。亀川・柴石が立地）・朝日（鉄輪・明礬が立地）・石垣（観海寺・堀田が立地）の五つの村が成立した。別府と浜脇は一九〇六年（明治三十九年）に合併して別府町が成立し、二四年（大正十三年）に市制が敷かれた。さらに三五年（昭和十年）に亀川・朝日・石垣の三町村が別府市と合併し、人口六・二万人の「大別府市」が誕生した。[3] 五六年（昭和三十一年）に三地区の一部編入があったが、平成の大合併では合併しておらず、昭和初期に現在の別府市の枠組みが作られたことになる。かなり煩雑な記述になったが、別府市の成立にはそれだけ多くの地区がかかわっていたのである。

二〇一七年の別府市の人口約十一・九万人に対して、一六年の宿泊観光客数は二百三十五万人だった。[4] 宿泊客数を人口比で換算すると、草津三百十二に対して別府二十となり、圧倒的に草津が高い。このように草津は相対的に小さな地域で多数の宿泊客を受け入れていて、温泉観光に特化した町になっているのである。

二〇一七年五月には「クラシック草津地区」（三十七・七ヘクタール）が「都市景観大賞」を受賞した。これは良好な景観の形成に資する普及啓発活動の一環として一九九一年度から実施している表彰制度で、国土交通省の後援で「都市景観の日」実行委員会が主催している。そこで草津町は「都市空間部門」の表彰を受けた。審査委員長・陣内秀信の総評には、次のようにある。

　群馬県草津町の「クラシック草津地区」は、従来型の開発計画を転換し、時代の積層を感じさせる温泉街の町並み、歴史の再評価に基づく独自の発想で、官と民が一体となって推進してきたまちづくりの偉大な成果である。魅力をアップした湯畑広場、通り、路地に観光客が溢れる情景は素晴らしい。住民の思いが形になったボトムアップ型のまちづくりの優れた事例である。(5)

平成の大合併で自治体が広域化したため、合併によって中心から離れた周辺地域では、住民の意見が政治に反映されにくくなっている。それに対して、草津では行政との距離が近く、住民が参加して景観まちづくり協定を結び、景観形成重点地区で修景事業を展開している。あわせて公共事業も進め、温泉情緒を感じさせる景観が整備されてきた。こうした点が「都市景観大賞」の受賞につながったといえる。

本書は「草津温泉の社会史」をテーマとする。近現代の草津温泉での地域社会のあり方を通観しながら、草津で形成されてきた歴史や文化の重層性を読み解いていきたい。さらに景観の変化に着目し、さまざまな時代に生まれた要素が維持されたり、消滅したり、変容したり、複雑な過程を経て現在の姿があることを考察していく。

筆者が専門とする歴史地理学では、過去の時間軸のある時期に、空間的事象がどのように展開していたのかを描くこと、その「時の断面」を積み重ねて歴史的な変遷をたどること、こうした研究を進めてきた。そして、過去はさまざまな形で、現代に痕跡をとどめている。過去に起きた出来事を具体的な場所と結び付けて、それを読み解いて復原することに、歴史地理学の面白さがある。

本書は現代も扱うが、それは言うまでもなく、さまざまな過去の「時の断面」と緊密につながっている。史料、統計データ、鳥瞰図、地図、紀行文、新聞や雑誌の記事と写真、絵はがきなどの多様な素材を活用して、草津温泉の社会史を描き出していきたい。

本書では、年代別にまとめるのではなく、主題別に考察することを試みた。そこで分析の対象とするのは、ツーリズムを成り立たせている地域資源、旅行者を受け入れてきた地域社会、訪れた旅行者のテクスト、目的地と旅行者をつなぐメディアという四つの柱である。本書の構成は次のとおりである。

第1章「草津温泉をめぐる自然と歴史叙述」では、豊かな温泉を生み出している草津白根山の自然史を概観し、草津温泉の開湯をめぐって、どのような歴史叙述がおこなわれてきたのかをまとめた。本書全体の背景ともいえる内容になっている。

第2章「温泉の利用形態と管理方法」では、草津の特色である共同浴場の変遷、一九七〇年代の引湯技術の革新、草津町による温泉の集中管理の仕組みについて論述した。温泉と共同浴場という地域資源を扱ったこの章は、以下の章を読むときに前提となる知識を提供している。

第3章「温泉を基盤とする地域社会の形成と変容」では、多くの旅行者を受け入れてきた地域社会に焦点をあてて、その形成と変容を扱っている。人口と就業者数の推移をふまえて、明治期、大正・昭和初期、戦後から一九八〇年頃まで、現在までという四つの時期に分けて考察を進めた。本書の骨格になる部分である。

第4章「旅行者の動向と場所イメージ」では、第二次世界大戦を大きな区切りとして、入浴客数や観光入込客数の推移といった旅行者の実態をふまえながら、草津を訪れた旅行者が記したテクストを考察の対象とした。この章では、いろいろな時期の紀行文を読むことで、想像上の過去への旅行を楽しんでほしい。

第5章「描かれた草津／写された草津／格付けされた草津」では、草津温泉という場所がメディアによってどのように表象されてきたのか、あるいはイメージの構築にどのようにはたらきかけてきたのかを読み解くため、鳥瞰図、写真、ランキングの三つを手がかりとした。鳥瞰図と古写真については、草津温泉の景観を復原するための資料として活用できるため、第2章と第3章の記述を補完することにもつながっている。

終章「結びにかえて」では、入浴客の男女差にかかわる議論とフィールドでの観察ポイントや見学場所の紹介をおこなった。

これらの各章は連動しているが、興味がある章から先に読むことも可能である。

草津温泉を扱った自治体史としては、佐藤曾平『草津町史』（佐藤曾平、一九三八年）があり、第二次世界大戦前の年代記的な事項は、この書に多くを負っている。また草津町誌編さん委員会によって全三巻の『草津温泉誌』（草津町役場、一九七六―九二年）が刊行されている。このうち第二巻に収められた山村順次「草津温泉観光発達史」は、近現代をまとめた詳細な地誌になっていて、学ぶことが多い。このほかの草津温泉を対象とした著作については、参考文献を参照されたい。

注

（1）群馬県文化事業振興会編『上野国郡村誌』第十一巻、群馬県文化事業振興会、一九八五年、二七四―二七七、三四〇―三四六ページ

（2）「温泉」二〇一四年第二号、日本温泉協会、二〇一四年、三四―三五ページ

（3）別府市編『別府市誌』別府市、一九八五年

（4）『平成二十七年別府市観光動態要覧』による。

（5）国土交通省「平成29年度「都市景観大賞」各賞の選定――良好な景観に資する地区・活動について特に優れたものを表彰」（http://www.mlit.go.jp/common/001132786.pdf）［二〇一七年十月五日アクセス］

第1章　草津温泉をめぐる自然と歴史叙述

1　草津白根山の自然史

草津白根山の火山活動

草津の温泉街は、主要な源泉である湯畑を中心に発達し、標高千百メートルから千二百メートルの高原に位置している。温泉街の西方にそびえる草津白根山は、白根山（二千百六十メートル）、本白根山（二千百七十一メートル）、逢ノ峰（二千百九メートル）などの山々からなる、日本でも有数の活動的な火山である。草津白根山周辺は、一九四九年（昭和二十四年）に上信越高原国立公園の指定を受け、すぐれた自然の風景地が保護されてきた。一方で、白根火山ロープウェイの完成（一九六〇年）、志賀草津高原ルート（国道二百九十二号）の全面舗装（一九七〇年）によって、草津温泉から手軽にアクセスできるようになっている。まずは、豊かな温泉を生み出している草津白根山の自然史を概観したい。

草津白根山の火山活動は、三つの噴火期に区分されている[1]。第一噴火期には松尾沢火山が形成されたが、その後に流出した溶岩や火砕流に覆われていて、地表ではあまり確認できない。

第二噴火期は、七十万年前の洞口溶岩の流出に始まり、大規模な太子《おおし》火砕流の噴出、米無溶岩、青葉・前口溶岩などの流出、小規模な谷沢原火砕流の噴出と続いた。大量の火山噴出物が流れ下った太子火砕流は、その標準

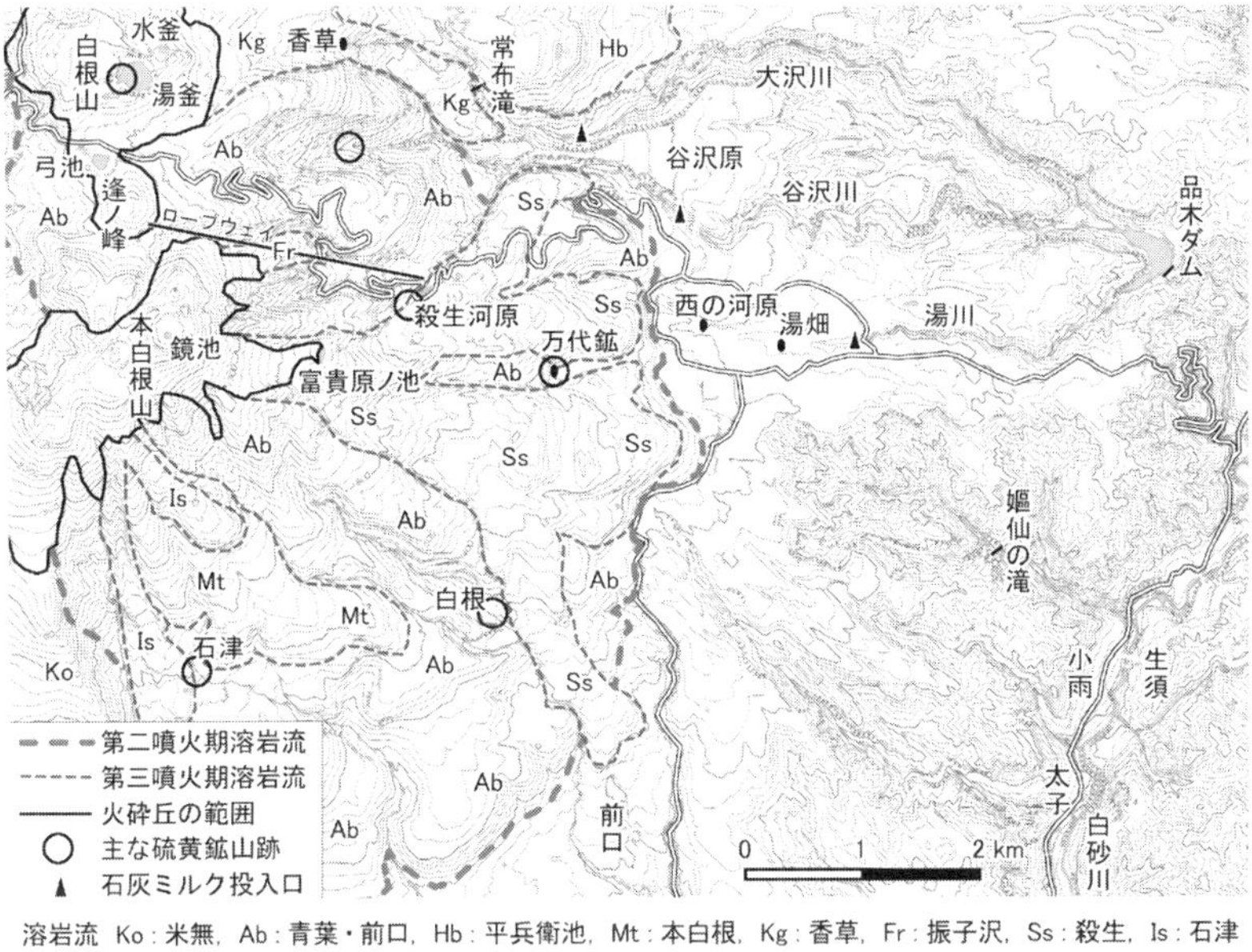

図1　草津白根山の地形・地質
（出典：国土地理院「1:15,000　火山土地条件図　草津白根山」〔1991年〕、「数値地図50000（地図画像）」から作成。等高線は20メートル間隔）

となる地層がみられる地点の太子で二百メートル以上、平均でも約百メートルの厚さで山麓を埋め尽くし、白砂《しらすな》川右岸に広大な火砕流台地を形成した（図1）。湯畑を中心に発達した温泉街は、この火砕流台地の平坦面に位置する。温泉街の周囲では、火砕流台地が河川によって浸食されているため、等高線の間隔が狭く、複雑に入り組んでいることがわかる。太子火砕流のあとに流出した青葉・前口溶岩は、火口から東方と東南方に扇状に広く分布する。溶岩流の末端には崖が連なっていて、国道の一部は末端崖のへりに沿って走っている。

　第三噴火期には、噴出した火山弾や軽石、火山灰などが火口の周囲に堆積して、山頂域に三つの火砕丘群が形成された。これらの火口から、一万四千年前頃に平兵衛池溶岩が流下し、その後、本白根溶岩、香草《かぐさ》溶岩が流れ出て、三千年前に殺生溶岩、振子沢溶岩、石津溶岩が流下した。新しい溶岩流では、溶岩流の側縁部が早く冷えて固まって高く残った

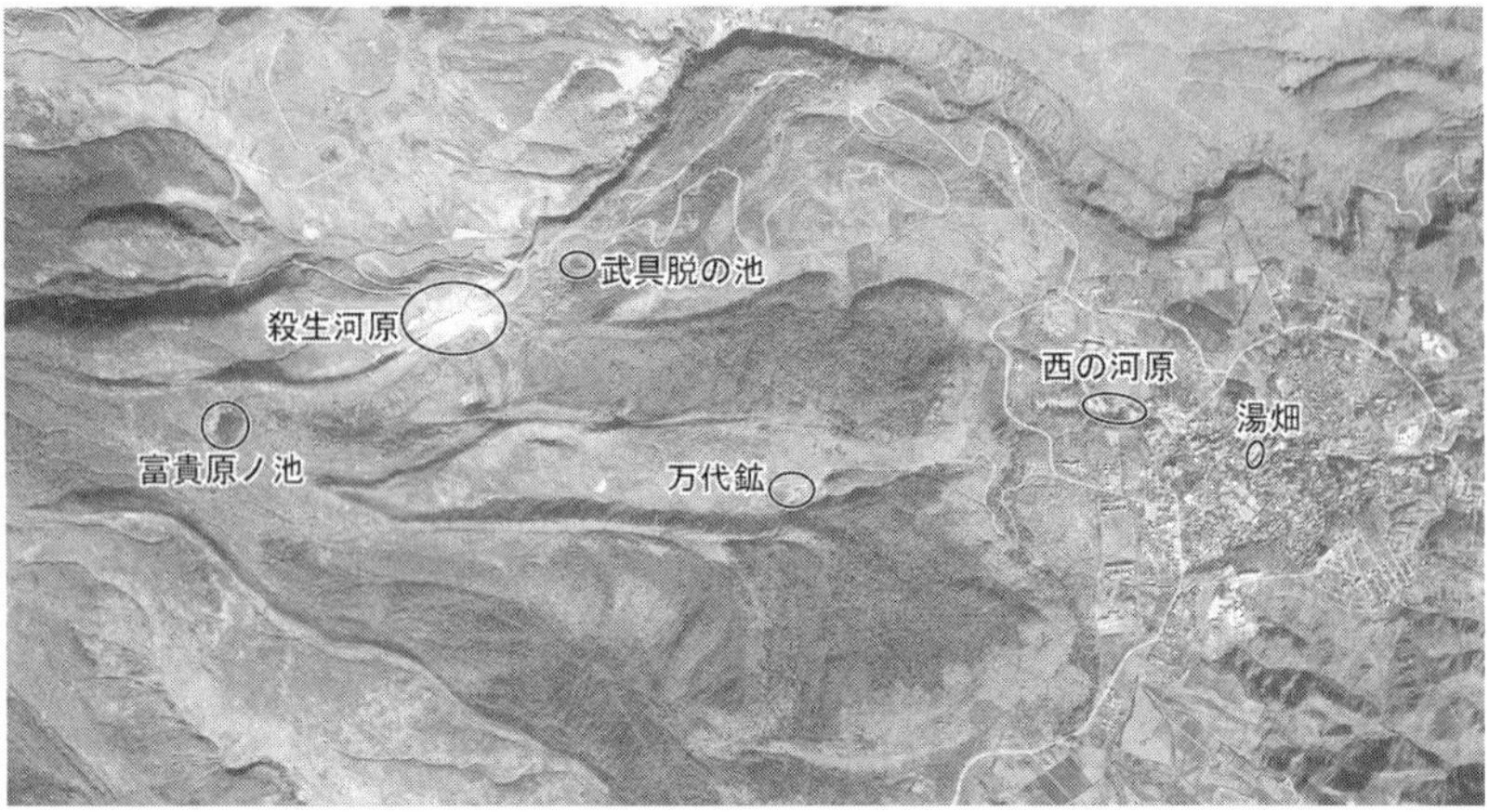

図２　草津温泉周辺の空中写真　国土地理院、1971年撮影、KT718Y-C11A-10

溶岩堤防や、進行方向に向けて凸状に湾曲した溶岩じわといった地形が観察できる。いずれの溶岩流も温泉街には達していない。空中写真をみると、草津白根山から流れ出た溶岩が作った地形が明瞭に認められる（図２）。

硫黄鉱山と万代鉱源泉

草津白根山の周囲には、硫化水素ガスが噴出している場所が点在していて、噴気孔の周囲は立ち入り禁止になっている。そのような場所の一つ、殺生河原では、文字どおり動植物を寄せ付けない荒涼とした景観が広がっている。さらに、エメラルドグリーンの水をたたえた湯釜をはじめ、水釜、弓池、鏡池などの火口湖をみることができる。白根山の湯釜の底には高品位の硫黄が沈殿していて、その採掘がおこなわれていた。さらに、草津白根山の周辺には多くの硫黄鉱山が操業していたが、石油や天然ガスを精製するときに分離・回収された硫黄が安価に生産されるようになると、価格の面で競争に勝てず、一九七〇年前後までに次々と閉山した。[2] こうしたなかで、万座硫黄株式会社が新たな鉱床を求めて万代鉱の開発に着手し、坑道の掘削を進めていたところ、一九六六年に高温の熱水が大量に噴出したため、工事が中止されて廃坑になった。その後、七二年に草津町が国有林野の使用許可を取って掘削・開発をおこない、二年後に万代鉱源泉として給湯が始まった。この源泉開発が草津温泉の発展に大きく寄与することになるが、それは次章以下で改めてふれることになる。

強酸性の温泉と中和事業

草津の温泉は、高温・強酸性で殺菌力があり、皮膚病や神経痛などに効能をもつ。地下で熱と特有の成分を得ることによって温泉は生成されるが、地下の動きを探査することは困難であり、どのような経路を通って温泉が湧出しているのかは、十分には解明されていない。草津では、富貴原《ふきばら》ノ池付近から浸透し、青葉溶岩、殺生・前口溶岩の下にある太子火砕流のなかを流下する伏流水が、殺生河原などの多くの噴気地帯を通過する際、地下で火山ガスの温度と酸性成分を与えられ、さらに流下するうちに周囲の岩石の成分を溶入し、高温・強酸性・高濃度の温泉伏流水となる。これに低温・低濃度の一般伏流水が種々の割合で混合し、市街地とその周辺に湧出してくると考えられている(3)。図3は、草津白根山周辺の断面を模式的に示したものである。草津では、降水による地下水位が温泉湧出に大きな影響をもっていて、温泉の保全のためには地下水の涵養を大切にすべきであると指摘されている(4)。

　湧出する温泉の温度は、湯畑が五三度、西《さい》の河原が四五度、万代鉱が九五度と異なり、その成分も多様である（後掲表2を参照）。それは温泉水の起源や伏流水の経路が異なっていることを示している。最も高温の万代鉱源泉については、電磁波を用いた地下探査によれば、万代鉱坑口から四、五百メートルあまり西方の基盤岩の下部から熱水が上昇していると推測されており、

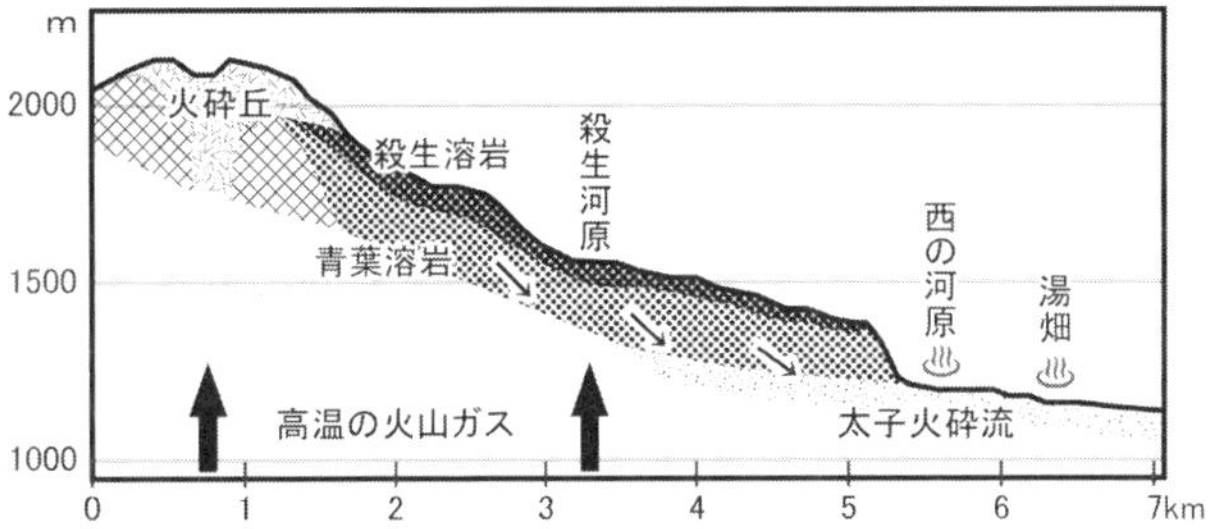

図３　草津白根山周辺の断面の模式図
（出典：「数値地図50000（地図画像）」などから作成）

写真1　湯川への石灰ミルク投入の様子（2016年6月撮影）

そこから坑道を通って湧出している[5]。

草津の温泉水や硫黄鉱山の廃鉱から出る強酸性の水の流入によって、利根川水系の吾妻川は、魚も棲まない「死の川」になっていた。この地域の酸性水は、五寸釘を湯川につけると十日間でほとんど溶けてしまうほど強く、鉄やコンクリートで作られた構造物を急速に劣化させ、飲料水や農業用水としても利用できなかった。こうした問題を解決するため、一九六四年に湯川の脇に草津中和工場を建設し、湯川と谷沢川に毎日二十四時間休むことなくアルカリ性の石灰ミルクを投入する中和事業が開始された（写真1）。八六年には香草《かくさ》中和工場が完成し、谷沢川に加えて大沢川でも石灰ミルクの投入を始めた。草津町にある国土交通省品木ダム水質管理所では、中和事業が紹介されている。また下流に位置する品木ダムは、中和の過程で発生する化合物を沈殿させるために六五年に完成したもので、八八年からは定期的に流入した堆積物の浚渫がおこなわれている。ダム湖は「上州湯の湖」と呼ばれ、白根山の湯釜と同じくエメラルドグリーンの湖水をみることができる（位置は図1参照）。

2　開湯伝説と歴史叙述

「草津に歩みし百人」

湯畑を囲う石柵には、草津を訪れた偉人たちの名を刻んだ「草津に歩みし百人」の碑が並んでいる。この事業は二〇〇〇年の「町制一〇〇周年記念事業」としておこなわれた。そのリストをみると、古い時代から「日本《やまと》武尊《たけるのみこと》（草津への来訪：神代）」「行基菩薩（同：七二一年）」「木曾義仲（同：一一五五年）」「巴御前（同：一一八四年）」「源頼朝（同：一一九三年）」「蓮如上人（同：一四七二年）」と続く。「草津に歩みし百人」には、江戸時代までに訪れた人物として二十六人をあげているが、史料に記録が残っているのは本願寺宗主の蓮如の湯治以降であり[6]、それ以前の人物の来訪は「伝説」として語られてきた。木曾義仲は、六合村（現・中之条町）入山に隠されて育ったと伝えられ、一一五五年（久寿二年）とは、義仲誕生の翌年のことである。一方、巴御前の八四年（寿永三年）は義仲が戦死した年で、義仲の残党とともにこの地に逃れたという伝説によっている。

写真２　「草津に歩みし百人」を刻んだ湯畑の石柵
右から2本目にルシウスの名がみえる（2016年6月撮影）

　写真2の石柵には、左から行基菩薩、日本武尊、源頼朝、ルシウス・モデストゥス、木曾義仲と刻まれている。ルシウスの名前は、映画『テルマエ・ロマエⅡ』（監督：武内秀樹、二〇一四年）が草津温泉で撮影されたことにちなみ、その主人公のテルマエ設計技師が百一人目として選ばれたもので、二〇一四年に加えられた。

光泉寺の縁起

　ここでは、草津温泉の開湯をめぐって、どのような歴史叙述がおこなわれてきたのかをみたい。開湯伝説は、温泉という具体的な場所と結び付いて語られてきたものであり、伝承者の歴史意識を反映したものといえる[7]。草津の歴史叙述には、

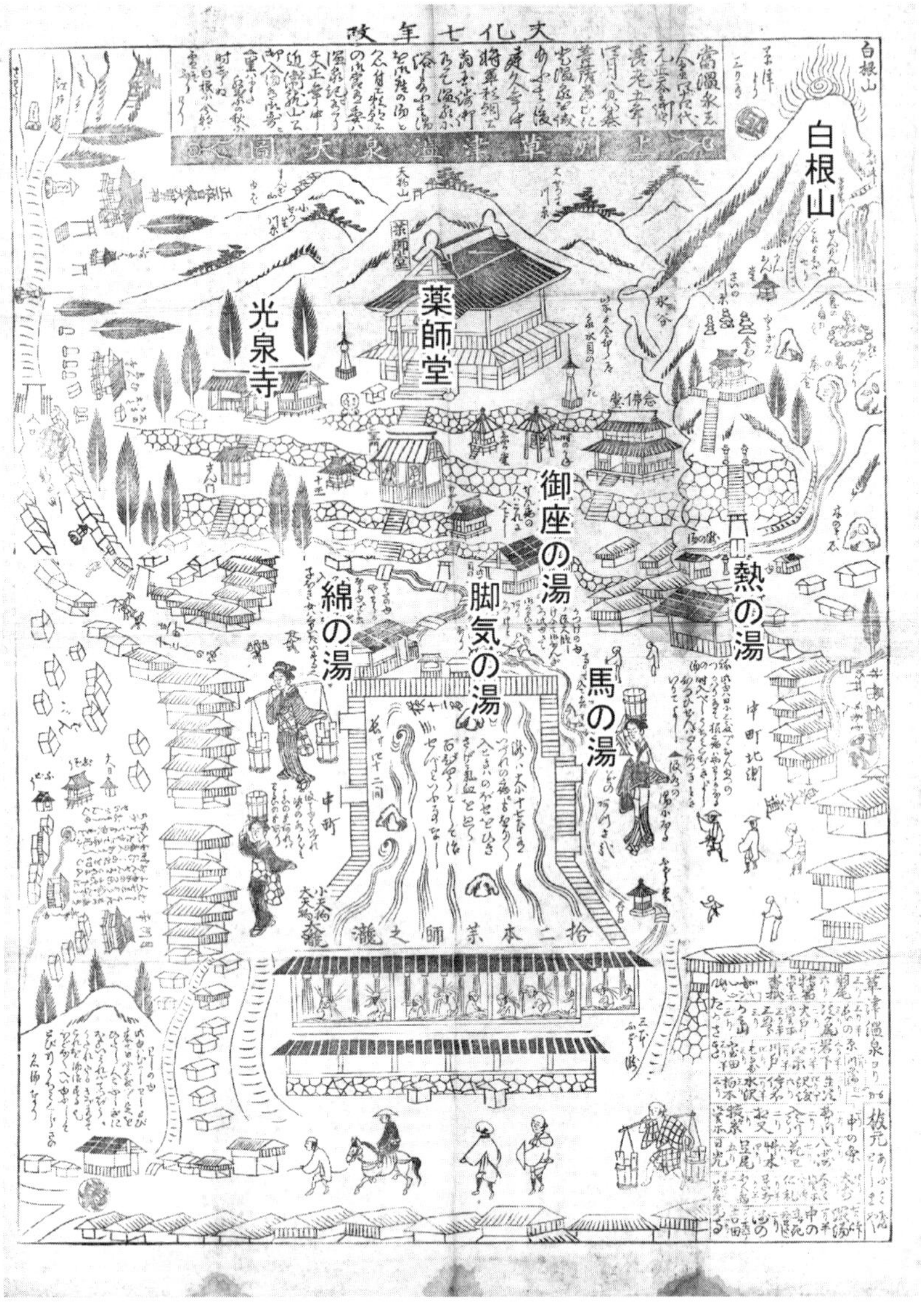

図４　「上州草津温泉大図」　1810年（文化7年）、表12-No.12

光泉寺の縁起を欠かすことができない。その境内は湯畑を見下ろす高台に広がる。近世後期の絵図には、上部中央の位置に、薬師堂（一八八九年〔明治二十二年〕に焼失）が大きく描かれていて、光泉寺（一九〇一年〔明治三十四年〕に薬師堂跡へ移転）はその左に配されている（図4）。光泉寺境内には、一九一七年（大正六年）建立の「行基菩薩当山開創壱千弐百年紀念之塔」（写真3）があり、薬師堂は行基による開創と伝えられている。

　光泉寺所蔵の「上野国吾妻郡草津温泉由来」は、一二〇〇年（正治二年）という年記があるが、近世に作成された文書である。(8)まずは、この文書の要点を押さえておきたい。

　建久八年、源頼朝が浅間山麓の三原野で狩りをしていた。土地のことをよく知る御殿之介を召し出し尋ねていると、不思議なことに童子が現れて、これより辰巳の方向に熱湯が湧き出すと告げて消えた。そこへ行くと広く平らなところがあり、茂った草むらの大きな石に頼朝が座り、草を刈らせたところ、たちまち温泉が湧き出した。案内の恩賞に、御殿之介に湯本幸久の名を与えた。頼朝の座った石は、御座の石、御座の湯と名付けられた。

写真3　光泉寺境内にある「行基菩薩当山開創壱千弐百年紀念之塔」（2016年6月撮影）1917年（大正6年）8月建立。書は井上円了による

　この文書では、頼朝による発見を一一九七年（建久八年）としているところがほかの史料と異なる。同じ光泉寺が板行した「草津温泉奇効記」（年不詳）には、次のように記されている。

　元正天皇のとき、養老五年、行基が東国巡行のみぎり、当山に登り、医王善逝〔薬師如来‥引用者注〕の示現によって温泉に浴し、その効験を試み、初めて世人に浴湯の法を教えたとき、これ四月八日という。これより歳月を追って盛んになる。建久四年三月、源頼朝が三原での狩りのみぎり、温泉に浴した。その湯を名付けて御座の湯という。いつの頃か、祠を建て祀るようになり、これを頼朝の宮という。(9)

行基による開湯は七二一年(養老五年)と一定で、四月八日は薬師堂の縁日である。行基と源頼朝による温泉の発見と利用に関する叙述は、図4に示した一八一〇年(文化七年)の「上州草津温泉大図」などの絵図や二三年(文政六年)の『草津温泉往来』でも確認できる。ちなみに『草津温泉往来』は人気作家の十返舎一九の作品で、草津を紹介する旅行案内として刊行されたものである。(10)

このように、地元で書かれた歴史は、行基と源頼朝による温泉の発見と利用が核心をなしていた。行基は奈良時代の僧で、布教活動とともに治水・架橋などの社会事業をおこない、七四三年(天平十五年)には東大寺大仏造営の勧進に加わったことで知られる。行基による開湯と伝えられる場所は山代温泉など各地にあるが、草津の近隣では渋温泉もその一つである。

一方、源頼朝による三原での狩りの記事は『曾我物語』にみられる。これは曾我兄弟の仇討ちを描いた物語で、十四世紀後半から十五世紀前半の成立とされている。そこでは、源頼朝一行は、一一九三年(建久四年)四月下旬に鎌倉を発ち、碓氷峠を越えて信濃の沓掛に入り、そこから浅間山北麓の三原へと越えて、三が日逗留し、さらに大戸、三ノ倉、室田などで狩りをおこないながら、利根川を渡って赤城山に到着して七日間逗留、その後、下野国那須野に向かっている。(11) しかし、草津の地名は『曾我物語』にも『吾妻鏡』にもみられない。草津の近くまで狩りに来たという物語にこじつけて、頼朝による発見伝説が形作られたのだろう。

日本武尊の伝説

明治になると、日本武尊の伝説が加えられるようになる。『日本書紀』には、日本武尊が蝦夷を平定した帰路に「碓日坂」に至り、亡くなった弟橘媛《おとたちばなひめ》をしのび、「碓日嶺」に登って、東南を望んで「吾嬬者耶《あづまはや》」と三度嘆いた、そのため「山東諸国」を「吾嬬国」と呼ぶようになったとある。「碓日坂」は、上野・信濃の国境を通る東山道の碓氷峠とされ、東国《あずまのくに》の地名説話として知られている。

日本武尊の伝説を記載する最も初期のものに、一八八〇年（明治十三年）の「上野国吾妻郡草津鉱泉療法一覧」がある（図5）。これは一枚物の案内であり、著者と出版者は草津の市川与平となっている。根元では、景行天皇の四〇年、東夷征討中の日本武尊が須ヶ尾の峰に至り橘姫《（ママ）》を懐い嘆じたこと、日本武尊を祭神とする白根神社の遥拝所が草津温泉にあり、一八七三年（明治六年）に郷社に選定されて壮観に復したことに言及し、日本武尊をもって草津温泉の開元としている。市川は、「碓日嶺」を「須ヶ尾」に比定しているが、その根拠は示されていない。「須ヶ尾」とは、高崎から大戸関所を経て長野原に至る道中にある須賀尾峠のことを指すと考えられる（図6）。同様の叙述は、異なる出版者（旅館）が製作した小冊子の案内記（一八九二―一九〇五年刊行）でも踏襲されている。

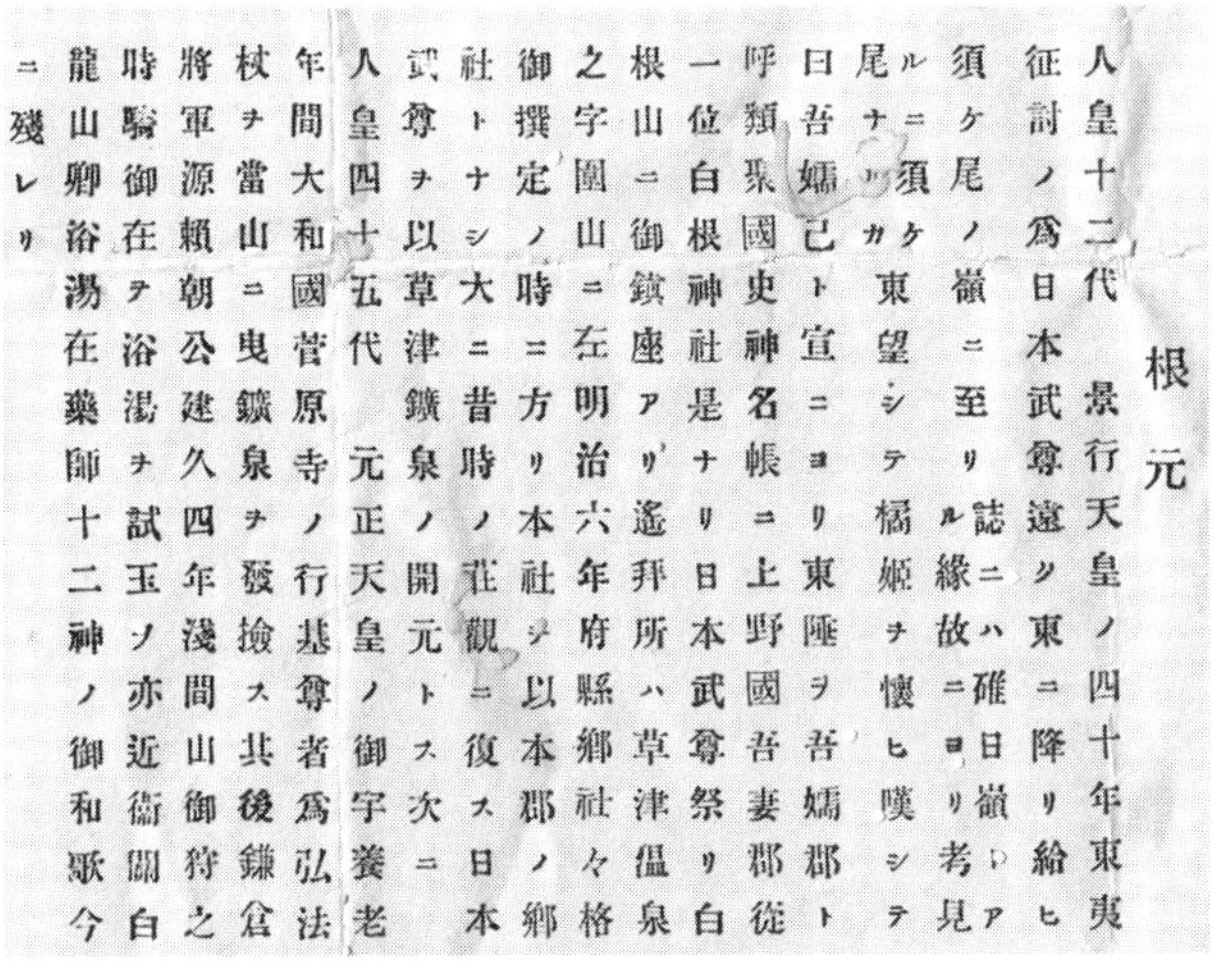
根元
人皇十二代景行天皇ノ四十年東夷
征討ノ為日本武尊遠ク東ニ降リ給ヒ
須ケ尾ノ嶺ニ至リ誌ニハ碓日嶺トアル縁故ニヨリ考見
ルニ須ケ尾ナリカ東望シテ橘姫ヲ懐ヒ嘆シテ
曰吾嬬已ト宣ニヨリ東陲ヲ吾嬬郡ト
呼類聚國史神名帳ニ上野國吾妻郡従
一位白根神社是ナリ日本武尊祭リ白
根山ニ御鎮座アリ遥拝所ハ草津温泉
之字園山ニ在明治六年府縣郷社々格
御撰定ノ時ニ方リ本社ヲ以本郡ノ郷
社トナシ大ニ昔時ノ荘観ニ復ス日本
武尊ヲ以草津鑛泉ノ開元トス次ニ
人皇四十五代　元正天皇ノ御宇養老
年間大和國菅原寺ノ行基尊者為弘法
杖ヲ當山ニ曳鑛泉ヲ發撿ス其後鎌倉
將軍源頼朝公建久四年淺間山御狩之
時騎御在テ浴湯ヲ試玉ノ亦近衛關白
龍山卿浴湯在薬師十二神ノ御和歌今
ニ残レリ

図5　草津温泉の根元
市川与平「上野国吾妻郡草津鉱泉療法一覧」部分、1880年（明治13年）

松永彦右衛門による歴史叙述

草津温泉の歴史について詳しく記述しているのは、一九〇五年（明治三十八年）刊行の松永彦右衛門『上州草津温泉誌』である。松永は例言で、草津鉱泉取締所の委嘱を受けて同書を編纂したと述べている。日露戦争（一九〇四―〇五年）後、

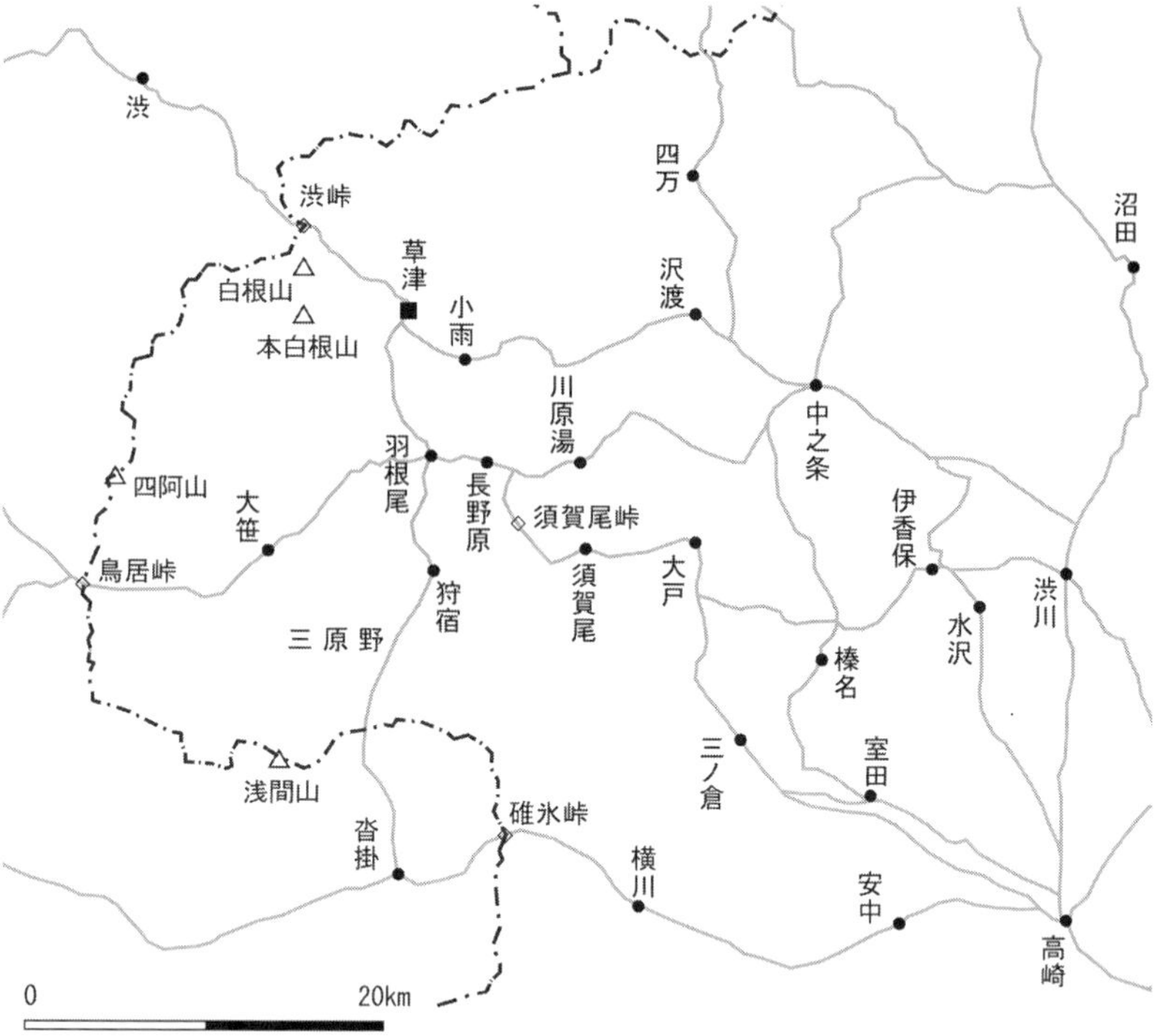

図６　草津温泉周辺の近世の街道と関連地名
（出典：旧版20万分の1地勢図から作成）

草津鉱泉取締所は軍隊に向けて温泉誌数万部を無料で贈呈することを議決し、同書を刊行した。

「草津温泉の発見」の項では、まず、日本武尊東征の帰途、鳥居峠に登り橘《(ママ)》姫を追慕したときに発見した、郡を吾妻といい、山を吾妻（四阿《あづまや》）というのは多少の因縁がないことはないとある。ここでは、とくに説明がなく、鳥居峠を追慕の地としてあげている。この説は『上野名跡志』の叙述を参照していると考えられる。藤岡の国学者・富田永世が一八五三年（嘉永六年）に編んだ『上野名跡志』をみると、「鳥居峠」の項に次のような記載がある。

石の祠二社があり、日本武尊と橘《(ママ)》姫を祀り吾妻権現と称する。このところが日本武尊が越えた道の真跡だという。太古はこのあたりまで碓氷であり、吾嬬者耶の御言より吾妻郡となったらしいので、いにしえの碓氷峠はこちらであろうか。[12]

この『上野名跡志』は、活字版が一八八二年(明治十五年)と一九〇一年(明治三十四年)に出されていて、松永も参照することができたと思われる。続いて、松永は、行基と源頼朝による温泉の発見、一五六七年(永禄十年)に武田信玄が草津湯治を禁じた下知書のこと、寛保年間(一七四一―四四年)に徳川吉宗が温泉を江戸に輸送させたことを取り上げている。[13]さらに「草津温泉の文献」の項では、堯恵『北国紀行』(一四八五年)や宗長の『宗祇終焉記』(一五〇二年)と『東路のつと』(一五〇九年)、豊臣秀吉による入浴の先触れ(一五九五年)、平沢旭山『漫遊文草』(一七八九年)、清水浜臣『上信日記』(一八一九年)など多くの文献や史料に言及している。『上州草津温泉誌』以降に出された案内書での温泉の起源や由来はほぼ同じ事項を取り上げていて、これによって歴史叙述の定型が作られたといえる。松永は、草津温泉は最古の武神である日本武尊によって発見され、有名な武将の源頼朝によって温泉場である資格を作り、のちに武田信玄、豊臣秀吉などの諸豪傑によってその名声が天下にとどろいたことによって、武士の入浴が非常に多く有名になり、ついに野戦病院のような観を呈したと述べている。日露戦争後、軍人の入浴者を多く迎えたい草津にとって、強調したい点を巧みにまとめた歴史叙述といえるだろう。

「草津に歩みし百人」に戻れば、最年少は一九三四年生まれの石原裕次郎である。昭和以降の来訪者をみると、若い世代にはなじみがない人物が多い。そうしたなかで、テルマエ設計技師ルシウスを加えたことは、格好の話題を提供することになった。昔も今も時局や流行にうまく対応していく、広告戦略の基本はあまり変わっていないといえるだろうか。

注

（1）早川由紀夫／由井将雄「草津白根山の噴火史」「第四紀研究」第二十八巻第一号、日本第四紀学会、一九八九年、一―一七ページ

（2）下谷昌幸『白根火山――湯釜の観測、白根火山噴火、硫黄鉱山、湖沼の測定、遭難の記録、上信越自然歩道』上毛新聞社、一九八五年

（3）宇都浩三／早川由紀夫／荒牧重雄／小坂丈予「草津白根火山地質図」（火山地質図3）、通商産業省工業技術院地質調査所、一九八三年

（4）綿抜邦彦「草津温泉の化学的特徴と温泉の保護」「温泉科学」第四十九巻第三号、日本温泉科学会、一九九九年、九〇―九八ページ

（5）神田径／高倉伸一／小山崇夫／小川康雄／関香織／日野裕太／長谷英彰「草津万代鉱周辺でのAMT調査」『2014年Conductivity Anomaly研究会論文集』CA研究グループ、二〇一四年、八七―九一ページ

（6）萩原進「中世の草津」、草津町誌編さん委員会編『草津温泉誌』第一巻所収、草津町役場、一九七六年、一二七、四六六―四七二ページ

（7）関戸明子「草津温泉の開湯伝説と歴史意識の形成」「群馬大学教育学部紀要 人文・社会科学編」第六十六巻、群馬大学教育学部、二〇一七年、六五―七八ページ

（8）前掲「中世の草津」一二一―一二六ページ

（9）群馬県史編さん委員会編『群馬県史資料編11 近世3――北毛地域1』群馬県、一九八〇年、八九四―八九六ページ

（10）太平主人編著『草津温泉繁昌誌――江戸期草津温泉資料集成』（太平文庫）、太平書屋、二〇一二年、一四七―一五六、三一〇―三一二ページ

（11）梶原正昭／大津雄一／野中哲照校注・訳『曾我物語』（「新編日本古典文学全集」第五十三巻）、小学館、二〇〇二年、一九三―一九九ページ

（12）富田永世『上野名跡志　初編』万巻堂書店、一九〇一年、巻下三七―三八丁

（13）松永彦右衛門『上州草津温泉誌』臥遊山房、一九〇五年、六―一六ページ

コラム　草津白根山の火山災害

草津白根山は、白根山、本白根山、逢ノ峰などの総称である。草津白根山の噴火活動に関する有史以来の最も古い記録は、一八〇五年（文化二年）の白根山の湯釜がある。一〇年の絵図には、白根山の山頂付近に渦と波線が描かれているが、これは噴火の状況を表現したものだろう（図4を参照）。

白根山では、このときの噴火を含めて一九八三年までに十六回の記録がある。[1] そのほとんどは湯釜火口から半径五百メートル以内の範囲に噴火地点が分布していて、例外は一九〇二年（明治三十五年）に弓池北岸で起きたものである。一八八二年（明治十五年）の水蒸気爆発の四日目には、ドイツ人医師エルヴィン・フォン・ベルツが湯釜火口に降りている。『ベルツの日記』では、白根山に登山した一九〇四年九月二十三日の記述のなかに、そのときのことを回想している。[2] ベルツは、火口湖の間近に、数人の金剛杖を持った白衣の行者の群れを発見して、自分もできないことはないと、石ころと泥土の崖を這い降りている。白根山は修験者の修行の場でもあったのである。ベルツは火口底で、もうもうと立ち昇る蒸気、沸き返っている湖面、三分ごとに高さ十メートルもあろうと思われる泥土と熱湯の柱が轟然と噴出するさまをみている。あの当時、地下の狂暴な力が、ことごとく猛威を振るうかにみえたこの場所も、今日は死のような静寂につつまれていた、と記している。

また、白根山の噴火で死者が出たのは一九三二年（昭和七年）のときで、噴石によって硫黄鉱山の従業員二人が死亡し、重傷者三人、軽傷者六人を数えた。[3] 図7にあるように火口内部に硫黄鉱山の施設があり、湯の花精錬所、輸送ケーブルなどが大きな被害を受けた。

図7　絵はがき「（草津温泉名所）白根山旧噴火口」
白根山、手前に涸釜、奥に湯釜（左下に拡大図）
（ⅳ期：1933-45年。時期区分については図55を参照）

このような記録が残る白根山に対して、本白根山については、三千年前に殺生溶岩などを流出したあとの活動が確認されていない[4]。こうした過去の噴火記録から観測機材の設置ポイントは白根山の湯釜周辺に集中していたため、本白根山の観測網は手薄だった。一九九五年作成の「草津白根山火山防災マップ」では、噴石・火山灰・土石流・泥流の危険区域は、白根山の湯釜からの噴火を想定して描かれている。

噴火警戒レベルに対応した規制範囲も湯釜を中心として、レベル1（平常）[5]で半径五百メートル程度、レベル2（火口周辺規制）で半径一キロ程度の規制がおこなわれてきた（図8）。白根レストハウスから近く湯釜を間近に望むことができる展望所（V1）は、二〇〇九年から立ち入りを規制し、西側の展望所（V2）からエメラルドグリーンの湖面を眺めるようになっている。さらに、一四年六月三日から三年間にわたって噴火警戒レベルが2（火口周辺規制）になり、湯釜火口から半径一キロの立ち入り規制がおこなわれた。そこで、白根レストハウスは閉鎖され、志賀草津高原ルートは殺生河原駐車場前（山麓

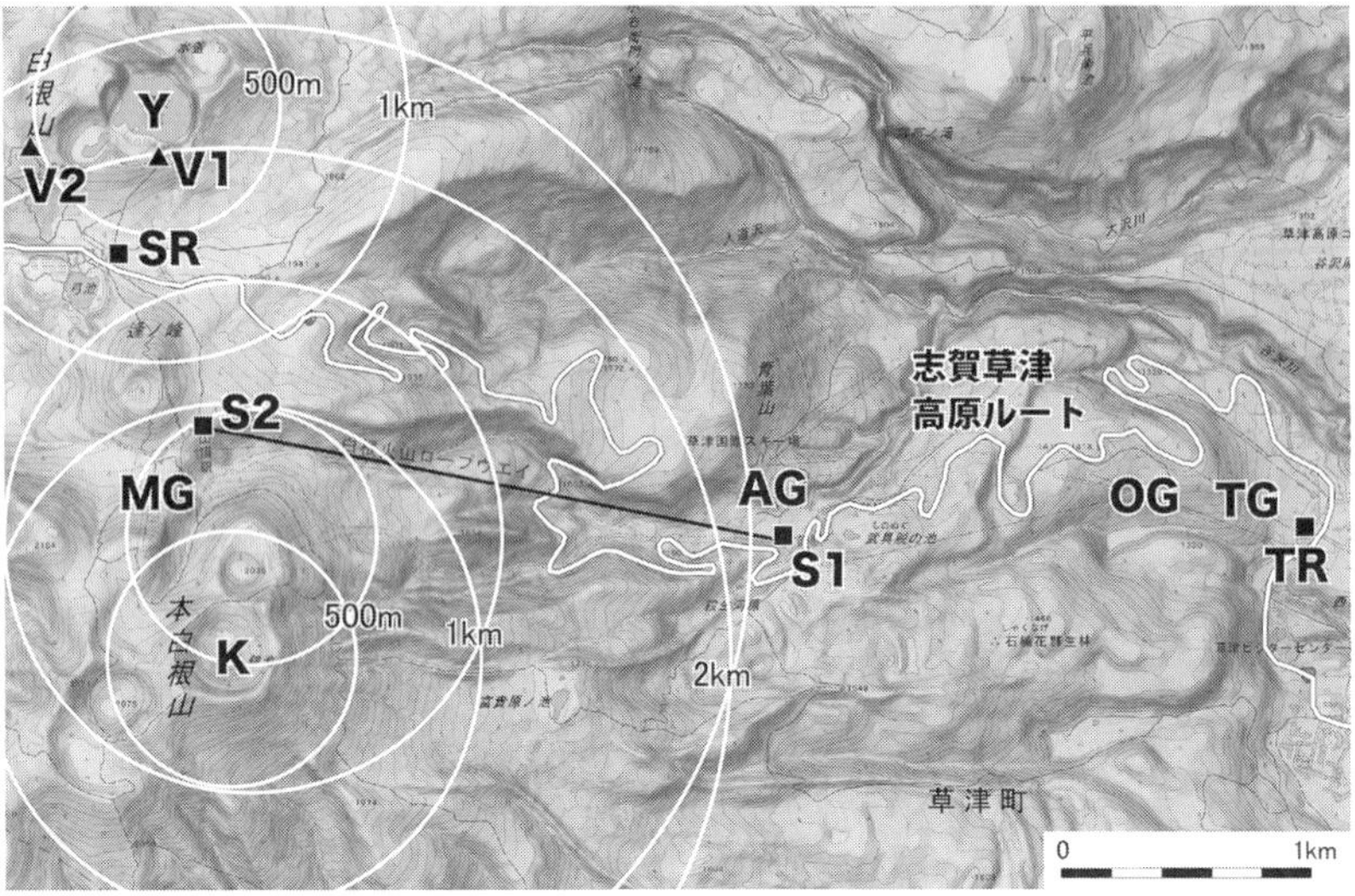

図８　草津白根山と諸施設の位置関係
Y：湯釜、K：鏡池、V1：湯釜展望所、V2：湯釜西展望所、SR：白根レストハウス、TR：天狗山レストハウス、MG：本白根ゲレンデ、AG：青葉山ゲレンデ、OG：御成山ゲレンデ、TG：天狗山ゲレンデ、S1：ロープウェイ山麓駅、S2：ロープウェイ山頂駅
（出典：国土地理院「火山災害対策用図（草津白根山）」〔https://saigai.gsi.go.jp/3/20180123kusatsushiranesan/kusatsushiranesan_taisaku.png〕に加筆して作成）

駅S1）から八・五キロが通行止めになった。同年六月十四日からは規制が緩和されて、志賀草津高原ルートの一部（二・五キロ）で駐停車が禁止され、日中だけ通行できるようになった。[6] 一七年六月にはレベル1（活火山であることに留意）に引き下げられ、白根レストハウスの営業が再開し、湯釜観光が復活していた。こうしたなか、一八年一月二十三日に「ノーマーク」だった本白根山が突然噴火したのである。

鏡池北火砕丘の噴火口近くのスキーコースにいた訓練中の自衛隊員やスキー客、ロープウェイのゴンドラが噴石を受けて、死者一人、負傷者十一人という被害が生じた。この噴火後、気象庁は「本白根山鏡池付近から概ね二キロメートルの範囲では、噴火に伴う弾道を描いて飛散する大きな噴石に警戒」するように呼びかけ、火山警戒レベルを3（入山規制）に引き上げた。図8には、鏡池の中央と今回噴火した火口列の中央から半径二キロの円を描いている。草津国際スキー場は、翌二十四日に天狗山ゲレンデと御成山《おなりやま》ゲレンデの営業を始め、青葉山ゲレンデも二十七日に再開した。一方で、鏡池に近い本白根ゲレンデと白根火山ロープウェイは廃止される。

温泉街は噴火口から五キロほどの距離にあり、規制区域の外にある。前述の「草津白根山火山防災マップ」では、「五十年に一回程度発生する恐れのある災害の危険地域」のうち「火山灰が五㎝以上降り積もる恐れのある区域」の東縁が湯畑付近となっている。二百年に一度程度発生する恐れがある泥流は谷沿いに流下するため、台地上にある温泉街は危険区域外である。

草津白根山は、火山特有の雄大な景観や温泉などの恵みをもたらしてきた。今後も火山の脅威を正しく理解し、共生する道を探っていかなければならない。関係機関によって災害を減らす対策を進めるとともに、自らが正確な情報を入手し、リスクを判断していくことも必要とされるだろう。

［追記］二〇一八年三月十六日、気象庁は草津白根山の噴火警戒レベルについて、本白根山と白根山（湯釜付近）とに分けて運用することを始めた。この日、本白根山はレベル２（火山周辺規制）に引き下げられ、「本白根山の火口から概ね一キロメートルの範囲では、噴火に伴う弾道を描いて飛散する大きな噴石に警戒」、白根山（湯釜付近）はレベル１（活火山であることに留意）で「白根山の湯釜火口から概ね五〇〇メートルの範囲ではごく小規模な火山灰等の噴出に注意」と発表された(7)。

また、草津国際スキー場は、四月から「草津温泉スキー場」と改称し、初・中級者向けのサービスや施設を充実していくことになった。

注

（1）気象庁「44 草津白根山 Kusatsu-Shiranesan」『日本活火山総覧（第4版）Web掲載版』（[http://www.data.jma.go.jp/svd/vois/data/tokyo/STOCK/souran/main/44_Kusatsu-Shiranesan.pdf]［二〇一八年二月二日アクセ

ス」）による。
（2）トク・ベルツ編『ベルツの日記』下、菅沼竜太郎訳（岩波文庫）、岩波書店、一九七九年、一八六―一八八ページ
（3）群馬県前橋測候所「白根火山踏査報告」、中央気象台編「験震時報」第七巻、気象庁、一九三三年、九一―九四ページ
（4）ただし、鏡池北火砕丘またはその火口が形成された年代は約千五百年前で、これまで推定されていた活動年代よりも最近までマグマ噴火が起きていたという報告がある。濁川暁／石崎泰男／亀谷伸子／吉本充宏／寺田暁彦／上木賢太／中村賢太郎「草津白根火山本白根火砕丘群の完新世の噴火履歴」日本地球惑星科学連合二〇一六年大会（https://confit.atlas.jp/guide/event/jpgu2016/subject/SVC48-11/detail?lang=ja）［二〇一七年二月二日アクセス］
（5）御嶽山の火山災害をふまえて二〇一五年に、「平常」から「活火山であることに留意」に表現が改められた。
（6）志賀草津高原ルートは、例年十一月中旬から四月下旬まで積雪のため通行止めになる。
（7）気象庁地震火山部「噴火警報（火口周辺）（草津白根山）平成三十年三月十六日十四時〇〇分」（http://www.data.jma.go.jp/svd/vois/data/tokyo/STOCK/volinfo/VJ20180316140000_305.html）［二〇一八年三月二十五日アクセス］

第2章　温泉の利用形態と管理方法

草津温泉の基盤になっているのは豊富な温泉であることはいうまでもない。本章では、草津の特色になっている共同浴場の変遷と温泉の管理の仕組みを描き出しておきたい。

1　全国的な源泉開発の動向

温泉権の類型

日本各地の温泉地は、自然湧出の温泉を利用した共同浴場を中心に古くから湯治場として機能してきた。古くから続く温泉地では、共同体で温泉の管理がおこなわれてきたが、近代的な所有権が成立すると、さまざまな変容を迫られてきた。他方で、掘削技術の向上によって、大正期に入ると源泉の開発が進展した。例えば、花巻温泉の開発は、「東北の宝塚」を目指して、一九二二年（大正十一年）から盛岡電気工業社長の金田一国士によって進められた。花巻温泉は、上流にある台温泉から引湯して、旅館や貸別荘、公衆浴場、動物園、遊技場、講演場、各種商店、テニスコート、スキー場などが設けられ、二七年（昭和二年）には株式会社花巻温泉の設立をみた。こうした動きは今日まで続いていて、新たに成立した温泉地も数多い。

温泉を利用する権利「温泉権」の類型については、明治以前から存在している旧慣温泉権と、近代になって新

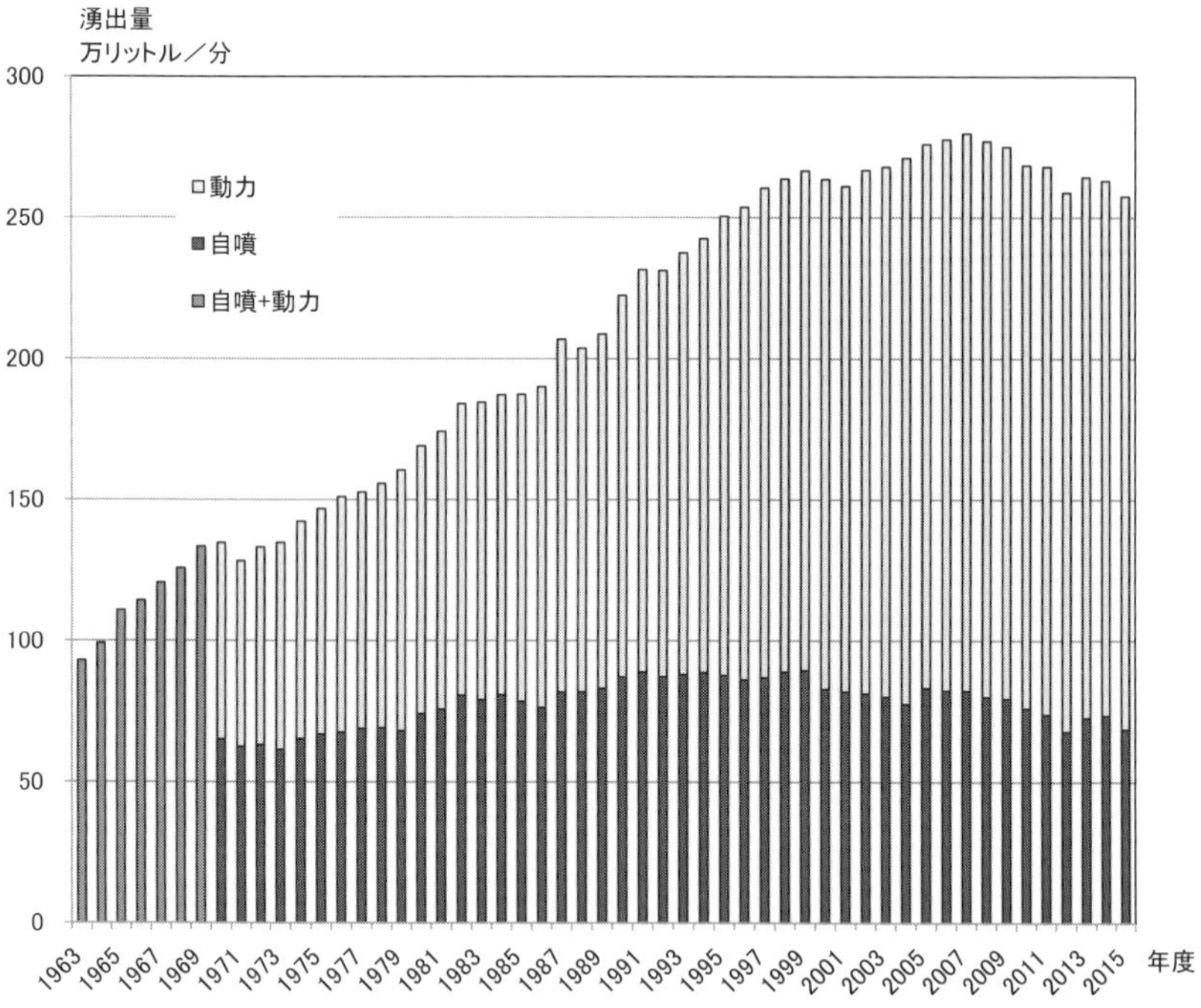

図９　全国的な温泉湧出量の推移
（出典：環境省「温泉利用状況経年変化表」から作成。各年度とも3月末現在）

しく成立した近代的温泉権に区別される。[1]旧慣温泉権は、自然湧出泉に対する村落共同体の総有的支配で、共同体構成員みんなのものという伝統的考え方に由来し、権利関係は村落の慣習法に従う。「総有」とは、共同所有の一形態で、所有権は団体の総構成員に帰属する。それぞれの構成員は使用・収益できるが、持ち分はなく分割請求ができない。これに対し、近代的温泉権は、資本投下して土地を掘削することによって人工的に取得した温泉に対する支配権で、私有財産としての性格が強い。

　全国の源泉総数の一覧によれば、一九三四年（昭和九年）に五千八百八十九カ所、[2]四〇年（昭和十五年）に六千三百五カ所[3]というデータが記録されている。第二次世界大戦後には源泉開発に拍車がかかり、六三年度（六四年三月現在）には一万三百九十五カ所だったが、八三年度に二万カ所を超え、二〇〇六年度にはピークに達して二万八千百五十四カ所を数えた。[4]

湧出量の推移

全国の温泉の湧出量は、一九六三年度には毎分九十三万リットルだったが、毎年のように増加を続け、二〇〇七年度には毎分二百八十万リットルと三倍にまで達した。その後はやや減少傾向にあり、一五年度には毎分二百六十万リットルとなっている（図9）。また、湧出量を自噴と動力に区分したデータが得られる一九七〇年度には、自噴四八パーセント、動力五二パーセントと、すでに動力によって汲み上げる温泉のほうが多く、二〇一五年度になると自噴の割合は二七パーセントに減少している。

温泉資源は高い経済的価値をもち、近代以降、源泉数は増加を続けてきた。温泉は多くの人が利用すれば量の減少や質の低下を招く競合性が高い資源だが、掘削などには許可を必要とするため、排除性は比較的高いと位置づけられる。しかし、温泉の湧出量は停滞傾向にあり、枯渇現象が懸念されている。そのため、温泉資源を有効に利用する手段として、温泉の集中管理の必要性が指摘されてきた。ただし、温泉を統一的に管理するには、個別の権利に一定の制限を加えることになるため、その調整には困難がともなってきた。

このような全国的な動向のなかで、草津の源泉はすべて自然湧出という特色をもち、自然湧出量としては日本一を誇る。さらに、草津では町の条例に基づいて温泉を集中的に管理している。ちなみに、草津温泉の自然湧出量は日本一、毎分三万二千三百リットルというデータの根拠に使われているのは二〇〇五年の中央温泉研究所の調査によるもので、この数値には、温度が低い未利用源泉も含まれている。以下では、共同浴場と温泉という地域資源に焦点をあてて、温泉の利用形態と管理方法、外湯（共同浴場）と内湯（旅館内の浴場）との関係の変化をみたい。

2　共同浴場の変遷

近世後期の共同浴場

温泉の湧出するところに浴槽を設けて囲いや屋根を作れば、湯を引く必要もなく、新鮮な湯を浴びることができる。多くの入浴客を迎えるとすれば、雨露をしのぐための湯小屋が必要になるだろう。一八一〇年（文化七年）の絵図をみると（図4を参照）、温泉の湧出地（現在の湯畑）は柵で囲われていて、大きさは縦四十二間（約七十六メートル）、横十二間（約二十二メートル）とあり、その周囲に浴場が並んでいることがわかる。右上には源頼朝による開湯と伝えられる御座の湯、その右下に熱の湯、左下に綿の湯がある。柵のそばにある脚気の湯は足湯になっていて建物はない。その流れの下には馬の湯がみえる。ここは文字どおり馬を休ませるための湯だった。下部には、三本不動滝、十二本薬師滝、二本天狗滝が並ぶ瀧の湯があり、打たせ湯になっていた。さらに、一〇年と二九年（文政十二年）の絵図を比べてみると、瀧の湯の手前と湯畑の左手に新しい浴場が加わっている。この図では名称が付されていないが、千代の湯と松の湯である（図10）。このように図像の有無を手がかりに、案内書での記載情報も加え、主要な共同浴場の変遷を整理して表1に示した。これをみると、十九世紀半ばにかけて、共同浴場が増加していることがわかる。これは、文化・文政期の草津温泉の繁栄ぶりが表れている。湯治に来た人々は、日々共同浴場で入浴し、おおむね三回り（三週間）滞在した。

一方で、混浴を嫌う高位の人々に対しては「囲い湯」「幕湯」と呼ばれる貸し切りの浴場が設けられ、それが次第に常設化していった。一八六五年（慶応元年）に草津を訪れた堀秀成の「草津繁昌記」には、湯宿には十一戸の大屋があり、そのうち山本十右衛門、中沢善兵衛、湯本平兵衛、湯本安兵衛、黒岩忠蔵などは冠たるもので、部屋数を百余もち、山本は三百に余る。大屋には、懸樋を渡して湯を引いて、脱衣所と洗面所を設けた、きれい

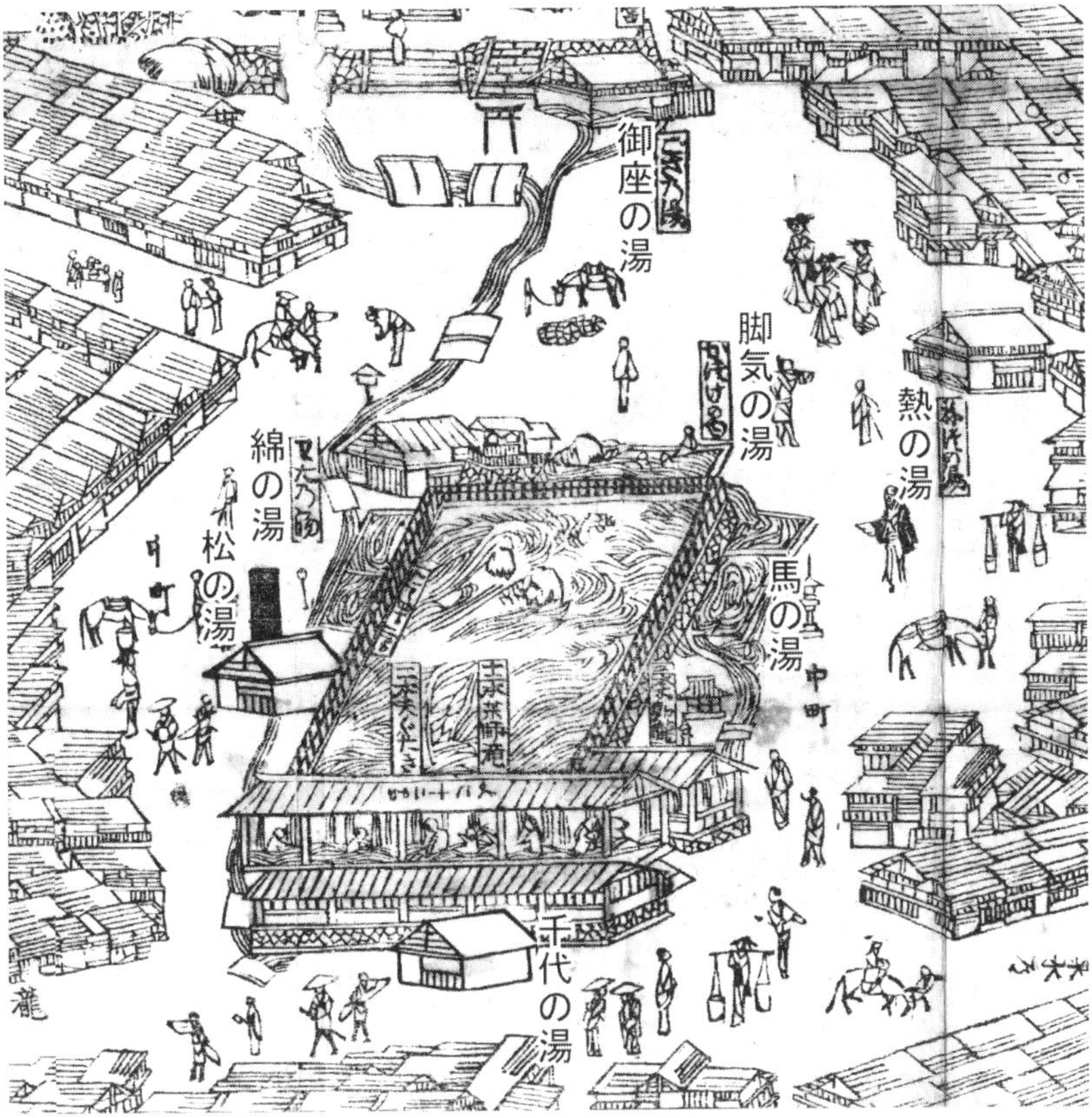

図10　「上州草津温泉之図」部分、1829年（文政12年）

なつくりの内湯がある、と記されている。(5)

壬申地券地引絵図

一八七二年（明治五年）、政府は土地売買を解禁し、土地所有権を証明するために地券の交付を開始した。これは、この年の干支をとって壬申地券と呼ばれ、同時に地引絵図の書き上げが命じられた。群馬県内の壬申地券地引絵図の作成は、翌年までにほぼ終了した。壬申地券地引絵図の作成には一定の基準が示されたが、地域によって描写の違いがみられ、課税の対象から外れた山岳地などでは絵画的な表現が用いられている（後掲図15を参照）。

草津村の地引絵図では、一筆ごとに地番・字・面積・持ち

No.18	No.20	No.22	No.31	No.33	No.36	④	No.37	⑤	No.45	⑥	No.46
1887 年	1888 年	1889 年	1897 年	1903 年	1909 年	1910 年	1914 年	1923 年	1932 年	1936 年	1938 年
○	○	○									
			○	○	○	A	○	○	○	○	○
○	△	●	●	●	●	B	●	●	●	●	●
○	○	○	○	○	○	C	○	○	○	○	○
○	○	○	○	○	○	D	○	○	○	○	○
○	○	○	○	○	○						
○	○	○	○	○							
○	○	○	○	○	○	G	○	○	○	○	○
○	○	○	○	○	○	H	○				
○	○	○	○	○	○	I	○	○	○	○	○
○	○	○	○	○	○	J	○	○	○	○	○
○	△	○	○		○	K	○	○	○	○	○
○	○	○				L		○	○	○	○
○	○	○	○	○	○						
○	○	○	○								
○	○	○	○	○	○						
○	○	○	△			O		○		○	
	○		○			Q		○		○	
	○	○	○	○	△					*	

歴史地理学会、2012 年）による。前後で変化がない図の情報は省略した。

水瀧湯」、P は「簾の湯」となっている

17 と対応

簾の湯・桜の湯の 3 湯

主・地目を示している。中央の温泉湧出地に「湯畑」の名称はまだなく、「大瀧湯湧口　二反五畝六歩　村持」と記されている。広さは二千五百平方メートルに及ぶ。この近くには「大瀧湯　壱畝歩　村持」「不動瀧　六歩　村持」とある。このほか、表1の②欄に示したように、AからPまでの共同浴場が確認できる。広さは四歩（約十三平方メートル）から一畝歩（約九十九平方メートル）まで大小ある。

　源泉・浴場の土地はすべて「村持」となっている。一八七三年（明治六年）の地引絵図作成当時は、草津村の所有と認められていたことがわかる。その後、山林原野の官民有区分がおこなわれ、入会地など民有の証明が困難な土地は官有地に編入された。そうしたなかで、草津の主要な源泉（温泉の湧出地）は七九年

表1　主要な共同浴場の記載の有無

	No.1	No.4	①	No.7	No.10	②	No.11	③	No.17
刊行年	1810年	1825年	1829年	1853年	1859年	1873年	1879年	1880年	1885年
薬師滝・天狗滝・不動滝	○	○	○	○	○	A1	○		○
大瀧の湯／瀧の湯						A2		○	
御座の湯→白旗の湯	○	○	○	○	○	B	○	○	○
熱の湯	○	○	○	○	○	C	○	○	○
鷲の湯	○	○	○	○	○	D	○	○	○
綿の湯	○	○	○	○	○	E	○	○	○
脚気の湯	○	○	○	○	○	F	○	○	○
地蔵の湯	○	○	○	○	○	G	○	○	○
滝湯／琴平滝／琴平湯	○	○	○		○	H	○	○	○
煮川の湯		○	○	○	○	I	○	○	○
松の湯			△	○	○	J	○	○	○
千代の湯			△	○	○	K	○	○	○
瑠璃の湯			△	○	○	L	○	○	○
玉の湯			△	○	○	M	○	○	○
白寿の湯			△	○	○		△		○
富の湯				○	○	N	○	○	○
凪の湯				○	○	O	○	○	○
関の湯									○
新御座の湯						P			

図番号は関戸明子「鳥瞰図にみる近代――草津温泉を事例として」（「歴史地理学」第54巻第1号、
△：浴場の建物があるが文字注記を欠く。●：名称の変更
①「上州草津温泉之図」1829年（図10）を参照
②草津村壬申地券字引絵図、1873年。アルファベットは図15と対応。A1は「不動瀧」、Hは「泉
③折田佐吉『草津温泉の古々路恵』折田佐吉、1880年
④草津尋常高等小学校／草津町役場「吾妻郡草津町郷土誌」（1910年）付図。アルファベットは図
⑤布施廣雄『草津温泉案内』草津鉱泉取締所、1923年。アミは時間湯をおこなう浴場
⑥中村舜二『天下の草津温泉』大東京社、1936年。アミは時間湯をおこなう浴場。＊：御座の湯・

（明治十二年）に官有とされた。のちに官有源泉は一九二二年（大正十一年）に群馬県に払い下げられ、群馬県と草津町とで賃借契約が結ばれた。(6)

「湯畑」の呼称

草津町が湯畑に設置する案内板によれば、一九〇七年（明治四十年）頃から「湯畑」と呼ばれるようになったとある。ただし文字が違うが、一八八四年（明治十七年）の『上毛草津鉱泉独案内』には「湯畠は一名《ひとつのな》大湯と称し」(7)という記載がある。また、「湯畠」は縦二十八間（約五十一メートル）、横九間（約十六メートル）ばかりの全面湯池で、岩石の間から鉱泉が沸々と湧き出ており、昔は西仲町・東仲町の近辺はみな湯池だったが、人口が増えて浴客で混み合うにしたがって、次第に埋め立てたとある。江戸後期の絵図に

記載された縦横の長さをもとにすると、面積では二分の一の大きさになっている。

一九〇四年の『群馬県営業便覧』をみると「温泉放冷地」「御汲上ケの湯」となっており（図16を参照）、〇五年の『上州草津温泉誌』にも「御汲上の湯」と記載されている。しかし、〇八年の『草津温泉』では「俗称湯畑即ち御汲上げの湯」とあって、「湯畑」が用いられている。[8] 絵図では案内書よりも早く〇三年の「上州草津温泉場略図」に「湯畑ケ」の記載があり（図11）、以後の絵図でも定着している。[9] この図では、浴場に湯気抜きや採光のため櫓があがっていて、建物の改良が進んだことが見て取れる。

湯畑下にある打たせ湯は、絵図には十二本薬師滝、二本天狗滝、三本不動滝の注記が長く付けられていたが、案内書には大瀧の湯または瀧の湯の名称が早くから認められる。『上毛草津鉱泉独案内』には、「瀧の湯瀧」は湯畑の下にあって、瀧は十本、右から二本を天狗瀧、五本を薬師瀧、三本を不動瀧と称し、天狗瀧の一番を極熱きものとし、左に寄るにしたがい温度を減ずるとある。[10] 当時、薬師滝は十二本から五本になっていたようだ。また、御座の湯は薬師堂の下にあり、湯池の内に石祠があって頼朝の宮という、湯槽《ゆぶね》二つのうち一つは天刑病者《らいびやうびと》だけが入浴すると記している。[11] ハンセン病患者の居住区を湯之沢に設置するとき、御座の湯はこの病に特効ありと信じられていたために移設され、その跡に新築された浴場が白旗の湯と命名された。[12]

千代の湯は、大瀧の湯に隣接していたが、『上毛草津鉱泉独案内』は「現今廃止して只浴槽《ゆつぼ》を存するのみ」[13] と記す。一八八七年（明治二十年）発行の鳥瞰図で、大瀧の湯の下とそこから離れた現在地に描かれたものの二枚があり、この頃に移転されたと考えられる。

内湯旅館と時間湯

表1をみると、一九一〇年（明治四十三年）前後から綿の湯・脚気の湯・玉の湯・富の湯がみえなくなる。〇八年に湯畑近辺で大火があったので、綿の湯と脚気の湯は、再開発の過程で廃止されたのだろう。このような共同浴場の減少は、内湯旅館の増加を反映したものと捉えられる。一〇年に作成された「吾妻郡草津町郷土誌」付

図11　「湯畑ケ」の記載がある絵図
（出典：阿部善吉「上州草津温泉場略図」部分、1903年〔明治36年〕、〔前橋市立図書館所蔵〕、表12-No.33）

図の「草津温泉市街地図」には、内湯を備えた旅館が二十軒ほど確認できる（後掲図17を参照）。三六年の『天下の草津温泉』[14]には、草津の旅館百軒が掲載されていて、うち四十一軒が内湯旅館となっている。日本温泉協会編『日本温泉大鑑』によれば、四〇年の時点で八十一軒中四十五軒が内湯をもっていたことがわかる（後掲図21を参照）。この当時、旅館数が減っていることもあって、内湯旅館の割合が五割を超えていた。

　ちなみに、草津の共同浴場は時間湯と普通湯の二つに分けられていた（表1を参照）。昭和初期には、熱の湯などの時間湯が五つ、瀧の湯などの普通湯が五つ、ハンセン病患者向けの御座の湯・籠の湯・桜の湯があった。

時間湯は湯治客の多くが利用したため、普通湯に比べて収容力が大きく、設備も整っていた(図12)。
時間湯は、草津独特の入浴法である。①みんなでそろって板で湯をもみ、成分を均一にして温度を下げる、②百回から二百回、ヒシャクで頭部に湯をかける、③湯長の指示で高温の湯に三分間浸かる、これを一日四、五回繰り返すというものだった。草津では、次第に内湯旅館が増えながらも、この時間湯の存在によって共同浴場の重要性が高められていたといえる。なお、草津の共同浴場は無料が原則だったが、一九三六年に当時新築されたばかりの瀧の湯だけが一人二銭と有料だった。[15]瀧の湯は、源泉に若干の水を混ぜて温度を下げ、湯治が主眼ではなく観光遊覧に来た客を迎えていた。

3　引湯の技術革新と万代鉱源泉の開発

引湯の制約

草津の温泉は高温・強酸性であるため、木管に替わる給湯パイプと耐酸性ポンプの技術が整うまでは、引湯は簡易な設備でしかおこなえなかった。[16]旅館内に浴場を設けることは、自らの旅館の差別化・高級化を図り、より多くの宿泊客を獲得するために必要なことだった。しかし、一九六〇年頃までは、湯畑からは自然流下が可能な範囲でしか引湯できず、市街地西方にある西の河原から引湯するには距離が遠く費用を要するために、零細な旅館が内湯をもつことは困難だった。まず、温泉の引湯をめぐる事情を伝えてくれる「温泉沸かし」の語りを短くまとめて紹介しておきたい。

一九五九年(昭和三十四年)頃、私どもの旅館は湯畑よりも高い位置にあるため、西の河原から温泉を引くことを考えた。そこで温泉の権利をもつ五軒の旅館に私ども四軒の旅館が加わり、先の五軒を甲、後の四

図12　時間湯がおこなわれている浴場内部
（出典：戸丸国三郎『上州草津温泉写真帖』日本温泉協会代理部、1913年）

軒を乙とした。甲の人たちは、温泉を引くのに竹の筒や木管を利用していたらしいが、このときはエスロンパイプを使用することができた。[17] 九軒でツルハシ、スコップなどを持ち寄り、水路を掘り、そこへエスロンパイプを入れてつなぎ合わせた。光泉寺境内の石垣の下に共同湯桝を作り、そこから各旅館にパイプを分けて引き、自然流下させた。二年くらい経ったとき、温泉がぬるくなり湯量も少なくなってほとほと困った。考えた末に、西の河原から出ている湯を二、三箇所集めて増し、重油を使用してバーナーで沸かしてから湯船に送った。次から次へとハプニングがあり、たいへん苦労した。それから約一年後より私有源泉の配湯を受けるようになって、温泉沸かしから縁を切ることができた。温泉ブームに乗り、旅館の収容人員が増えたところ、町当局の配慮によって、硫黄と酸に強いポンプを使用し、町全体、上も下もないメーター方式で平等に温泉を送ってもらい利用できるようになった。[18]

表2にあるように、一九六二年には、源泉から単独で引湯する旅館は四十六軒、共同引湯は十九軒、合わせて六十五軒にとどまっていた。当時、西の河原では、湯が湧き出ている場所に、三十センチから五十センチくらいの小さな枡を設置して、湯だまりが作られていた。その総数を正確に捉えることは困難なほどで、そこから引湯するための施設の工事は、すべて個人負担でおこなわれていた。[19]

「湯は皆のもの」という意識

草津には「湯は皆のもの」という意識があり、たとえ私有地であっても、掘削によって温泉を利用することは許されないという規範意識が一般的に存在するといわれる。「湯は皆のもの」という意識は、①草津町が引湯許可権をもつ公法的形式がとられているが、実態としては排他的・独占的な温泉利用者団体と基本的に変わらない、②引湯権の外来資本への譲渡や県有源泉地の賃借料の交渉では、対外的防衛の原理となる、③他方で、私有源泉地の私権性はかなり明白である、という点から、温泉の合有的性格を裏付ける温泉利用者集団の内部的規制の原理として古くから存在し、なお生きていると結論づけられている。[20]「合有」とは、組合のように共同目的を有する構成員による共同所有のことで、持ち分の処分や分割請求に制限があり、「総有」と「共有」の中間に位置する。

このような内湯旅館による排他的・独占的な温泉利用を転換させる大きな契機になったのが、引湯の技術革新と新たな源泉の取得であった。熱や酸に強い塩化ビニルパイプは、一九六一年の湯畑周辺の全面舗装にともない、本格的に用いられるようになった。[21]同時期に耐酸性ポンプの開発・試験も進められた。草津町では、七二年に町全体を集中管理方式にする方針を決定し、湯畑ポンプ所が建設され、高い土地

2014年			2005年		2014年
旅館	その他	共同浴場	温度	PH	許可量（リットル／分）
65	9	10	52.7	2.10	2,996
10		1	52.2	2.10	609
7	1	1	44.9	2.10	765
6		1	49.9	2.20	284
	1	1	48.5	2.10	667
96	44	5	94.5	1.60	4,963
		1	50.7	2.10	19
184	55	20			10,303

度・湧出量には季節変動がある
書房、1964年〕、草津町役場資料から作成）

表２　草津町温泉給湯事業による給湯件数の推移

源泉名	1962年（事業前）			1976年			1993年			2004年		
	旅館	その他	共同浴場	旅館	その他	共同浴場	旅館	その他	共同浴場	旅館	その他	共同浴場
湯畑	18（4）	2	2	77	12	11	67	11	10	67	12	10
白旗	13（2）	1	2	16	1	1	12	2	1	10	1	1
西の河原	6（13）	6	6	12	9		7	3	1	9	1	1
地蔵	7（0）		1	7		1	7		1	7		1
煮川	2（0）	2	2		4	1		2	1		3	1
万代鉱				32	5		86	47	4	100	46	4
熱の湯			1			1			1			1
合計	46（19）	11	14	144	31	15	179	65	19	193	63	19

1962年の（ ）の数値は共同引湯の軒数。その他は保養所、研修所、リゾートマンションなど。温
（出典：潮見俊隆／伊藤道保「草津」〔川島武宜／潮見俊隆／渡辺洋三編『温泉権の研究』所収、勁草

へ温泉を送ることが可能になった。

万代鉱源泉の開発

新たな源泉とは万代鉱源泉のことであり、一九七二年に草津町が国有林野の使用許可を取って開発をおこなった。湯畑を上回る湧出量をもつ万代鉱源泉の引湯は、九〇度以上の熱湯をどう冷却するかが課題になった。そこで草津町は利用計画を策定し、加水処理ではなく、プレート式熱交換機を使用する方式をとった。温泉を水道水で約五四度に下げて浴用に配給する一方で、約六〇度に温められた水道水も温水として活用されている。万代鉱源泉は七四年に、温水は七六年に給湯が開始された。万代鉱源泉は自然流下によって第一配湯所に送られて冷却され、そこから温泉と温水を給湯している。

表2をみると、ポンプ所設置後の一九七六年には湯畑源泉を引く旅館が七十七件と大きく増えていて、万代鉱源泉を使う旅館は三十二件で、全体では百四十四件の旅館に給湯されていたことがわかる。こうして、長年、内湯をもつことができなかった旅館も温泉を利用できるようになった。その後、万代鉱源泉を利用する旅館（ホテル・ペンションを含む）やその他施設（保養所、研修所、リゾートマンションなど）が増加して、二〇〇四年の合計では、旅館百九十三件、その他施設六十三件を数えた。全体の給湯件数の半数以上が万代鉱を利用している。

草津温泉旅館協同組合の資料によれば、二〇〇四年の時点で、加盟

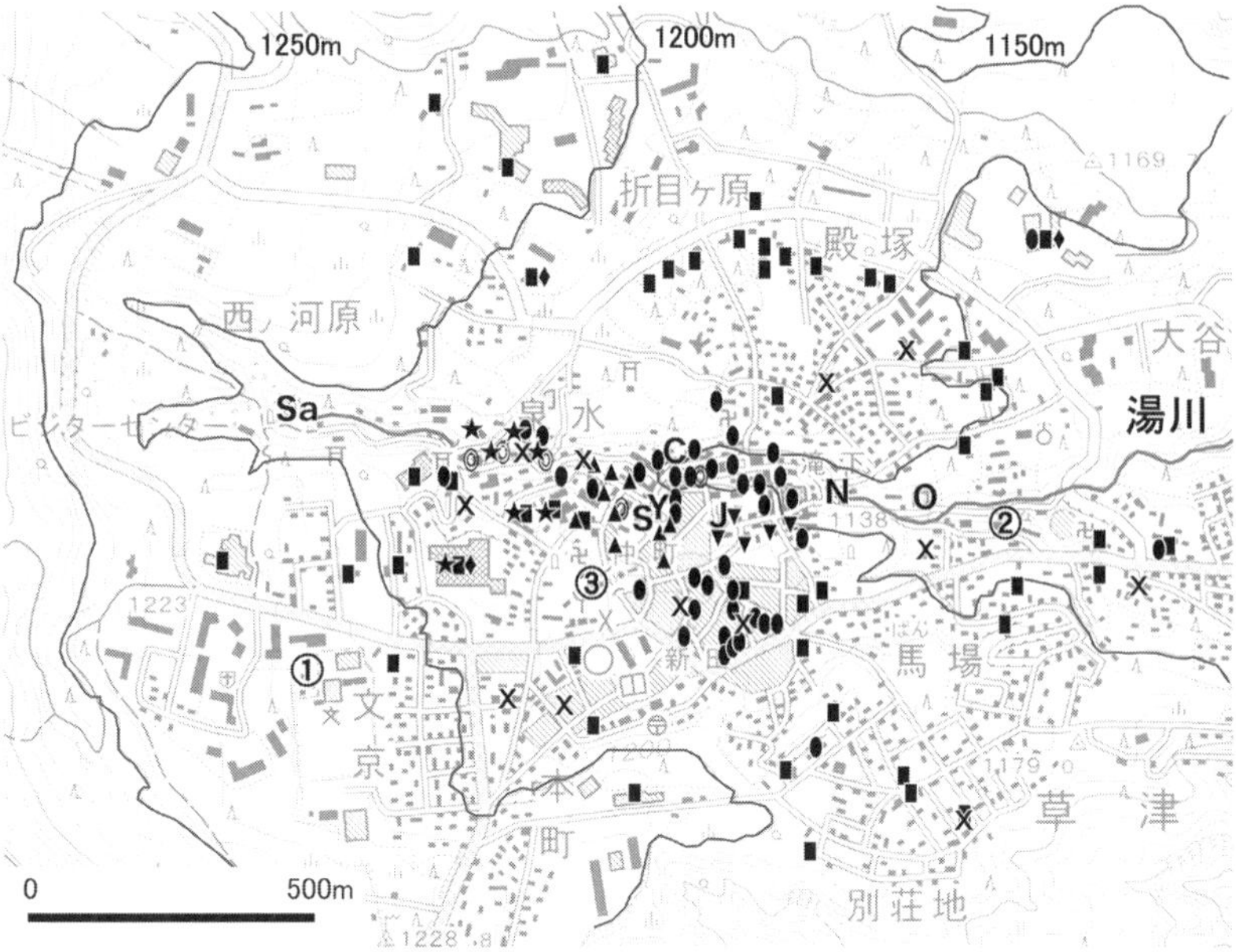

図13　草津の主要な源泉と旅館の分布
基図は2万5000分の1地形図「上野草津」
旅館のデータは草津温泉旅館協同組合資料（2004年）による
複数の源泉を利用している場合は重ねて示した。
源泉：Y 湯畑　S 白旗　J 地蔵　N 煮川　Sa 西の河原
旅館：●湯畑　▲白旗　▼地蔵　★西の河原　■万代鉱　◆わたの湯　◎自家源泉
O 大滝乃湯　C 千代の湯　X 共同浴場
①温泉温水第一配湯所　②第二配湯所　③中継ポンプ所

旅館百十七カ所のうち、市街地から遠く温泉を引いていない一軒と浴場がない一軒以外は、すべて「源泉かけ流し」の内湯をもつ宿になっている。自家源泉を利用している宿は五軒とわずかである。

このリストをもとに引湯している源泉別の旅館の分布図を作成した。図13をみると、市街地では、湯畑、白旗、地蔵の源泉の周辺にそれを引湯する宿が偏在している。市街地西部では西の河原源泉を引く宿が多く、市街地を取り囲む高原地域の宿は万代鉱源泉を利用している。高原地域には、ホテルやペンション、保養所、リゾートマンションが立地するが、それらは万代鉱源泉の開発で引湯できるようになったのである。

今日の共同浴場

一般家庭には温泉を引くことはできないので、住民は無料の共同浴場を利用している。表3をみると、時間湯をおこなう共同浴場は一九三六年の五カ所から二カ所へと減少していることがわかる。これは内湯旅館が増えたことや、湯治ではなく観光目的の客が多数を占めるようになったことが表れている。一方で、七二年の集中管理方式の導入前に七カ所の共同浴場が設置されている。六〇年代には、共同浴場に入浴できるのは、その浴場の周辺住民と下宿旅館に滞在する湯治客に限られるという意識がかなり強く、排他的だった(22)。地域住民と内湯をもたない旅館にとって、共同浴場は重要な施設になっていたのである。現在、地域住民のための共同浴場はすべて無料で、住民によって管理・利用がなされている。これらは、住民が最寄りの浴場を気軽に利用できるように、住宅街のなかにも点在する（図13を参照）。例えば、最も新しい碧の湯は、市街地東南の別荘地区で廃業した宿泊施設を転用して作られている。

共同浴場のなかで観光客に開放されているのは、白旗の湯・地蔵の湯・千代の湯の三カ所である。また「熱乃湯」は入浴用ではなく、湯もみの実演や体験をおこなう観光施設になっている。さらに、観光客向けの有料の日帰り浴場として大滝乃湯、御座之湯、西の河原露天風呂がある。

表3　草津町の共同浴場一覧

	1936年	1962年	現在	利用源泉
瀧の湯	◎	◎	×1972	
白旗の湯	○	○	○	白旗
熱の湯	○	△	△	熱の湯
鷲の湯	○	○	×1969	
地蔵の湯	○	○	○	地蔵
煮川の湯	○	○	○	煮川
松の湯	○	×1953		
千代の湯	○	○	○	湯畑
瑠璃の湯	○	○	○	湯畑
凪の湯	○	○	○	西の河原
関の湯	○	○	○	湯畑
千歳の湯		○1958	○	湯畑
長寿の湯		○1959	○	湯畑
巽の湯		○1959	○	湯畑
白嶺の湯		○1959	○	湯畑
睦の湯			○1965	湯畑
喜美の湯			○1968	湯畑
翁の湯			○1971	湯畑
恵の湯			○1978	万代鉱
つつじの湯			○1978	万代鉱
長栄の湯			○1981	万代鉱
こぶしの湯			○1991	万代鉱
碧の湯			○2012	万代鉱

◎は有料。熱の湯は観光施設
アミは時間湯をおこなう浴場
×のあとは廃止年、○のあとは設置年を示す
場所を移動している浴場も含む
（出典：中村舜二『天下の草津温泉』〔大東京社、1936年〕、草津新聞社『草津躍進誌』〔草津新聞社、1962年〕、「共同浴場の移り変わり」〔「いでゆ」第580号、草津町、2013年〕から作成）

温泉熱の有効利用

万代鉱源泉の冷却によって生じた温水は、水道と同じように各家庭に送られていて、給湯総戸数は二千五百六十二で、草津町（前口・鈴蘭地区を除く温泉街）の世帯数からみると、七四パーセントの普及率である（二〇一四年現在）。

写真４　温泉熱を利用した道路融雪
上：融雪パイプを埋め込む道路工事（2016年6月撮影）
下：左の屋根には積雪があるが湯畑周辺の道路にはない（2016年1月撮影）

さらに、温泉熱を利用して、急勾配の箇所を中心に道路融雪（ロードヒーティング）を実施していて、その延長は十一・八キロに及ぶ（二〇一四年現在）。草津のアメダス（標高千二百二十三メートル）の観測データによれば、一月の平均気温は、一九八一―二〇一〇年の平年値でマイナス四・二度、一五年の平均値でマイナス三・九度と低く、最高気温の平均値も〇度を超えていない。このような寒冷地ゆえに、散水すると凍結しやすく危険なため、道路の下にパイプを埋めて、その熱で雪を溶かしている（写真４）。融雪には、温水や温泉、排湯が利用されていて、五六パーセントが排湯による。また、中学校や総合体育館・町民屋内プールなどの施設の暖房にも活用されている。温泉の集中管理によって、温泉が熱エネルギーとしても共有・分配されているのである。

4　温泉の集中管理の仕組み

地域社会による温泉管理

近代の草津で温泉地経営にかかわる組織は、一八八七年（明治二十年）の草津温泉改良会に始まる。以下では佐藤曾平の『草津町史』に基づいて概観しておきたい。八九年の町村制施行にともない、草津村と七つの村が合併して草津村が成立した。その後、県や国に対する分離請願運動によって、一九〇〇年、六つの大字が分離して、草津・前口の二大字が草津町となった。これによって草津町という自治体と温泉利用団体を基盤とする地域社会とがほぼ一致することになった。

一八九五年（明治二十八年）には、草津村区有浴室使用料徴収条例が制定され、一九〇〇年の分村後は草津町有浴室使用料となり、宿泊客から徴収する料金が町の主要な財源とされた。その後三六年（昭和十一年）には、町営浴場の使用料が設けられたことがあったが、間もなく廃止され、三八年からは、旅館の宿泊客や貸家・貸間の滞在者に対しては入湯税、町の管理にある源泉を引く旅館には温泉使用料が徴収されるようになった。[23]こうした資金が共同浴場の維持・管理費などの財源とされた。このように草津町では、温泉は地域社会によって管理されてきた。

草津町温泉使用条例

草津町は、集中管理されている温泉量とそれを引湯する旅館数とも、全国的にみて規模が大きな温泉地と位置づけられる[24]。今日の集中管理の仕組みを草津町温泉使用条例に依拠しながら概観したい。現在の草津町温泉使用条例は、二〇〇四年の制定、消費税の引き上げにともなう一部改正で一四年に施行されもので、七つの章、四十一条からなっている。

この条例の目的は、草津町が所有・管理する温泉の保護、濫用の防止、利用の適正化を図るとともに、その源泉地域の観光資源的性格を保全することにある。

温泉の引用は、①旅館の経営者、温泉を必要としていると認められる寮・従業員宿舎・研修所・保養所の所有者、②公共的施設として温泉を必要とする公共団体、③リゾートマンションの共同浴場のため温泉を必要としていると認められるリゾートマンションの所有者・管理組合法人、④本町の発展に貢献度が高いと認められる者、のいずれかに該当する者が申請し、それを受けて、議会の議決をもって許可される。前記の条件でわかるように、個人利用の目的で温泉は引けない。

引用許可の移転は、特例以外、原則禁止されている。移転を認める条例の一部改正は一九九六年におこなわれた。移転は五年以上の引用実績があるもので、温泉給湯移転分担金を納入することを条件に、議会の議決をもって許可される。

許可湯量（リットル／分）は、浴槽の表面積をもとに算出される。

新規利用または増量する場合に賦課される温泉給湯分担金は、次のように定められ、安定供給のための改良工事費などに用いられている。

表4　草津町温泉使用条例での使用料・管理料の単価

源泉名	給湯の種別系統	使用料（円／m³）			管理料（m³）
		基本料金	超過料金	高度利用及び二次利用の超過料金	
湯畑・白旗源泉	第一系統	30	40	300	5
	第二系統	30	40	300	5
	第三系統	30	40	300	10
	第四系統	30	40	300	20
西の河原源泉		30	40	300	5
地蔵源泉		30	40	300	5
万代源泉		45	75	450	20

第一：湯畑ポンプ所から直接圧送し給湯しているものをいう
第二：源泉から自然流下の方式で給湯しているものをいう
第三：湯畑ポンプ所から中継ポンプ所を経由し、そこからポンプを使わずに給湯しているものをいう
第四：湯畑ポンプ所から中継ポンプ所を経由し、そこからポンプを使って圧送し給湯しているものをいう
高度利用とは、既存の浴槽の表面積を拡張、または新たに浴槽を設置することをいう

甲種：許可湯量×三十万円＋消費税
乙種：許可湯量×九十万円＋消費税

甲種とは、個人では町に住所を定めた日から三年を経過した者、法人では町に本社を有し、役員の五分の三以上が甲種の者で、かつ出資総額の五分の三以上を甲種の者が出資したものと定められている。乙種とは、甲種以外の者である。前述の移転分担金も前記の計算で求め、単価は移転先が甲種ならば十万円、乙種ならば五十万円と、温泉給湯分担金と比べて軽減を図っている。温泉給湯分担金・移転分担金は、町民とそれ以外で条件に差をつけていることになる。とはいえ、排除性の高さは以前と比べて緩和されている。

温泉使用料と管理料は、給湯にかかるコストによって相違がある。表4に示したように、基本料金は万代源泉だけ異なる。月ごとの温泉使用料は、使用量が許可湯量の一カ月分の換算数量以下のときは、使用量に基本料金を乗じて消費税を加えた金額になる。ただし、使用量が換算数量の八割未満の場合には、十分の八の数量で算出する。換算数量を超えた湯量については、超過料金を適用する。温泉の使用量は各戸のメーターによって算出し、料金は従量制で、基準の湯量を超えると加算する仕組み

になっている。また、管理料の月額は、一カ月分の換算数量に単価を乗じて消費税を加えた金額である。単価は五円、十円、二十円の三種類あり、ポンプ使用の有無によって料金が異なっている。

草津町では、一九八七年からコンピューターを導入して各源泉の利用状態を把握できる一括管理方式を採用していて、源泉の管理、給湯ポンプやパイプの監視などがおこなわれている。このように温泉の集中管理によって、源泉の保護、濫用の防止、利用の適正化を図り、かつ温泉熱の有効利用を実現している。

注

(1) 渡辺洋三「川島武宜の温泉権論について」、川島武宜『温泉権』岩波書店、一九九四年、三一四―三二二ページ
(2) 内務省衛生局編『全国鉱泉調査』内務省衛生局、一九三五年、三ページ
(3) 日本温泉協会編『日本温泉大鑑』博文館、一九四一年、九二ページ
(4) 環境省「温泉利用状況経年変化表」による。
(5) 前掲、太平主人編著『草津温泉繁昌誌』一七九―二二三ページ
(6) 日本温泉協会編『温泉引用の実情調査』日本温泉協会、一九四二年、四七―五〇ページ、潮見俊隆/伊藤道保「草津」、川島武宜/潮見俊隆/渡辺洋三編『温泉権の研究』所収、勁草書房、一九六四年、二九〇―二九一ページ
(7) 長井文靖『上毛草津鉱泉独案内』成美堂、一八八四年、九ページ
(8) 萩原太一郎『草津温泉』草津鉱泉取締所、一九〇八年、一一一ページ
(9) 関戸明子「鳥瞰図にみる近代――草津温泉を事例として」「歴史地理学」第五十四巻第一号、歴史地理学会、二〇一二年、三九―五三ページ
(10) 前掲『上毛草津鉱泉独案内』一五ページ
(11) 同書一四―一五ページ
(12) 佐藤曾平『草津町史』佐藤曾平、一九三八年、一九〇―一九二ページ
(13) 前掲『上毛草津鉱泉独案内』一七ページ

(14) 中村舜二『天下の草津温泉』大東京社、一九三六年、二〇〇―二〇二ページ

(15) 同書二七ページ

(16) 益子安「温泉工学」、草津町誌編纂委員会編『草津温泉誌　自然・科学編1』所収、草津町役場、一九八四年、二九八―三〇六ページ

(17) 塩化ビニルパイプの商品名。

(18) くさつ昔がたり編纂会編『くさつ昔がたり』くさつ昔がたり編纂会、一九九三年、一三八―一四〇ページ

(19) 前掲「草津」二八六―二八八ページ

(20) 同書三四〇―三四三ページ

(21) 前掲「温泉工学」三〇一ページ

(22) 前掲「草津」三三一―三三四ページ

(23) 前掲『温泉引用の実情調査』五三―六三ページ、前掲「草津」二九二―二九四ページ

(24) 関戸明子「コモンズとしての温泉――草津における温泉の利用・管理の事例を中心に」、谷口真人編著『地下水流動――モンスーンアジアの資源と循環』所収、共立出版、二〇一一年、二二二―二四三ページ

第3章　温泉を基盤とする地域社会の形成と変容

人口と就業者数の推移

本章では、近代以降、草津の地域社会がどのように形成されたのかを跡づけていきたい。はじめに、草津町の人口と就業者数の推移をみておこう。図14では、一九〇〇年（明治三十三年）の草津町成立以前は、草津村と前口村の人口を合計した数値を用い、人口変動を正確に読み取れるようにした。人口は一八七五年（明治八年）の七百四十四人から一九一五年（大正四年）の千五百九十一人までは緩やかに増加していたが、それ以降急激な伸びを示して四〇年（昭和十五年）には七千五百人を超えた。戦時中から五〇年までは停滞傾向にあったが、その後は増加に転じて、八〇年には最大の九千三百四十一人になった。ここ三十年ほどは減少が続いていて、二〇一五年には七千人を割り、戦時中よりも少なくなっている。

就業者数について、一九三〇年と五〇年を比べると、第三次産業人口は前者のほうが多く、昭和初期にひとつの盛期を迎えていたことを示している。一方、五〇年代から六〇年代には、第二次産業人口が九百人から千二百人を占めていた。大半は硫黄採掘にかかわるもので、白根鉱山だけでも六〇年には約五百人が暮らしていた。硫黄鉱山の閉山後は第二次産業人口が減って、就業者数に占める第三次産業の割合は、六五年の六七パーセントから二〇一〇年には九一パーセントへと上昇した。草津町が観光業を基幹産業としていることがよく表れている。ただし、就業者数は減少傾向にあり、人口の動きとも一致している。このような人口と就業者数の推移をふまえて、以下では、明治期、大正・昭和初期、戦後から八〇年頃まで、八〇年頃から現在までという時期に分けて、

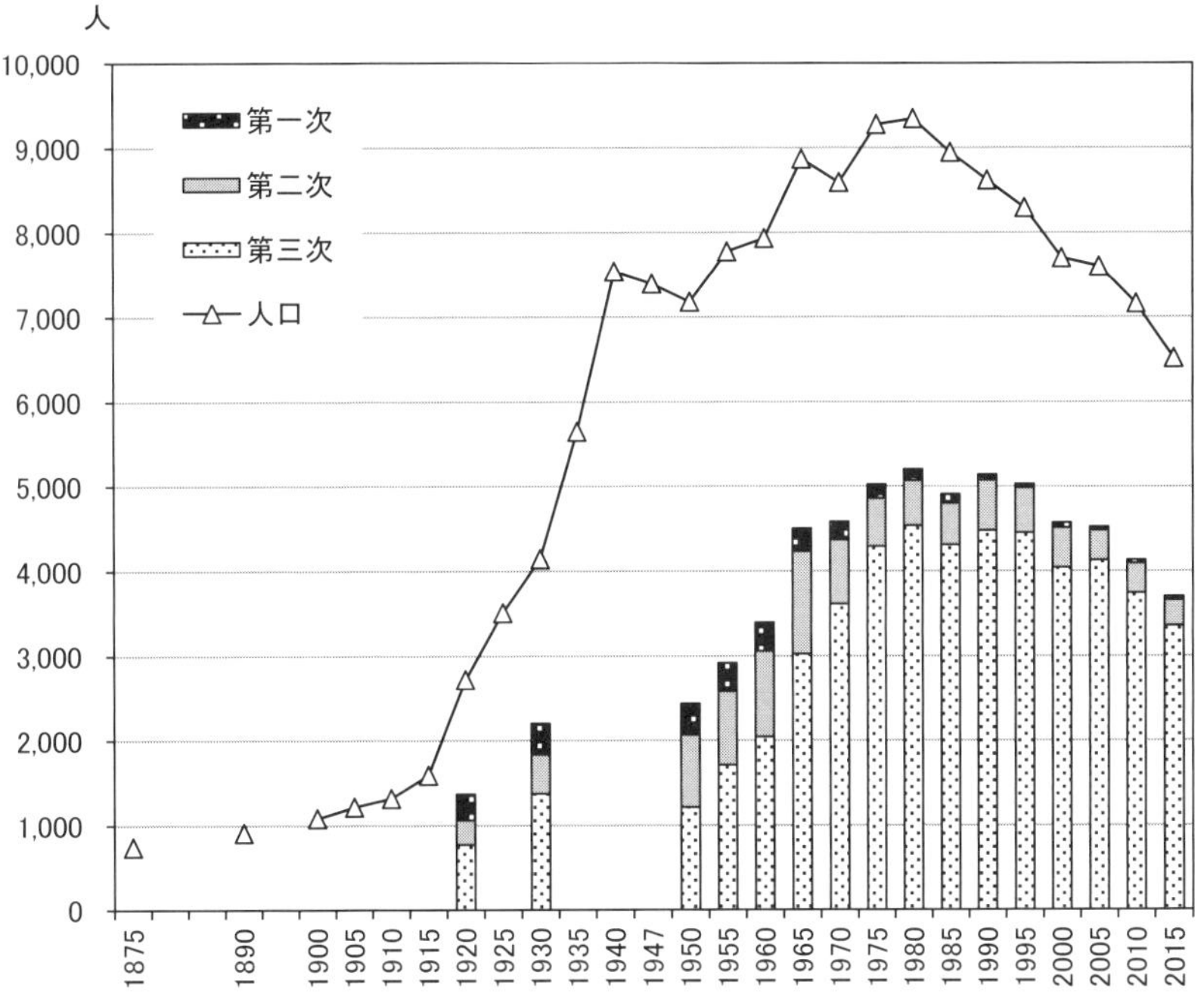

図14　草津町の人口と就業者数の推移
（出典：『上野国郡村誌』『徴発物件一覧表』『群馬県統計書』『国勢調査報告』から作成）

考察を進めていきたい。

1　明治期の温泉地の改良

明治初期の状況

一八七五年（明治八年）、『皇国地誌』編纂のため調査された項目をもとに『上野国郡村誌』がまとめられた(1)。それによれば、草津村の戸数は、本籍百六十戸（平民）、寄留二戸、社二戸、寺一戸、総計百六十五戸とある。民業には、商五十九戸、逆旅七十九戸と記されていて、商店と旅館を合わせると百三十八戸となり、全体の八割を超える。このように温泉地として、商業・宿泊業に特化した構成をなしていた。人口は草津村だけでは六百四十五人、前口村も合わせると七百四十四人を数えた。しかし、この人口と戸数は、最盛期といわれる文化・文政期と比べると少ない。二八年（文政十一年）の史料によれば、草津村の家数百八十一軒、人数九百六十一人[2]とあって、三百人あまりも減少している。

一八七九年（明治十二年）、国語学者の大槻文彦は一カ月ほど伊香保に滞在したのち、四万・草津などの温泉を遊歴した。このときの日記が「上毛温泉遊記」[3]である。草津を描写した貴重な記録の一部を要約して紹介したい。なお、大槻の紀行文は第4章で詳しく取り上げている。

さる一八六九（明治二）年に一市ことごとく焼けて薬師堂のみ残った。されど近年普請も旧の如くにできて、三層楼など壮大なもの多く、商家旅店が軒を列ね、山中に驚くばかりの繁華である。いま人家百六十三戸、人口八百人という。しかし、一戸の家も棟が幾つもあるので、おおよそ三四百戸ばかりの町である。浴店は大小百戸余もある。そのうち大きなものは数十戸、百余室のものもある。山本十一郎宅が最大で、その家々に内湯十ヶ所もあり、筧で引いている。入浴者は年に数万人で、一八五八（安政五）年にコレラが流行したときは最盛で二万人、近年は平均一万人という。ただし、この地の入浴客は盛夏四ヶ月の間のみで、その他はみな空手にて日を送る。ことに冬は寒さに耐えず、冬住《ふゆずみ》といって、みな日当たりのよい麓の里に家居を作っておき、十月より三月までそこに移って住むので、残るのはわずかに数十人であった。しかるに近頃は種々に工夫して、凍豆腐、轆轤挽など産業を起こし、いまは冬も百戸余はこの地に留まるという。

近代の草津の地域形成をたどるうえで大きな影響を与えたのは、大槻の記述にある明治初めの大火である。有力な大屋層は大きな痛手を受け、再建のための借金がもとで経営難に陥ったりして、旅館の盛衰が激しくなった。最大規模の山本十一郎家（山本十右衛門家）は明治半ばまでに没落し、江戸時代からの有力大屋のうち湯本柳三郎家（湯本安兵衛家、日新館）だけが続くことになった。そのほかは経営交替を余儀なくされ、市川善三郎家（一井）、黒岩忠四郎家（望雲館）、中沢市郎次家（大坂屋）、山本与平次家（大東館）などの新興勢力が伸張していった。[4]明治初期の人口減少は、幕末の混乱や大火の影響によってもたらされたと考えられる。

なお、冬住とは、草津の宿を閉じて前口や小雨などに下りて、そこで冬を越したことをいう。薬師堂の縁日である旧暦の十月八日に店じまいをして、里に下り、同じく縁日の四月八日に草津に戻って店を開くのが習わしになっていた。この習慣は一八九七年（明治三十年）まで残った。このように、草津は長く季節的な温泉集落だった。

一八七三年の街並み

明治初期の草津の街並みを一八七三年（明治六年）の「壬申地券地引絵図」をもとに概観しよう。地引絵図には、表屋敷・屋敷・裏屋敷・百姓屋敷・下々畑・山下々畑などの地目が示されている。そこで宅地関係の地目に記号を付した。図15をみると、屋敷の分布は、街路沿いに密集していることがわかる。

表屋敷は大瀧湯湧口（A）となっている湯畑を中心に並んでいる。これは四十五筆を数える。屋敷が百二十九筆で最も多く、周辺部に点在している。裏屋敷は三十筆、百姓屋敷は三十九筆で、それぞれ湯畑の北部や南東部などに偏在してみられる。表屋敷の持ち主をみると、市川善三郎の八筆が最も多く、山本十一郎の七筆、坂上治郎の四筆が続く。このほか四人が二筆、十八人が一筆となっていて、市川善三郎と山本十一郎で表屋敷の三割強を占めていた。

共同浴場は、湯畑周辺に集中するが、地蔵の湯（G）、鷲の湯（D）、煮川の湯（I）、凪の湯（O）、瑠璃の湯（L）などは、温泉街に点在している。籠の湯（P）はハンセン病患者のための浴場で、明治中期以降、この周辺が湯之沢地区となり居住区が形成された。なお、図中に白根神社と記した場所には神社が描かれているが、絵図に名称は記載されていない。これは、地引絵図が製作された年に、白根神社が郷社として新たな土地に整備されたため、旧社地に神社の図像だけが残されたのだろう。

一八八七年（明治二十年）に草津温泉改良会が発足し、ハンセン病患者が入浴していた御座の湯と同じ機能をもつ共同浴場を街外れの湯之沢に設け、ここを患者専用の療養地区とする施策がおこなわれた。一九〇二年（明

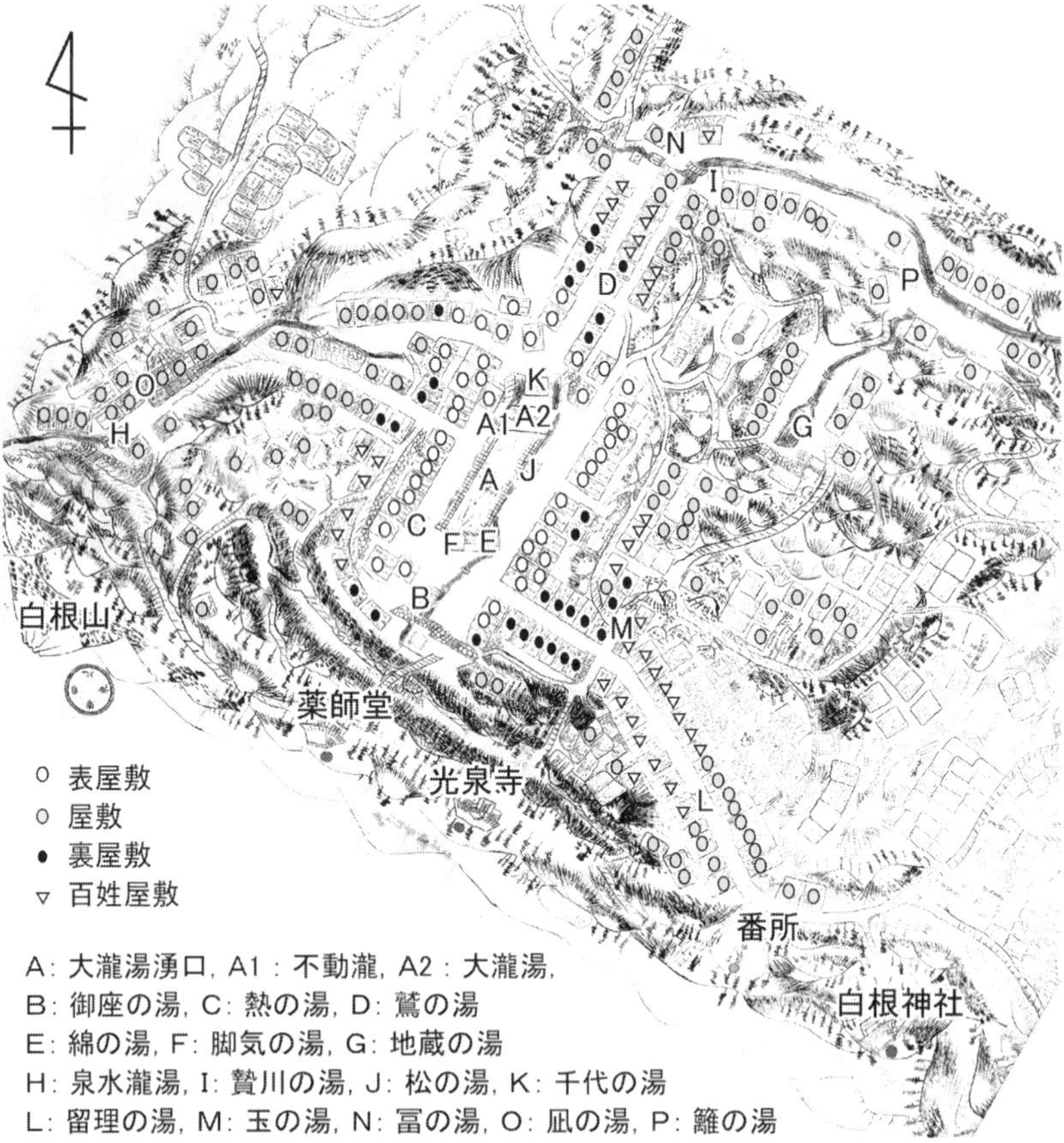

図15　明治初期の草津（1873年）
方位記号を移動。源泉／浴場の名称は図の表記による
（出典：草津村壬申地券地引絵図〔群馬県立文書館所蔵〕から作成）

治三十五年）の調査によれば、湯之沢には旅館十軒があり、本籍四十五人、寄留八十一人、一時的な入浴者七十三人、合計百九十九人を数えた(5)。

温泉地の刷新

一八九九年（明治三十二年）、石倉翠葉は明治維新後の草津の推移を次のように伝えている。

維新以後、物質的な開明につれ、足をこの地に踏むものの多くは、瘡毒患者、癩病患者の類にして、真の遊浴者は草津に足を向けるものなく、大いに浴客を減じ、不繁盛に至った。今やこの地の人もようやく革新を唱え、瘡毒癩病患者は、字湯之沢という一郭に集合させ、衛生に注意して掃除をよく行き届かせ、新聞縦覧所を設置し、あらゆる都鄙の新聞雑誌を網羅して、深山幽谷にあって世界の形勢を知うるようにし、瀑流の力を借りて電燈を点じて不夜城を現出させようとし、旅館を優雅高尚にし、浴室を区別して風紀を正し、浴槽を清潔にするなど、革新に全力を傾け、草津の繁昌にのみ意を注ぎつつあれば、大いに旧来の面目を刷新し、今や維新前の数倍の浴客を得ようとしている。来浴者も塵外の仙境にあって自然の美を楽しみ、湧泉の霊功を賞し、精神的快楽を享けようとするものを多く加えるようになった(6)。

このように病気療養を目的とした客だけでなく、新聞縦覧所の設置や旅館・浴室の改修など遊覧客を呼び込むための改良が加えられていた。また、上州草津温泉取締所の名義で新聞にたびたび広告を出している。例えば、一八九七年（明治三十年）六月二十九日、七月一日・三日・六日・八日の「朝日新聞」では、草津温泉の効能は梅毒だけかのように伝わってきたが水腫・精神病を除くと奇効があること、土地高燥空気清涼で避暑地としても無比の仙境であること、草津への順路、一週間の滞在費、道中に馬丁車夫などと特約して宿引きする者があるのでその勧誘に応じないこと、本年四月から電信の架設をしたこと、飲料水は白根山麓から土管を敷設し引用して

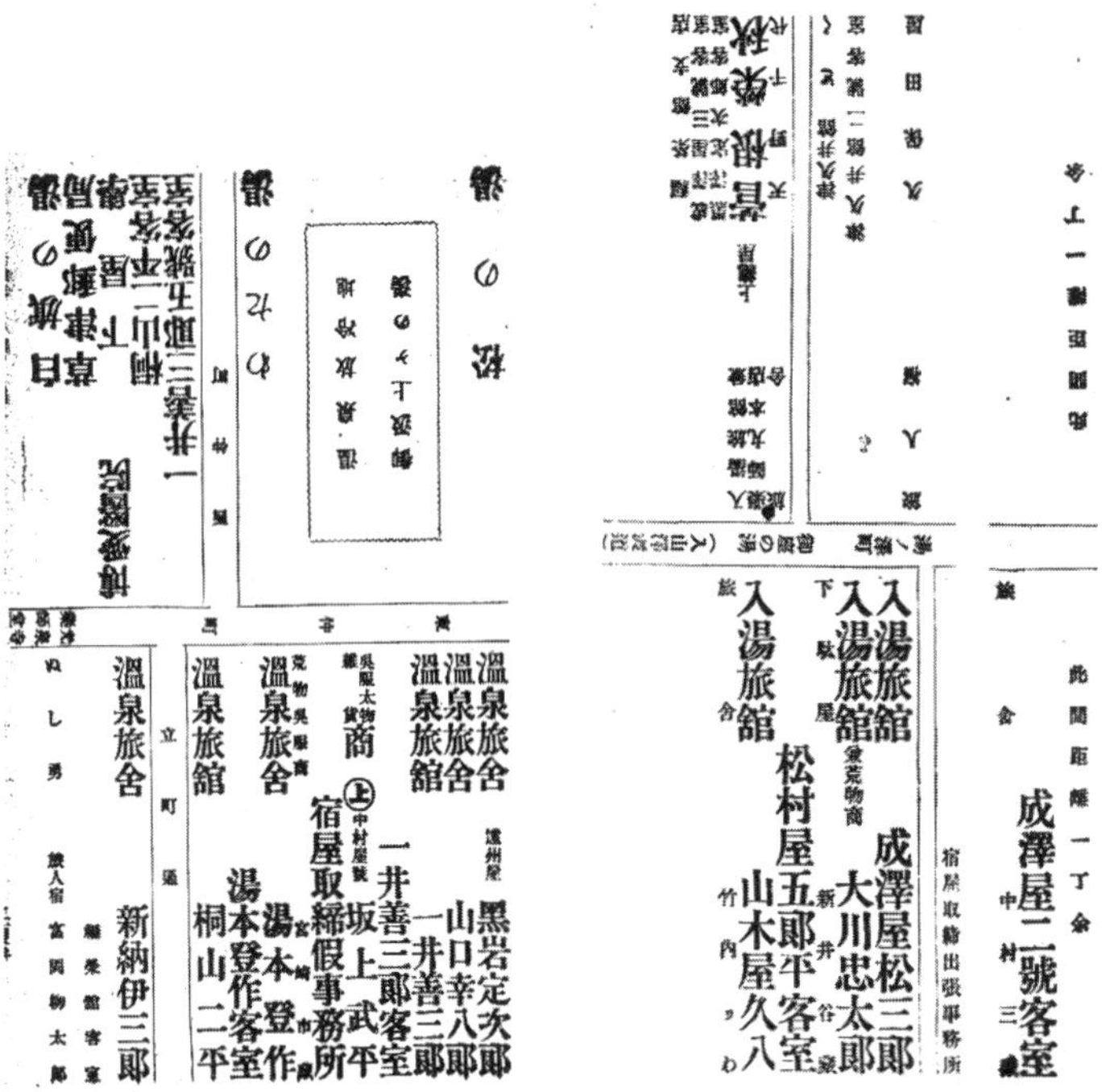

図16　『群馬県営業便覧』に示された東仲町（左）と湯之沢（右）の街並み図
（出典：『群馬県営業便覧』全国営業便覧発行所、1904年〔明治37年〕、国立国会図書館デジタルコレクション）

いるためきれいなことを宣伝している。

　一九〇五年（明治三十八年）には草津鉱泉取締所が設置された。鉱泉取締所は、日露戦争後、軍人を歓迎優待するため、軍隊に向けて温泉誌数万部を無料で贈呈することを議決し、松永彦右衛門『上州草津温泉誌』を十二月に刊行している。冒頭には、同書や軍隊手帳、役場の証明書を持参すれば、旅館の座敷料・夜具料、商店の商品、割烹店の飲食費、人力車・駄馬・駕籠の賃銭などを割り引きすると謹告していて、帰還した軍人の誘致に積極的だったことがわかる。

『群馬県営業便覧』にみる業種

　次に『群馬県営業便覧』によって、一九〇四年（明治三十七年）での草津の業種をみたい。同書は県下のおもな市町村ごとに街路に沿った街並み図を収録している。図16にあるように、東仲町では温泉旅館、温泉旅舎、旅人宿、湯之沢では入湯旅館、旅舎などが並んでいる。このように部分図のため、街路が接続するところでは重複して記載されている店舗もあるので、それに留意しながら整理した（表5）。

表5　『群馬県営業便覧』による業種一覧（1904年）

宿泊	温泉旅館	8	製造・販売	挽き物	6
	温泉旅舎	5		建具・表具・下駄・樽屋・農工具	5
	温泉宿屋	1		荒物	3
	入湯旅館	4		雑貨・陶器・古物	3
	旅館	2		呉服太物	2
	旅舎	10		酒類・穀類	7
	旅人宿	10		青物漬物塩魚、牛肉、牛乳	3
	木賃宿	3		菓子屋	3
	客室と記載	3		豆腐屋	2
	小計	46		湯の花	2
サービス	貸本	2		薬	1
	理髪	4		小間物・下宿	1
	運送	2	公共	役場・郵便局・駐在所	3
	写真師・時計店	2		宿屋取締所・出張所	3
	医院	3		共同浴場	13
	料理店	13		個人名	16

（出典：前掲『群馬県営業便覧』から作成）

宿泊業には「温泉旅館」「温泉旅舎」「旅舎」「旅人宿」などの表記がみられる。とくに説明があるわけではないが、「温泉旅館」は、複数の客室をもっていて、内湯を備えた規模が大きな宿を指すと考えられる。該当するのは、山本館、一井善三郎、大東館（山本与平次）、望雲館（黒岩忠四郎）、桐山二平、長養館（中沢市郎次）、日新館（湯本柳三郎）、松盛館（富永徳次郎）である。長期滞在の宿泊者向けのサービスとしては、料理店のほか貸本、理髪などがある。また、挽き物製造や湯の花の製造販売といった特色ある業種もみられる。挽き物とは、ろくろを使った木製品のことで、草津の土産物になっていた。総じて、小さな町にもかかわらず写真師、時計店、牛肉店、牛乳店のような新たな業種がみられるのは、多くの宿泊者を迎えていたからといえるだろう。

明治後期の温泉街

一九一一年（明治四十四年）に増補再版された『草津温泉』は、次のように旅館を紹介している。

温泉場に旅館業を営むもの五十八、一等より六等に至る。

図17　明治後期の草津（1910年）
丸数字は表6の旅館番号に対応
（出典：「吾妻郡草津町郷土誌」付図から作成）

一等旅館は市街の枢要地に数棟の建築を有し、客室の多いものは百五六十より百七八十を超えて、万般の設備を揃える。二等三等はこれに次ぎ、一等とは規模の大小の違いがあるのみで、内湯もあり電話も加入している。四等五等は漸く下り、六等に至っては即ちボクチンホテルであるから客室といっても二三個に過ぎず、ホテル専業ではない[7]。

六等のボクチンホテルとは木賃宿のことで、煮炊きのための薪代を取り、客に自炊させて泊めた安宿を意味する。表6にあるように、一等から三等には十九の旅館が掲げられていて、これらが内湯をもつ宿といえる。『群馬県営業便覧』と比べると、白根ホテルが新たに加わっていて、山本館は経営者が交替していることがわかる。面白いところでは、薬種店だった大屋が旅館を開業している。

明治後期の温泉街の形態を図17に示した。草津では一九〇八年に大火があり、仲町と立町で三十七戸、六十棟が焼失した。そのため、この図は両地区の復興のあとを表している。表6に示した一等と二等の旅館は、湯畑周辺と滝下町にかけて多く分布していて、複数の建物を有していることがわかる。位置的にみて、常磐館と養寿館は、宿名と経営者が交替したものと考えられる。三等の旅館は、鷲の湯や地蔵の湯周辺に多い。一方で、湯畑よりも高い位置にある立町や新田町には、引湯が困難なため高い等級の旅館はみられない。町の入り口に停留所があるが、〇八年に設立された渋川と草津を結ぶ草津馬車会社のものだろう。温泉街の区域は明治初期とほとんど変わっていないものの、南部の高台では、一九〇一年に薬師堂跡へ光泉寺が移転し、〇四年に小学校、〇八年に町役場が新たに立地した。

表6　明治後期の旅館一覧（1911年）

等級	No.	宿名	経営者	1904年
一等	1	大東館	山本与平次	A
	2	長養館（大坂屋）	中沢市郎次	A
	3	望雲館	黒岩忠四郎	A
	4	白根ホテル	黒岩誠一郎	
	5	山本館本館	黒岩誠一郎	A
	6	一井館	市川善三郎	A
	7	日新館	湯本柳三郎	A
二等	8	凱旗館	新納伊三郎	B
	9	常磐館	宮崎武八郎	
	10	養寿館	萩原国三郎	
	11	桐山館	神林喜平	
	12	山本館	小林豊吉	A
	13	山幸	山口幸八郎	B
三等	14	大津屋	山口栄太郎	C
	15	古久長	小林長蔵	B
	16	大屋	山本佐五郎	D
	17	遠州屋	黒岩定次郎	B
	18	ての字	湯本清曹	
	19	松盛館	富永七郎	A
四等		12軒		
五等		15軒		
六等		12軒		

№は図17と対応
1904年は前掲『群馬県営業便覧』による業種名
A：温泉旅館、B：温泉旅舍、C：旅人宿、D：薬種店
（出典：萩原太一郎『草津温泉』〔増補再版、草津鉱泉取締所、1911年〕から作成）

2 草津電気鉄道の開通と温泉街の変容

草津周辺の鉄道網

大正期から昭和初期にかけて草津町の人口は急増した。その背景には、交通機関の整備によって入浴客が大きく増加したことがある。まず、草津温泉の位置と昭和初期の鉄道路線を示した図18によって、草津周辺の鉄道の整備状況を確認しておきたい。主要な民営鉄道が国有化されて、全国の幹線が国有鉄道として統一された一九〇六年（明治三十九年）の時点では、上野・大宮・熊谷・高崎を結ぶ高崎線、高崎・軽井沢・長野・新潟を結ぶ信越本線、高崎・前橋・桐生・小山を結ぶ両毛線が営業していた。

その後、上越南線が一九二一年（大正十年）に高崎から渋川まで、二四年に沼田まで開業した。図18では未成となっているが、三一年（昭和六年）の清水トンネルの完成によって上越線が全線開通した。高崎―渋川間と前橋―渋川間では、馬車軌道の敷設が先行し、両者とも一〇年（明治四十三年）に電化された。渋川―中之条間では、一二年（大正元年）に馬車軌道が開業し、二〇年に電化された。しかし、乗合自動車との競合によって、三三年（昭和八年）には早くも廃線になっている。

軽井沢からは、一九一五年（大正四年）に草津軽便鉄道が開業し、一九年に嬬恋駅まで延長、二四年には草津電気鉄道と改称して電化された。嬬恋駅からの延長は遅れたが、二六年に軽井沢と草津温泉を結ぶ五十五・五キロが全線開通した。

東京からの温泉観光地へのアクセスについては、山村順次によって近接示数（到着時間×費用÷1000）が求められている。[8]それによれば、熱海を一・〇とした場合、一九二六年には伊香保二・三、草津七・九、三八年には伊香保二・二、草津五・八となっていて、草津は電気鉄道開通後も熱海や伊香保と比べて不利な条件にあった。

しかし、それ以前には、最寄り駅から標高千二百メートルに位置する草津温泉までの行程は、徒歩や駕籠、馬に頼らざるをえなかった。そのため、草津に至る鉄道の敷設は、草津町にとって宿願だった。

草津軽便鉄道から電気鉄道へ

鉄道の計画は、黒岩忠四郎が中心になって設立した草津興業が軽便鉄道の敷設許可を一九〇九年（明治四十二年）に申請したことに始まる。一二年（大正元年）には草津軽便鉄道と社名を変更し、資本金七十万円で設立された。新軽井沢—吾妻間の開通は、宮内省の払い下げを受けた吾妻牧場の関係者のはたらきかけもあり、一七年に実現し、現在の北軽井沢一帯の別荘開発が進んでいった。さらに二年後に嬬恋駅まで開通し、ここが草津温泉への玄関口として賑わうことになった。その後、吾妻川に水力発電所を建設する計画が立ち上がり、資本金を二百万円に増資し、二

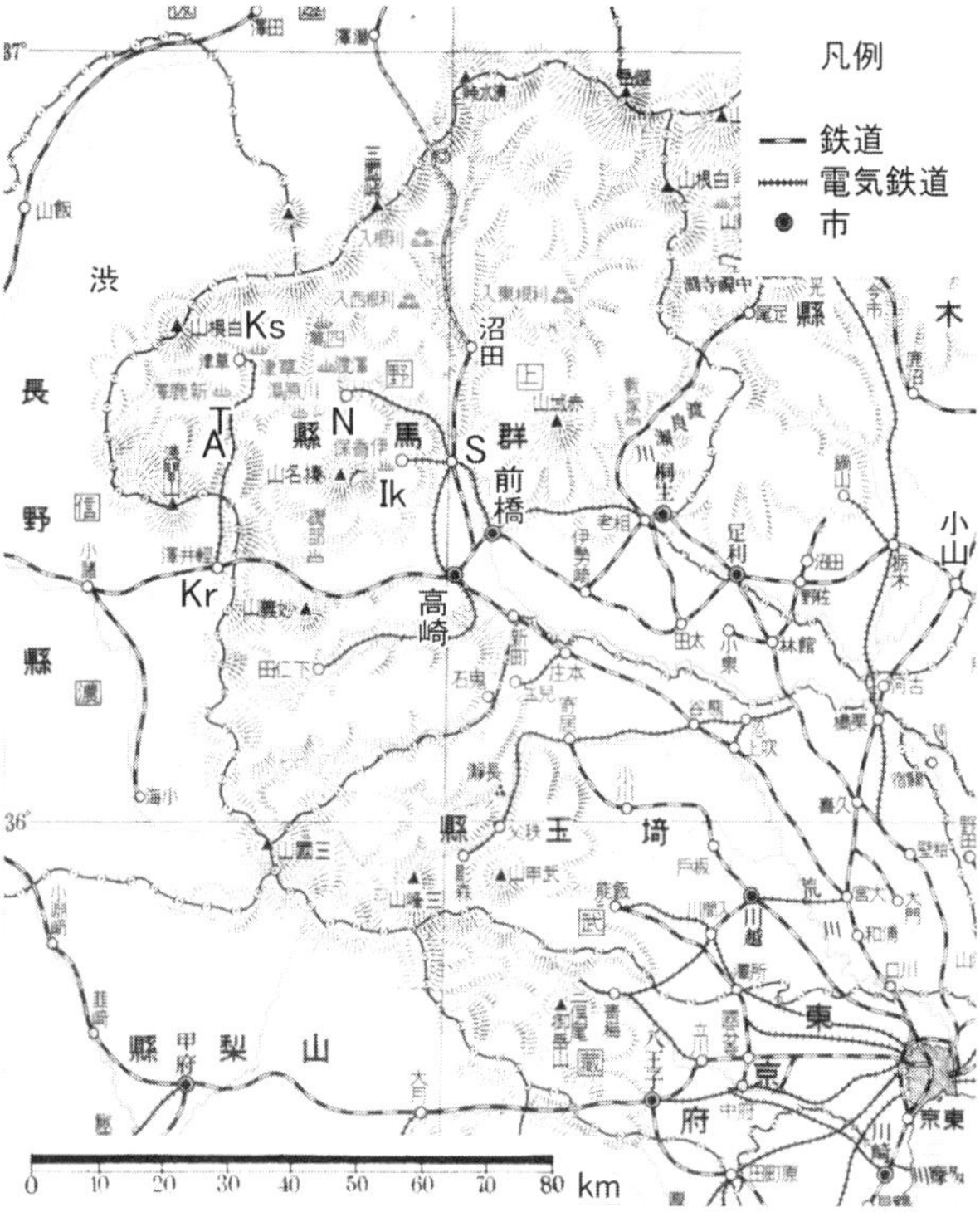

図18　草津温泉の位置と鉄道路線
A：吾妻　Ik：伊香保　Ks：草津　Kr：軽井沢　N：中之条　S：渋川
T：嬬恋
（出典：基図は、大日本雄弁会講談社編『日本温泉案内 東部篇』〔大日本雄弁会講談社、1930年〕による）

四年（大正十三年）には電化が実現した。ただし、草津温泉までの延長は、吾妻川を渡る鉄橋の建設費が障害になっていて、鉄道会社は草津町に対して三十五万円の補助金を求めてきた。そこで、草津鉱泉取締所や草津温泉鉄道同盟旅館組合、草津町は、開通の年から十年間にわたって年五千円を寄付すること、西の河原や停車場付近の土地を無償譲渡することで、鉄道延長の契約を交わした。[9] こうして二六年九月、新軽井沢―草津温泉間の全線が開通した。

鉄道同盟旅館組合とは、鉄道会社の株式割り当てに際して共同払い込みをするために組織されたもので、独立して払い込み能力がある旅館は加わらなかった。一九二二年当時、株式を引き受けるのに一等の百に対して五等は五の率をもって等級によって案分した同盟旅館と、株式の引き受けを辞して会費の分担をする準同盟旅館のほか（表7）、同盟外の旅館が数戸あった。[10] 一一年の一覧と対照すると、ほぼ同じ旅館が並んでいることがわかる。草津温泉駅が開業するまで同盟・非同盟の旅館が対立し、吾妻駅や嬬恋駅では宿引きが激しかったという。[11]

草津電気鉄道の一九二八年（昭和三年）の時刻表によれば、夏季は一日七往復、それ以外は六往復の運行で、

表7　鉄道同盟旅館の一覧（1922年）

等級	宿名	経営者	1911年
一等	一井館	市川善三郎	1
	日新館	湯本柳三郎	1
	望雲館	黒岩忠四郎	1
	大坂屋	中沢市郎次	1
	大東館	山本与平次	1
	草津ホテル	黒岩誠一郎	1
二等	山本館	黒岩誠一郎	1
	桐山	神林喜平	2
	古久長	小林長蔵	3
三等	細野	細野　停	4
	大津屋	山口栄太郎	3
	山本館*	小林豊吉	2
	弥生館	田村長作	4
	ての字	湯本清曹	3
	信濃館	若林寿郎	5
	遠州屋	黒岩定次郎	3
四等	高砂館	市川金弥	
	草津館	山口茂三郎	4
	吉田屋	中沢惣太郎	4
	松村屋	宮崎五郎平	4
五等	伊勢本	山本徳蔵	5
	民屋	中沢善十郎	5
準同盟	七星館	高山米吉	
	山幸	山口幸八郎	2
	大屋	山本佐五郎	3
	山田屋	山本しづ	
	林屋	小林喜太郎	5

1911年は表6に示した宿の等級
＊奈良屋の名称は大正末期からみえる
（出典：萩原太一郎『草津温泉』〔増補５版、草津鉱泉取締所、1922年〕から作成）

途中十六の駅に停車しながら、新軽井沢と草津温泉を四時間で結んでいた。平均時速にすれば、十四キロに満たないゆっくりとしたスピードだった。当時の職員の体験談によると、普段は貨車一台と客車一台をつけて、貨物は硫黄が多く、急勾配の上りにかかるとスピードがぐっと遅くなり、乗客のなかには、電車から飛び降りて、横を走ったり、花を摘んだりする人がいたという。草津電鉄は急カーブが多く、下りの速いときには時速四十キロぐらいになり、一週間に一度は脱線したが、みな慣れていて五分ぐらいで復旧し、定刻に間に合わせることができた。(12)

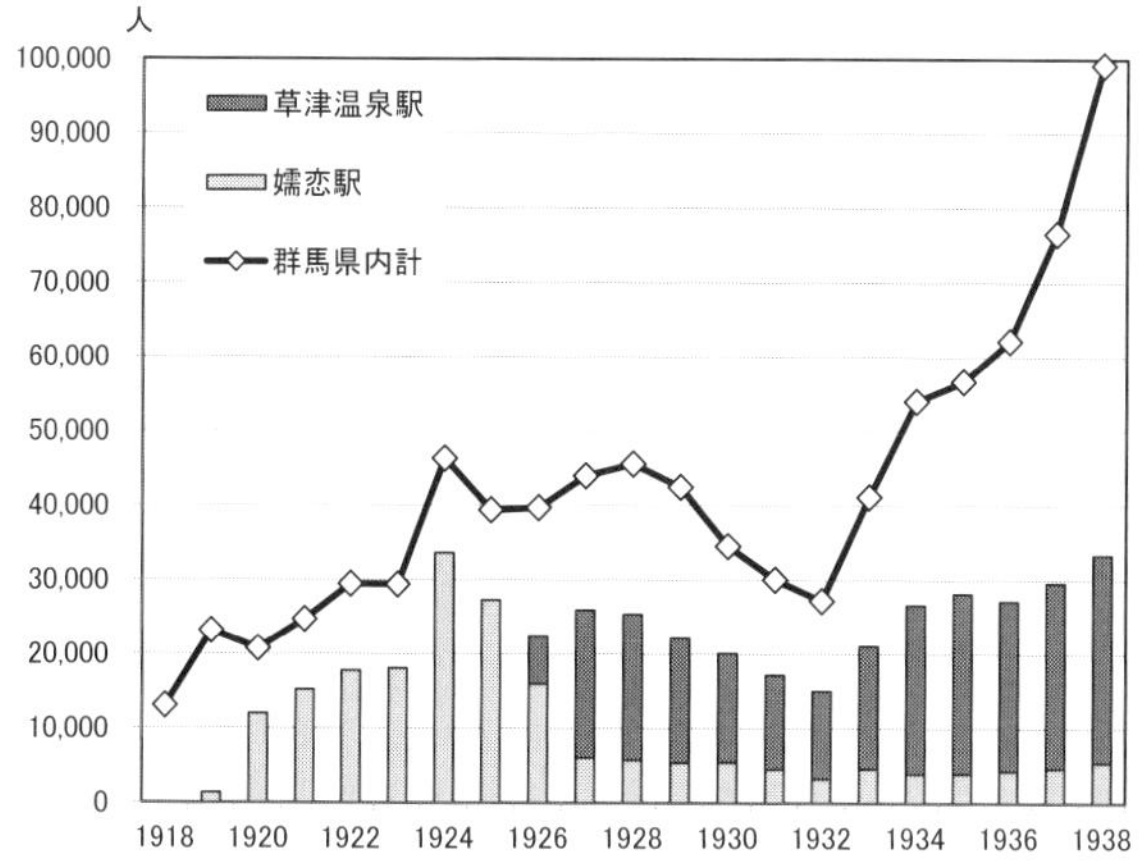

図19　草津軽便鉄道／電気鉄道の乗客数の推移
（出典：各年次『群馬県統計書』から作成）

草津電気鉄道（一九三九年に草軽電気鉄道に改称）の乗客人員の推移を示した図19によれば、一九二四年（大正十三年）まで群馬県内の乗客が大きく増加し四万人を超えたものの、草津温泉駅の開業後は停滞ぎみで、三二年には三万人を下回った。昭和恐慌の影響だろう。その後、戦時下で増加に転じ、三八年には十万人に迫った。草津温泉駅の乗客は群馬県内の四割程度を占めていて、一万二千人から二万八千人を数えている。一日六十人の乗車とすると、三百六十五日で二万千九百人となる。これは少ないという印象をもつが、客車の大きさからすれば妥当といえるだろうか。図20は長野県から群馬県境へ向かう高原を走る鉄道である。

その後、草軽電気鉄道はスピードアップを図って、軽井沢から三時間ほどに短縮される。その一方で、一九三五年十二月には、鉄道省が渋川と草津を結ぶ上州草津線の乗合バスを運行し、直通だと二時間半で到着できるようになった。そのため、電車よりも省営乗合バスのほうが次第に優位になっていく。

図20　絵はがき「上州草津高原鉄道　鶴溜附近線路ヨリ浅間遠望」部分
架線が見えないので軽便鉄道時代か
(iii期：1918-33年。時期区分については図55を参照)

一九四〇年の宿泊施設

次に、旅館の実態から地域社会の変容を跡づけておきたい。『群馬県統計書』で温泉宿数を確認すると、一九一〇年代後半には七十軒台で推移していたが、二〇年代に漸増し、さらに三〇年代になると九十軒を上回るようになっている。旅館数は年によって変動していて、最大値は三四年の百三十四軒である。

日本温泉協会編『日本温泉大鑑』に掲載された一九四〇年当時の施設一覧には、草津に八十一軒の旅館があり、総収容人員を求めると四千三百人あまりになる。[13] 最も収容人員が大きいのは二百二十五人の一井で、奈良屋、大坂屋、大東館が百五十人を超えている。表8に示したように、規模には大きな差があり、三十人に満たない宿が全体の四割ほどを占めている。内湯の有無に注目すると、小規模旅館の多くは「内湯ナシ」とあって、昔ながらの共同浴場を利用する湯治宿だったことがわかる。一方で、大規模旅館は内湯を備え、宿泊料金も高額だった。小規模旅館の一週間を基本とする滞在料金は一円二十銭から二円だったのに対し、高級旅館の滞在料金は二円五十銭から五円、短期の一、二泊料金は四円から七円になっていた。

図21をみると、湯畑の西側に規模の大きな旅館が立地すること、湯畑の東側や滝下町、地蔵町に旅館が集中していることがわかる(町名は図17を参照)。そして、草津温泉駅へと通じる新田町には、内湯をもたない小規模旅館が並んでいる。

なお、湯之沢地区にも旅館があったが、『日本温泉大鑑』にある一覧には掲載されていない。明治末期から大正期の草津町主導による湯之沢の移転計画は実現しなかったが、癩予防法が施行された一九三一年、ハンセン病患者の療養所として国立栗生楽泉園《くりうらくせんえん》の工事が始まり、翌年から患者の移転が始まった。国と県による隔離政策は難航したものの、四一年には、住民五百七十四人（患者四百二十八、健康者百四十六）すべてを対象として、土地建物の買収、移転手当の支給などに関する協定を締結し、湯之沢地区の解散式がおこなわれ、四二年末に移転が完了した。栗生楽泉園は湯之沢から二キロ東方に位置し、この当時、建物四百五十八棟、患者千二百六十三人、職員百十八人の規模を有した。[14]

表8　収容人員規模別の旅館数と内湯の有無（1940年）

	内湯有	内湯無	計
200人以上	1	0	1
150—199人	3	0	3
100—149人	10	1	11
60—99人	12	0	12
30—59人	14	5	19
15—29人	5	20	25
14人以下	0	10	10
計	45	36	81

（出典：日本温泉協会編『日本温泉大鑑』〔博文館、1941年〕から作成）

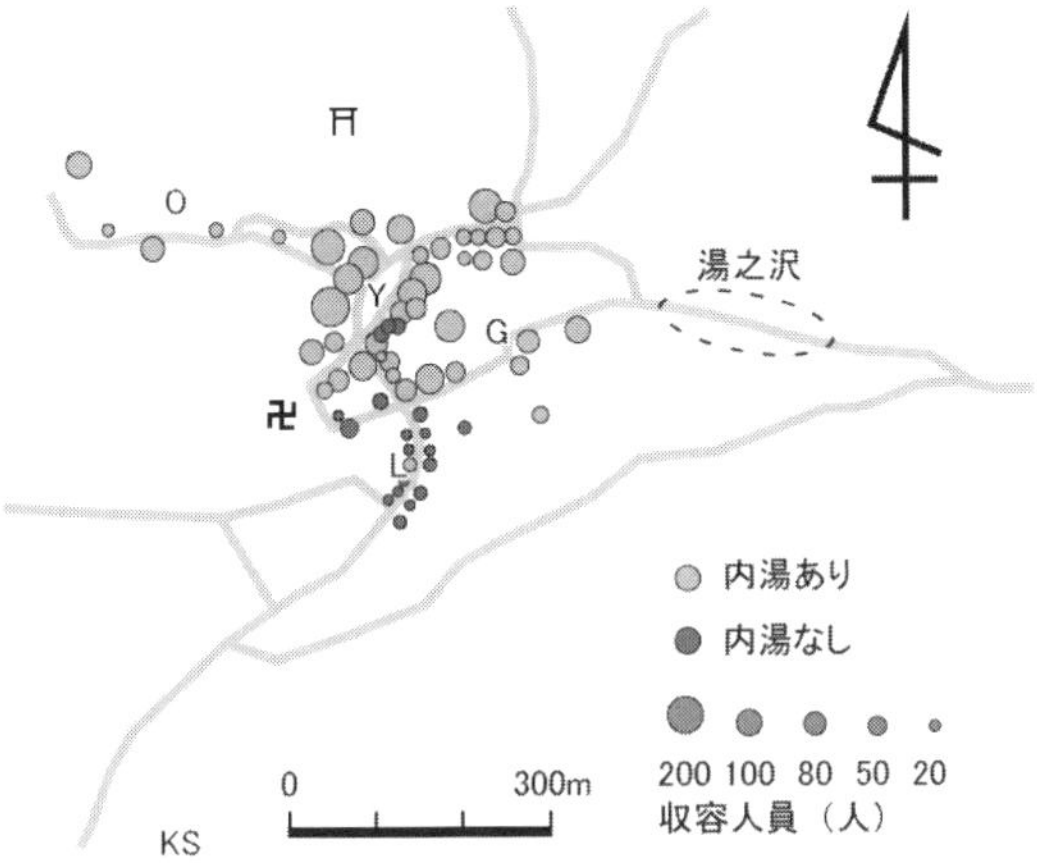

図21　昭和初期の旅館の分布（1940年）
Y：湯畑　G：地蔵湯　O：凪の湯　L：瑠璃の湯　KS：草津温泉駅
（出典：前傾『日本温泉大鑑』の一覧をもとに各種鳥瞰図などで位置を確認して作成）

スキー客の増加

大正・昭和初期の草津は、療養目的の自炊客から、消費額が大きい保養・遊覧客へと客層を広げていく途上にあった。「草津鉱泉場組合取締所沿革」[15]から、おもな誘客策を列記してみたい。一九一六年（大正五年）、東都十大新聞の有力記者を招待し、郡長を動かし、紙面を占用して大宣伝をなすことを得た。二一年（大正十年）、ツツジの盛期に浴客慰安会を主催し、以後あらゆる花見会が現れるに至った。二八年（昭和三年）五月の中央放送局での「草津節」の放送は「当時破天荒の大宣伝」と評価され、三〇年（昭和五年）には「草津小唄」も放送された。「草津節」は、時間湯で湯もみをおこなうときに歌われた。このように、草津では、新聞やラジオを使った宣伝、花見会といったイベントをおこなっていたのである。

また、昭和初期の客層の拡大には、当時のスキー人気も寄与していた。草津では一九一五年（大正四年）にスキークラブが結成され、三一年（昭和六年）には、日本最初のスキー学校が開設されている。三四年（昭和九年）の草津町役場調査によれば、延べ宿泊人員三十万八千二百六十八人のうち、観光スキー客が八万三千八百人と二七パーセントに達していた[16]。

一九三〇年に日本旅行協会の主催、草津電気鉄道と草津温泉組合の後援で、百人を募集したスキー団体募集の行程は次のようだった[17]。一月十八日午後十一時十五分上野駅発、十九日午前四時四十四分軽井沢駅着、午前五時五分発の草津電気鉄道に乗り換えて八時十八分草津温泉着。スキー講習、夜間は「草津音頭」と映画会。二十日午前十時二十分草津温泉発、午後一時四十八分軽井沢着、午後二時二十四分軽井沢駅発、午後七時十分上野駅着、解散。かなりの強行軍だが、こうした団体旅行によってスキー客を集めていたのである。

また、各地のスキー場便りを掲載した一九三三年の記事には、夜間照明施設を完備した運動茶屋付近は初心者向けのゲレンデで、落葉松の疎林や枯木の間を縫う殺生から白根山に出るコースや、渋峠付近などは山党に喜ばれ、香草温泉も冬期営業しているし、途中避難小屋の設備もあると案内されている[18]。この照明は、草軽電鉄のへ

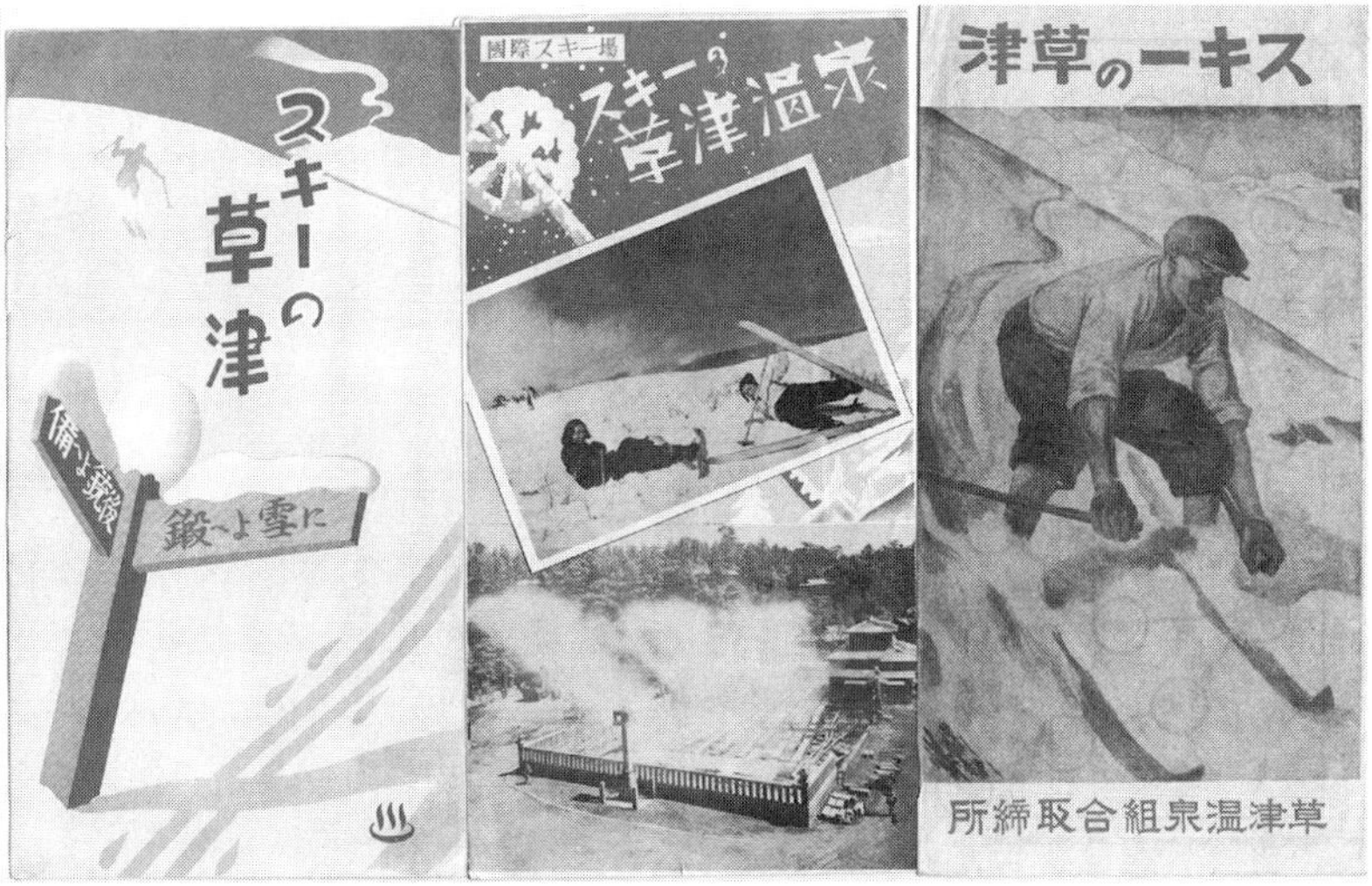

図22　草津温泉組合発行のスキー案内のリーフレット

ッドライト四基を運動茶屋スキー場に取り付けたものだったが、戦争中のことで、四、五年で中止せざるをえなかった(19)。

草津温泉組合でもスキーを宣伝するためリーフレットを発行していた。図22の三種のリーフレットの内容を検討すると、発行時期の違いが読み取れる。中央のものには一九三六年三月二十二日のスタンプがある。右のものには三三年建設の横手山ヒュッテを新設、夜間スキー場を新興としていて、右と中央のものには夜間照明の案内があるが、左のものにはない。つまり、右が三三年頃、左が三八年頃のもので、宿泊料は右から左へ徐々に高くなっている。中央の図は若い女性二人がモデルになっていて、遊覧客を誘っている。左の図にある「備へよ銃後　鍛へよ雪に」のコピーは、戦時下、心身鍛錬と健康増進が求められていたことに応えたものになっている。

昭和初期の経済・財政状況

この時期の草津町の経済・財政状況についてもふれておきたい。一九三三年、黒岩忠四郎は旅館の営業競争の弊害を憂い、新たに旅館商業組合を結成するために『十五ヶ年計画の草津温泉』という冊子を作成し、旅館経営者に配布した。そこで、草津の特徴を次のように指摘している。

現在の草津においては、同業者同士の闘争の結果、もはやお互いに疲れ果てて、立つこともできないような事情になっている。客の争奪戦が世間を対象としたものならば結構であるが、草津へ来ると定まっている客に対して、莫大な費用を投じて争奪するのだから、失費も大きいはずである。他の温泉場では、温泉の湧出口が限られていて、旅館はある程度以上、開業したくてもできない事情にある。草津においても湧出口に限定があることに変わりないが、草津には、時間湯という特種な公設浴場があって、大多数の浴客は時間湯を中心にして入浴するような仕組みになっているから、風呂を個人的に設備しなくとも、宿屋を開業したければいくらでも開業することができる。かくして、宿引きなどの不当な競争が陰に陽におこなわれてきた。[20]

一九三四年の草津町の歳入総額は五万七千四百九十二円だったが、それに対して町税収入の割合は二二パーセントと少なく、温泉収入が五二パーセントを占めていた。このように、草津町では温泉税を浴客から取っているにもかかわらず、財政に四苦八苦していた。ほかの町村と比べて課税の割合が低いこと、町長はもちろんのこと、町会議員のほとんどは旅館の主人であり、その旅館が近年著しく増加して競争が激しく、経営がだんだん困難になり、税負担の大きい階級が比較的苦しい立場に置かれていること、さらに町の有力筋が草津電気鉄道に投資し、それが利潤を生まないことなどで、滞納もかなりあったという。[21]共同浴場の改築修繕にも費用がかかり、町の財政は窮乏状況にあった。

一九四二年の草津の商業者数は、鮮魚五、洋服九、製菓十、カフェー二十三、三業組合（料理屋・待合・芸者屋の三業種）十九、下宿屋二十六、旅館八十一であった。[22]カフェーや三業組合の存在は、この時期までに歓楽街的な要素も入っていたことを表している。日本温泉協会の機関誌「温泉」第十三巻第十号の「編輯後記」には、四二年の夏、「各温泉地の活況は大変なものであつたらしい。何年ぶりかの暑さと豊作を予想される好日照りで、押すな押すなの客足であつたのであろう。（略）都会の食糧不足をのがれるものやら（略）不生産的な避暑人が多いのも社会的な面から面白くないことだ[23]」とあるが、温泉旅行の賑わいもこれが最後になった。四三年になると、鉄道省は旅客輸送の制限を強め、遊楽旅行の廃止、錬成に名を借りた旅行の禁止を広告した。草津では、四四年夏から東京都淀橋区の児童の集団疎開受け入れが始まり、十月には三千四百十人が七十三軒の旅館に分宿していた。[24] 翌年五月には、横須賀海軍病院草津仮分院が十五軒の旅館を使用して開設された。[25] こうして、入浴客に替わって多くの児童や傷病兵を収容したが、終戦を迎えると急速に減少した。

3　戦後復興から高原リゾート開発の時代へ

スキー場の開発

終戦後、戦時中に国策として草津町の近くで開発された群馬鉄山と、その鉱石を輸送するために一九四五年一月に開通した国鉄長野原線の建設にかかわった多くの労働者が去った。ペニシリンなどの新薬の登場で、湯治客もめっきり減って、硫黄鉱山や栗生楽泉園などに勤める給与所得者の収入に頼るしかなく、草津の経済は窮迫した。あとに残されたものは、荒れさびれた老朽温泉街と、茫然自失の地元の老人たちだけで、戦地や学徒動員から帰ってきた若者たちは「こんなボロ温泉など、たたき売って東京へゆこう」と草津を見限る悲観論が横行したという。[26]

こうした状況を突破する鍵になったのが、スキー場の開発だった。一九六四年の「観光経営」第十一号に、当時の草津町町長で大東館経営者の山本謙と、六六年に町長となる大阪屋社長の中沢清の座談会「スキーはヘリコプターに乗って　草津温泉の新戦略を分析する」という記事が掲載された。そこでは草津の魅力を次のように語っている。

昔は療養中心で若い人が来なかった。スキーで若い人たちが来るようになって、草津に対するイメージが変わってきた。その理由には、全国で初めてスキーリフトができて注目を集めたこと、優秀なスキーヤーが多くスキー学校がブームを起こしたこと、草津がはしりでスキーバスの運行を始めたことがある。そして、新年からはヘリコプターの営業を始めて、白根山頂に運ぶ事業を行う[27]。

草津国際スキー場は白根山東麓に展開している。群馬・長野・新潟県境の山岳地帯は、一九四九年に上信越高原国立公園の指定を受けた。国立公園では、自然景観の保護のため、開発行為の規制や動植物の保護などがおこなわれている。国立公園の保護規制計画の地域を図23に示した。温泉街に近接する場所が第三種特別地域、白根山山麓の大半が第二種特別地域、白根山から芳ヶ平（ラムサール条約湿地）と本白根山付近が第一種特別地域になっている。第二種特別地域のうち飛び地になっている場所は、西の河原とチャツボミゴケ群生地である。後者は、群馬鉄山の露天掘りをしていた跡で、強酸性の鉱泉湧出地に生育するチャツボミゴケと鉄鉱生成地が国指定天然記念物になっていて、中之条町によって公園として整備されている。

全国初のスキーリフト

では、スキー場開発の経緯をたどっていこう。日本最初のスキーリフトが一九四八年十二月、天狗山に建設された。これより早く四七年一月、進駐軍に接収された志賀高原丸池スキー場にスキーリフトが完成したが、一般客は利用できなかったので、草津のリフトが日本人向けとしては全国初となった。草津スキークラブ創立・国際スキー場開場八十年記念誌『草津のスキー』に掲載されている当時の関係者の証言をまとめると、町民の主体的な動きをみてとれる。

草津周辺にはたくさんの硫黄鉱山や群馬鉄山があったので、鉱石を輸送する索道にはなじみがあり、それに腰掛けをつければ、スキーヤーが利用できるということになった。群馬鉄山や谷所鉱山の索道に試乗もした。索道の機械を発注してもらい、天狗山からカラマツを伐採して、それを索道の支柱と送電線の電柱にした。多くの町

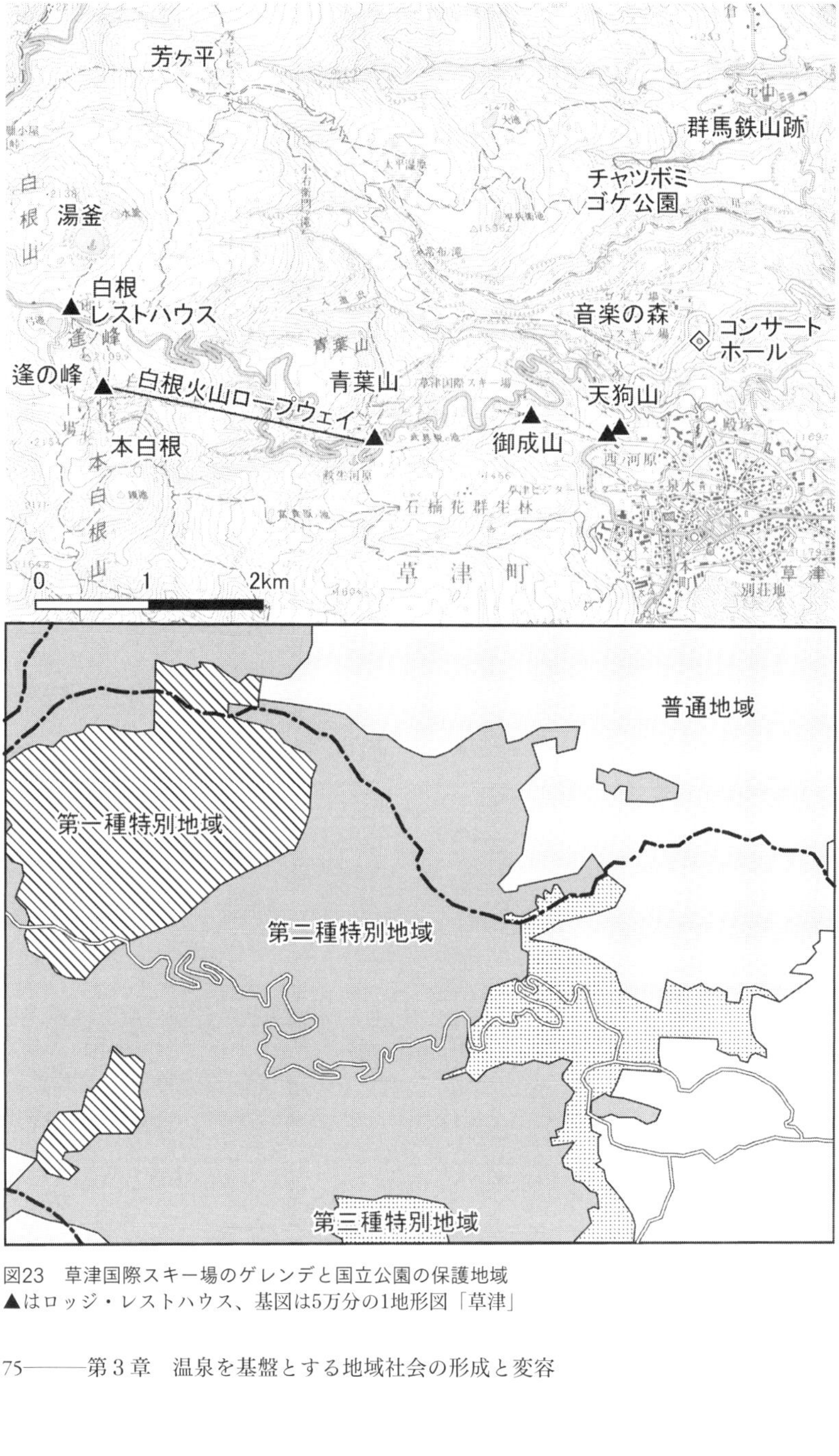

図23　草津国際スキー場のゲレンデと国立公園の保護地域
▲はロッジ・レストハウス、基図は5万分の1地形図「草津」

民や鉱山の職員が手伝い、支柱の建立、滑車の取り付けなどをおこなった。いちばんのヤマは、索道のメインワイヤーを頂上まで運ぶことで、三百人くらいを動員して、背負子に付けて登った。群馬県からの補助金のほかは、町民の勤労奉仕によってタダで賄い造ってしまった。初めてのスキーリフトは大評判を呼んだ。

一九四八年十二月二十九日の「サン写真新聞」は、十二月二十六日のスキーリフト完工式を取り上げ、延長三百二十七メートル、百十五メートルの頂上まで六分で上昇し、試運転の結果は上々だったが、「何としても雪がないので玉にキズ」だったと報道している。

さらに、一九五三年三月には全長千六百五十七メートルの殺生リフトができた。当初は民間資本を導入した案があったが、結局、町営でやることになり、草津営林署から多量の材木を買い付けて支柱を組み、町民がワイヤーを背負うなどして工事に協力したという。

リフトの延長とスキー客の動向

一九五六年には殺生リフト、天狗第一・第二リフト、御成山リフトを合わせて延長二千八百メートルほどだった(図24)。六〇年には、隣接する嬬恋村の万座温泉に西武資本の万座観光ホテル(一九八〇年に万座プリンスホテルに改称)が開業した。西武の開発攻勢に対して、より早く白根山に登らなければ主導権がとれない、西武に負けないようにケーブルをかけよう、ということになって、国の観光起債一億円を使って殺生河原と逢の峰を結ぶ町営白根火山ロープウェイをつくり、同年に営業を始めた。(28) その後、逢の峰、本白根山、青葉山の各ゲレンデでリフトの建設が続き、七四年には六千メートルを超え、コースの整備も進んだ。八〇年代になると延長距離は伸びていないが、建て替えなどで輸送力が高められた。しかし、九〇年代後半以降、休止・廃止されるリフトが出てきていて、二〇一三年には逢の峰ゲレンデも廃止された。最も多い時期にはリフト十六基を数えたが、一六年度の運行は十基となった。

リフトの延長距離はスキー場への入込客数と強く関係している。一九六〇年代前半には二十四万人から三十一万人、七〇年代には雪不足などの例外的な年を除くと五十二万人から六十四万人で推移した。八〇年代は増減を繰り返しながらも徐々に増加していて、九一年度と九二年度には九十万人を超えた。この二シーズンが最盛期となった。この後は急速な減少をみせ、九九年度には二十八万人と三分の一以下になり、二〇一〇年度以降は十七万人から十九万人で推移している。〇一年には天狗山レストハウスの向かいに日帰り温泉施設のベルツ温泉センターが完成し、スキー場経営の改善に結び付くと期待されたが、当初の計画どおりの集客ができず、赤字経営が続いたことから廃止された。この施設は、一一年に草津あおぞら保育園に転換された。

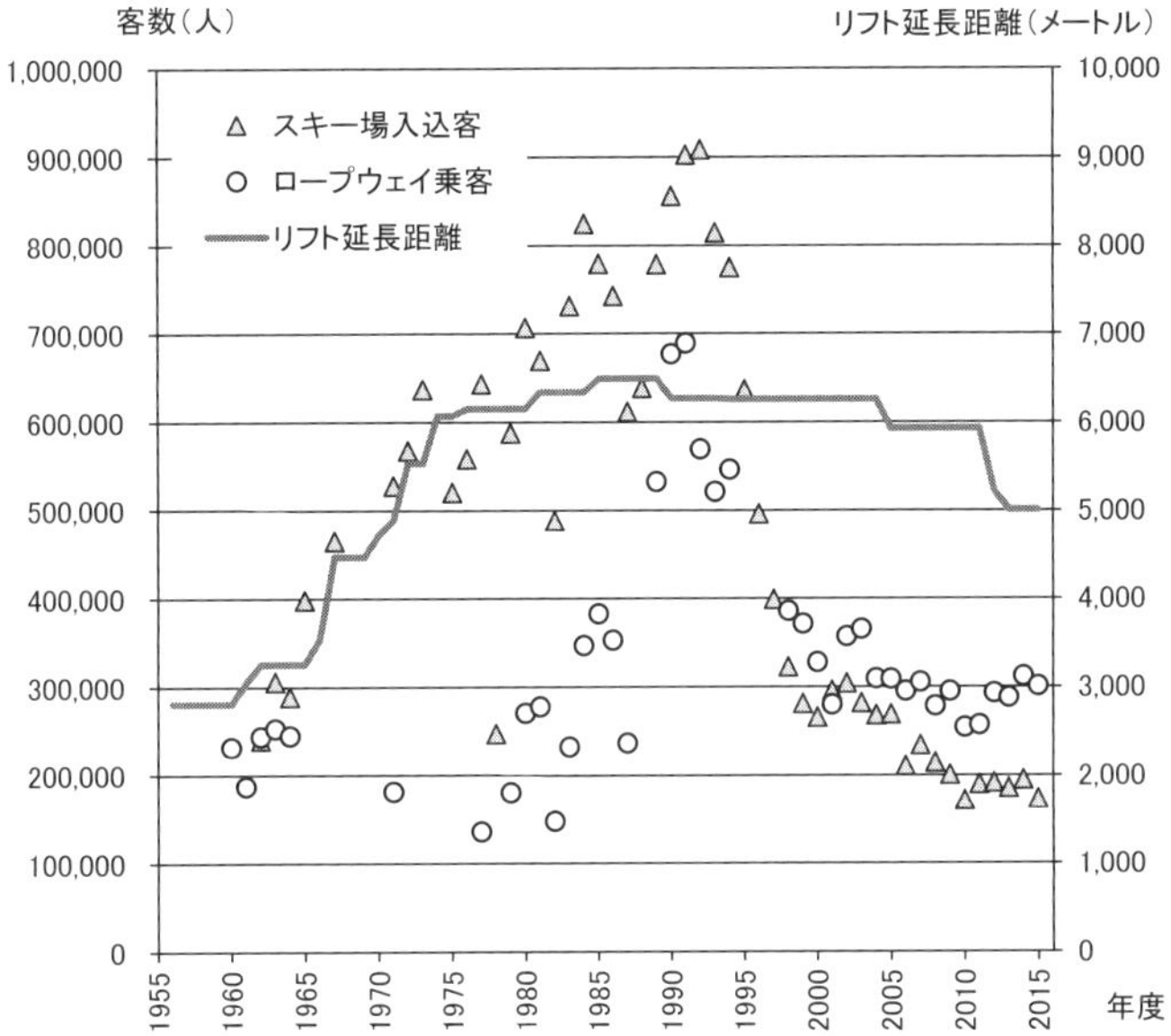

図24　草津国際スキー場の入込客とリフト延長距離の推移
リフトの延長距離にはロープウェイの距離を含めていない
（出典：「草津町観光要覧」「総合計画」「町勢要覧」「鉄道要覧」、草津観光公社資料などから作成）

白根火山ロープウェイは通年営業である。その乗客数は一九七〇年代に低迷しているが、これは道路整備によってマイカー客が増加したためだろう。八八年のロープウェイ架け替え後、乗客数は五十万人以上となった。九〇年代後半になるとスキー客の低迷もあってロープウェイ乗客が上回っている。二〇一四年から一五年には乗客が三十万人を超えているが、これは草津白根山の噴火警戒レベルの影響と考えられる。一四年六月に噴火警戒レベルが2に引き上げられ、一七年六月にレベル1になるまで湯釜火口から一キロ以内への立ち入り

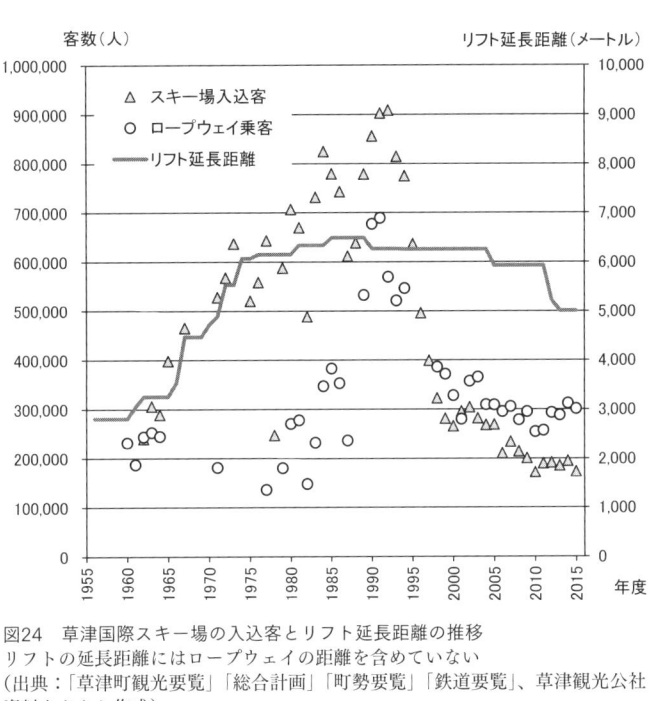

が規制された。そのため、白根レストハウスは閉鎖され、車両の駐停車も禁止になった。草津白根山は日本百名山の一つであり、本白根山への登山やハイキングのため、ロープウェイ利用者が増えたのだろう。

スキー場の開発は、草津町の主導で進んだ。この背景には、一帯が国有林かつ国立公園の特別地域で、民間資本の進出が困難だったことがある。草津国際スキー場は、町営スキー場として、ロープウェイ、索道十一本、ゲレンデ六カ所、コース八本、レストハウス・ロッジ七カ所が条例に基づいて管理されている（一部休止中を含む）。温泉街に近いところから、天狗山ゲレンデ、御成山ゲレンデ、青葉山ゲレンデ、本白根ゲレンデと並び、標高差九百二十六メートル、最長距離八千メートルのロングコースを楽しめるようになっている（図23を参照）（本白根山噴火後の状況については、前掲のコラム「草津白根山の火山災害」を参照されたい）。

宿泊施設の動向と交通手段の変化

少し先取りして、草津町による観光開発の核だったスキー関係事業の経緯と現在までのスキー客の動向にふれたが、ここからは一九五〇年代に戻って地域社会の状況を跡づけていきたい。五六年の旅館の分布を図25に示した。戦前の四〇年には、旅館八十一軒、収容人員四千三百人あまりだったが、この年、旅館協同組合の加盟旅館は五十六軒、収容人員は四千六百人ほどで、旅館数が減っている。規模順では、野口館三百人、一田屋百五十人、七星館百三十人、山本館百二十六人、草津ホテル百二十人と続く。内湯がない旅館は六軒にとどまるが、これ以外の零細な宿が組合に入っていないためだろう。いわゆる下宿屋と呼ばれた宿泊施設で、湯治客や工事関係者などの長期滞在客を迎えていた。六〇年には第二組合ができて、内湯をもたない三十二軒が組合員になった。[29] いずれにせよ、旅館街の形態は戦前と変わっていないことに注目しておきたい。

「草津温泉を打診する」[30] という一九五九年の記事には、町民の人柄はいいが、旅館の待遇には感心しない面があるとして、便所の鍵が壊れていること、凍って洗面所の水が出ないこと、ロビーのストーブが燃えていないことをあげている。また、白旗の湯と熱の湯は汚い建物で、歴史や湯もみについて説明があれば観光の対象になるのに、看板もないので何物かわからない、宣伝の心がけが足りない、道路もよくない、せめて中心部だけでも舗装したいものであると指摘している。復興途上であったことを物語るものだろう。

宿泊施設の収容人員の総数は、一九六〇年代後半から上昇を始め、八〇年代半ばにピークを迎えた（図26）。この拡大期には、草津への交通手段が大きく改善された。

群馬鉄山のために開発された国鉄長野原線は、戦後、長野原駅（一九九一年に長野原草津口駅に改称）までの旅客輸送を始めて、駅から草津温泉までは国鉄バスによって一時間で結ばれた。一九六六年に上野から急行が運転されるようになり、翌年には全線電化された。さらに、七一年に大前まで延伸して吾妻線と改称され、八五年から特急の運行が始まった。一方で、新軽井沢と草津温泉を結ぶ草軽電気鉄道の利用客は大きく減少し、六〇年に新軽井沢―三原間、六二年に三原―草津温泉間が廃止された。

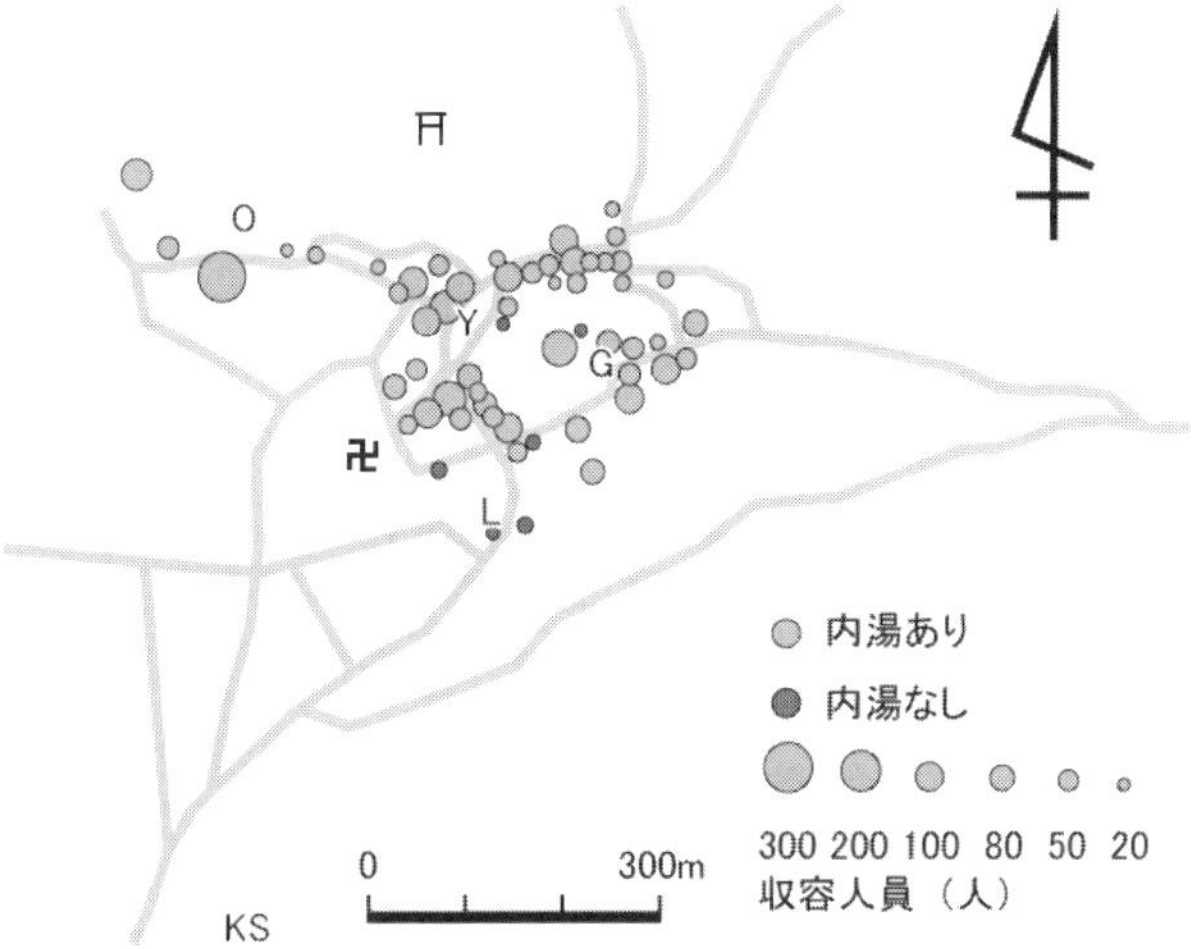

図25　高度経済成長期以前の旅館の分布（1956年）
Y：湯畑　G：地蔵の湯　O：凪の湯　L：瑠璃の湯　KS：草津温泉駅
（出典：草津温泉旅館協同組合資料から作成）

長野原駅から草津に至る道路は、未舗装の砂利道だったが、日本道路公団が改良工事をおこない、一九六四年に全面舗装されて、国道百四十五号線から分岐する長野原町大津から先が草津有料道路となり、バスの所要時間は三十分ほどに短縮された。さらに六五年には、草津から白根山、渋峠を経て志賀高原へと至る志賀草津高原ルートが開通して、広域の周遊が可能になった。このルートも七〇年に全面舗装されて有料道路になった。二本の

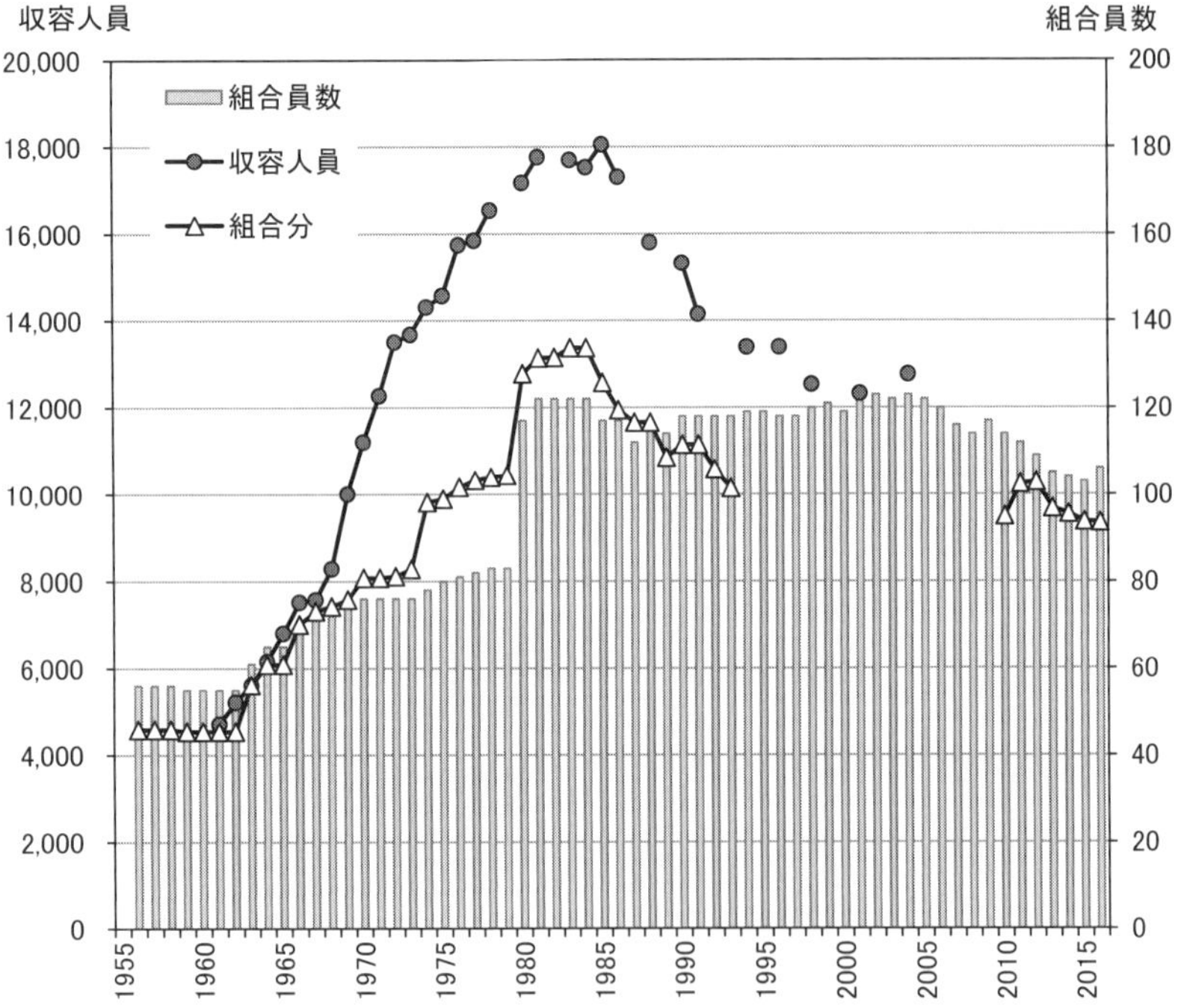

図26　宿泊施設の収容人員の推移
（出典：「草津町観光要覧」「総合計画」、草津温泉旅館協同組合資料から作成）

有料道路は、九三年と九二年にそれぞれ無料開放され、現在は国道二百九十二号線になっている。渋峠付近には、標高二千百七十二メートルの「日本国道最高地点」の碑が立っている。さらに広域のアクセスでは、八二年の上越新幹線の開業、八五年の関越自動車道の全線開通も画期となった。

日本観光協会による草津への入込手段の推計によれば、一九七九年の二百二十万人弱の入込客は、長野原駅からの定期バス三二パーセント、観光貸切バス一七パーセント、自家用車五一パーセントとなっていて、マイカー客が半数を占めるようになっていた。[31] 日本交通公社による二〇〇二年の調査では、宿泊客五百五十五人の交通手段は、自家用車七〇パーセント、JRとバス一六パーセントとなっていて、さらに自家用車の割合が高まっている。[32]

高原地区への進出

一九七〇年前後に温泉街がかかえていた

問題は、密集した建物と狭い道路によって、旅館の規模拡大と駐車場の確保が困難になっていることにあった。

そうしたなかで高原地区への進出が計画された。これはドイツ人医師ベルツ（一八四九―一九一三）の構想を実現するものになった。彼は東京帝国大学に在職し、温泉地の改良策をまとめた内務省への建白書『日本鉱泉論』（中央衛生会訳、中央衛生会）が一八八〇年（明治十三年）に翻訳・出版されている。ベルツはたびたび草津を訪れ、新しい草津を町の外につくり温泉保養地を建設しようとしたが、実現しなかった。草津温泉での高原リゾート開発の始まりは、一九六〇年頃、所有源泉のポンプアップに成功した草津温泉配当株式会社社長の萩原亮と、高原地区に土地を有していた中沢ヴィレッジ専務取締役の中沢晁三が、造園学の泰斗田村剛に設計を依頼し、竹中工務店の進出協力を得たことにある。(33) 六八年には、十九・八万平方キロの広大な敷地に、温水プール、ボウリング場、ゴルフ場、乗馬場、釣り池などを備えたリゾート型のホテルヴィレッジが完成した。さらに、万代鉱の給湯が開始された七四年、ナウリゾートホテルとホワイトタウンという大規模リゾートホテルの開業をみた（図27）。ホテルヴィレッジは大阪屋、ナウリゾートホテルは奈良屋、ホワイトタウンは山田屋という地元旅館が開発主体になった。当時の中沢清・草津町長は六六年から十二年間在任し、大阪屋の経営者でもあった。

「月刊ホテル旅館」一九七三年三月号は「湯治場から高原リゾート都市へ――転出する人、残る人の立場」という座談記事を掲載している。(34) 転出する人とは高原地区へ出た業者、残る人とは旧温泉街に残った業者を指す。出席者の発言から開発の経緯を読み取ることができる。

小林貴・奈良屋専務取締役：いまの町長はずいぶん前から高原都市を目指して計画を進めてきている。しかし、計画のなかでも私有地、社有地が多く、実現は難しいものになっている。そのため、土地のある人が出るという形態になってしまった。

中沢秀雄・ホテルヴィレッジ取締役総支配人：高原をもっている人が少数の地主で占められていて、地主の考え方いかんでどんなものもできる。高原に出ていちばん問題なのは商売になるかどうかということ、何とかやれるというめどが立つまでに苦労した。統一テーマを維持し、健康的な保養リゾートをつくりたい。

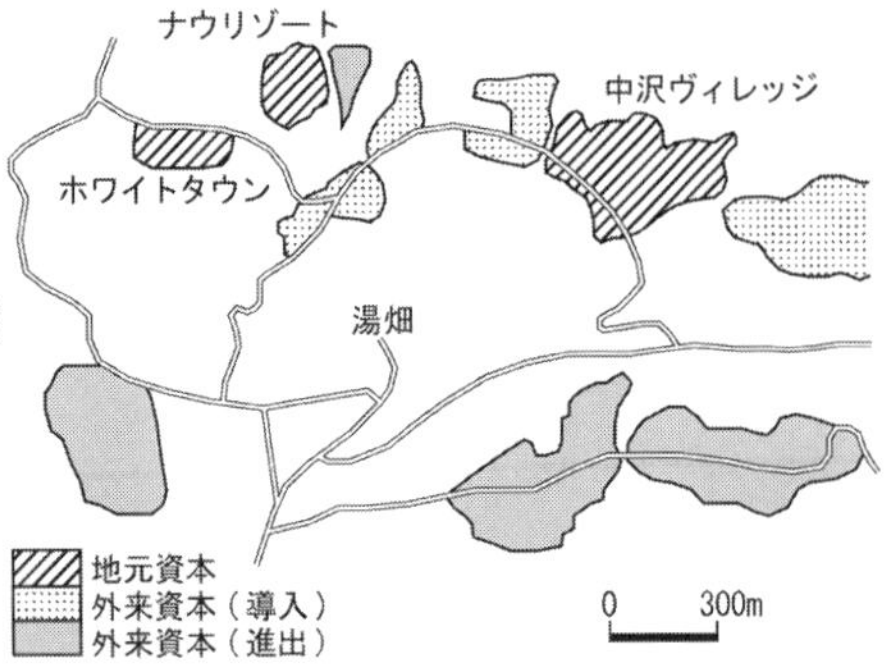

図27　高原地区の大規模開発業者（1978年）
（出典：山村順次「草津温泉観光発達史」〔草津町誌編さん委員会『草津温泉誌』第2巻所収、草津町役場、1992年〕の図48を簡略化して作成）

山田信雄・やまだ屋代表取締役：三百人以上の収容規模にならないと、生き延びられないだろう。高原に進出したのは、たまたま土地があったから。ヴィレッジがパイオニアとしてうまくいっているかどうかをみていた。

原沢金太郎・大東館支配人：残留組としては、土地がないことが出ない大きな一つのポイントで、新たに土地を購入してもペイできない。現在の四百人収容という規模はいちばんバランスが取れている。

外来資本の進出

草津町では市街地を囲むように国有林が広がり、町の総面積の七一パーセントを占める。高原地区は国有林に接していて、民有地は少数の所有者の手にあった。奈良屋は農業用開拓地三・三万平方キロを購入して進出した[35]。南東部の高台は別荘用地として、一九七一年に東京の千代田興業と小田急不動産に売却された（図27）。西部にあった万座硫黄の子会社の所有地は外来資本が買収した。中沢ヴィレッジは温泉保養公園の形成には外来資本の導入も図る必要があるという観点から、ヴィレッジ西方の土地を竹中工務店の子会社朝日土地に、東方の土地を日本信和に斡旋して開発を委ねた[36]。六九年には日本初のペンションとして綿貫ペンションが開業し、その後、外周道路沿いに次々とペンションができた。さらに、中沢ヴィレッジは、私設のスキー場、ゴルフショートコースなどを整備し、ホテルの増改築を進めるとともに、七七年から八三年にかけてリゾートマンション四棟を建設し、六百六十戸ほどを分譲した。

一方で、初期の外来資本の進出としては、一九六三年に温泉街西の高台に長野原町の浅間酒造が開業した白根観光ホテル桜井、六九年に草軽電気鉄道の敷地に建設された草津東急ホテルがあげられる。大型投資によって七六年には、前者は施設の一部を残した新築によって収容人員が三・五倍強、従業員が百八十八人に、後者は増築によって収容人員が約二・二倍、従業員は百十五人になって、新装オープンした。[37] 八三年頃には、大手八社——ホテル桜井、ナウリゾートホテル、高松、ホテルヴィッレッジ、ホテルホワイトタウン、ホテル一井、大東館、草津東急ホテル——は客室百室以上、収容力五百人以上の規模をもっていて、それらで草津全体の入込客数の約七〇パーセントを占めるという寡占的な構造が指摘されている。[38] これは大きな団体旅行客を受け入れられる施設が限られていたためだろう。

クラシック草津とニュー草津

一九八〇年代前半には、宿泊客数が停滞傾向をみせていたのに対し、収容力が急速に拡大したため、需給のバランスが崩れて稼働率が落ち込み、旅館経営が悪化した。そして、職場や老人会などの団体旅行から家族や友人との個人旅行へと、旅行形態が移行しつつあったことも加わり、宿泊施設が淘汰された。また旅行者の需要に合わせてトイレ付き客室への改装や客室の高級化が進められたこともあり、八五年以降、収容人員は縮小している（前掲図26を参照）。このような動きと合わせるように、人口減少も続いていることを思い起こしておきたい。

高原地区ではリゾートホテルやペンションが建設されて、若い世代や家族客を引き付けたが、旧来の温泉街は取り残されたままになっていた。そこで、岡本太郎の設計で湯畑の改造を進め、一九七五年に完成した。柵を低くして湯の湧出が臨めるように御影石の柵で囲い、末端で温泉が流れ落ちる滝をみせる、現在のひょうたん形の湯畑になった。瀧の湯はこれ以前の七二年に取り壊されている。

温泉街周辺では一九八三年に大滝乃湯、八七年に西の河原露天風呂が完成し、日帰り客向けの入浴施設が整備された。さらに八五年に「和風村」が開始された。大阪屋、奈良屋、山本館、湯元館などの和風志向の中小旅館十二軒が参加し、湯めぐり手形を購入すれば、各旅館の内湯に均一料金で入浴できるようにし、入込客を個々の旅館に囲い込むのではなく回遊させ、草津全体のイメージアップを図ることをねらった。これは、加盟旅館が十

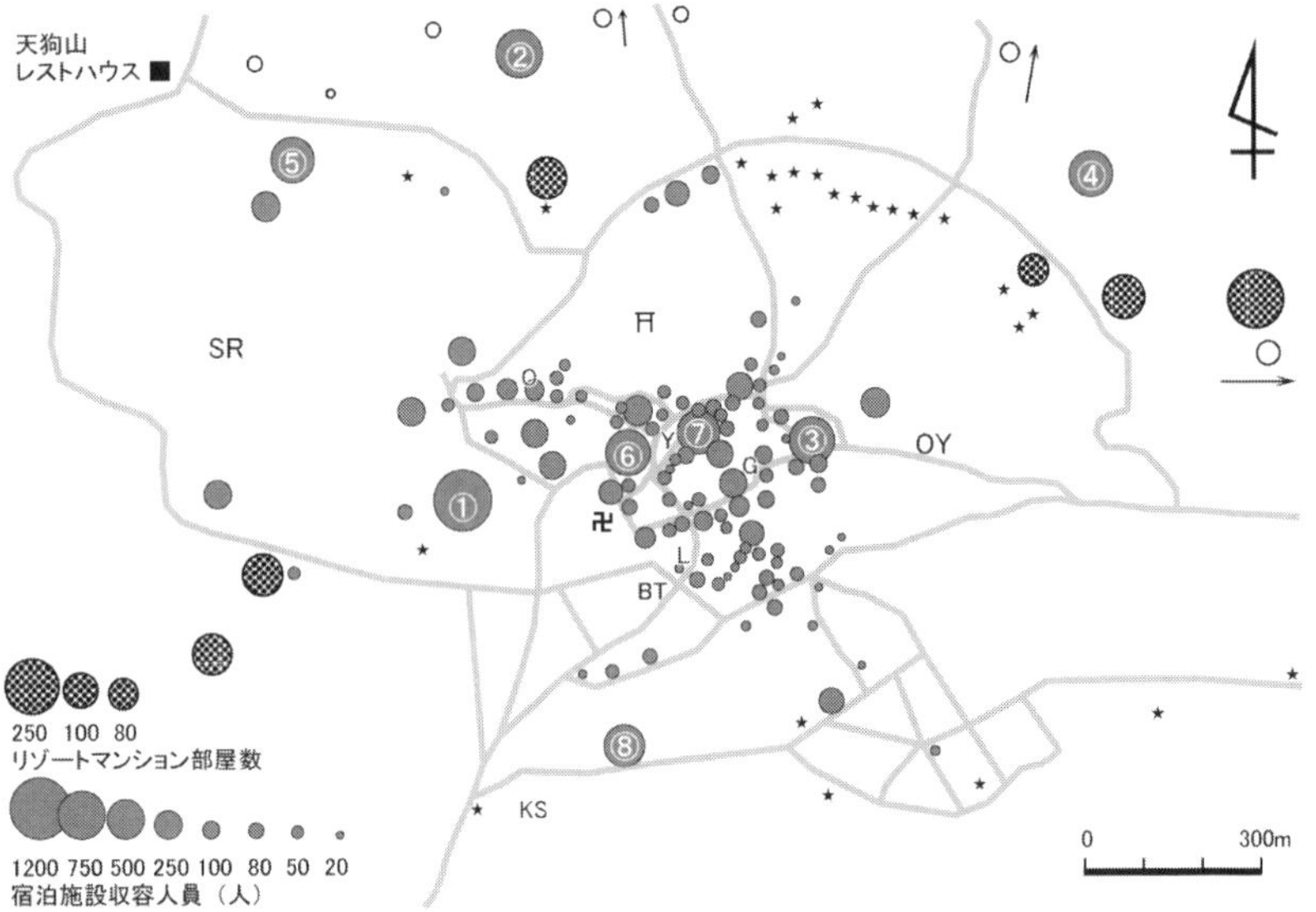

図28　宿泊施設とリゾートマンションの分布（1985年）
○は公的保養所、★はペンションを示す
Y：湯畑　G：地蔵の湯　O：凪の湯　L：瑠璃の湯　BT：バスターミナル　KS：草津温泉駅跡
OY：大滝乃湯　SR：西の河原露天風呂（1987年開業）
①ホテル桜井、②ナウリゾートホテル、③高松、④ホテルヴィレッジ、⑤ホテルホワイトタウン、⑥ホテル一井、⑦大東館、⑧草津東急ホテル
（出典：「草津町観光要覧」、草津温泉旅館協同組合資料などから作成）

五軒になって今日も継続していて、手形はこれら旅館の宿泊客に対して販売されている。

宿泊施設の収容人員がピークとなった一九八五年には、国際観光連盟・日本観光連盟の登録旅館六十三、草津温泉旅館協同組合の加盟旅館四十六、一般旅館三十一、民宿二十、ペンション三十五、公的保養所・ユースホステル七の合計二百二の宿泊施設があった。図28は零細な一般旅館と民宿以外の宿泊施設の分布を示したものである。かつては湯畑周辺に偏在していたが、万代鉱源泉の供給開始にともない、市街地南部や高原地区へ多くの施設が新たに展開したことがわかる。とくに北部の外周道路にはペンションの立地が目立つ。こうした地域の特色を生かして、湯畑を中心とする旧来の温泉街を「クラシック草津」、それを取り巻く高原地区を「ニュー草津」と名づけて、街づくりが進められていくことになった。

この間には、万代鉱を利用する企業や公共の保養所の開設も進んだ（前掲表2を参照）。公的なものは、簡易保険、社会保険、国民年金、国鉄、林野庁の保養所と関東甲信越地区国立大学の共同研修所、草津ユースホステルの七施設である。いずれも高原地区の外縁に位置する。このうち、かんぽの宿は現在伊藤園ホテルとなっている。なお、この当時、リゾートマンションは中沢ヴィレッジによる四棟のほか、南西部にも二棟が竣工していた。

4　バブル景気から今日に至る温泉まちづくり

リゾートマンションの開発ラッシュ

一九八〇年代後半に始まったバブル景気は、草津温泉にも好況をもたらし、宿泊客数も回復した。それ以上に大きな変化を与えたのは、リゾートマンションの開発である。前述のように、中沢ヴィレッジによる先駆的な取り組みがあり、その後、亀山社、東急不動産、三菱バーリントンなどの外来資本によって九三年までにリゾートマンションが次々と建設された。九一年二月には、完成したマンションはすべて完売状態、今年十月完成予定のマンションも九割以上が売約済みという人気ぶりだ、と報道されている。[39] 建設された二十一棟のリゾートマンションの総戸数は五千戸を超えている。これは、九五年の草津町の世帯数三千六百五十二を大きく上回っていて、いかに過剰な投資がおこなわれていたかを理解できるだろう。当初は草津ファン向けのマンション供給だったはずだが、単なる投機目的の開発がおこなわれた。草津町は、こうした開発に歯止めをかけるため、九二年九月に「草津町におけるリゾートマンション開発事業に関する取扱い方針」を定め、以後、今日まで新たな事業を受理していない。

リゾートマンションは、温泉街から離れた南部、南西部、北部の高台に立地している。十二階建ての建物が主体であり、草津町を遠望すると、林立したリゾートマンションがみえる（写真5）。宿泊施設の部屋数と比べても、

写真5　東方から草津温泉を遠望（2016年6月撮影）

リゾートマンションの規模の大きさが理解できるだろう（後掲図30を参照）。

リゾート法による開発計画

リゾートマンションの開発ラッシュとともに進行したのが、リゾート開発計画である。一九八七年、リゾート産業の振興と国民経済の均衡的発展を促進するため、総合保養地域整備法（通称リゾート法）が施行された。群馬県は全国七番目の早さで、八八年十二月「ぐんまリフレッシュ高原リゾート構想」が承認され、草津は重点整備地域の一つになった。そのプランを図29に示した。既存施設の区域が草津の市街地である。重点整備地区は町域に広く設定されていて、整備中施設と計画施設の七つの区域を合わせると千ヘクタールを超えていた。このうち着手された大規模なリゾート開発は、音楽の森ゴルフ・スキー場ゾーンと静可山スキー場である。

音楽の森ゴルフ・スキー場は、群馬県企業局が国有林を借地して先行開発していたもので、林野庁が進める森林空間総合利用整備事業ヒューマン・グリーン・プランの一部として、一九八八年から八九年に完成した。冬季はリフト二基をもつ音楽の森スキー場、四月から十一月は草津高原ゴルフ場として営業を始めた。続いて、九一年には、音楽の森国際コンサートホールが完成した。この施設は天狗山レストハウスとともに、八〇年に始まった草津夏期国際音楽アカデミー&フェスティヴァルの主要会場になっている。八月下旬、二週間にわたって開催されるこのイベントは、クラシックの演奏会と音楽家によるレッスンが柱になっている。
スキー場開発は、既存の草津国際スキー場の混雑緩和を目指したものだったが、前述のように最盛期は一九九一年度から九二年度だった。音楽の森スキー場は、ピーク時に七万人の利用者がいたが、九七年度には一・四万人を割り込んだため、翌年度から営業を休止し、二〇〇〇年に廃止になった。[40] また、草津高原ゴルフ場は、群馬

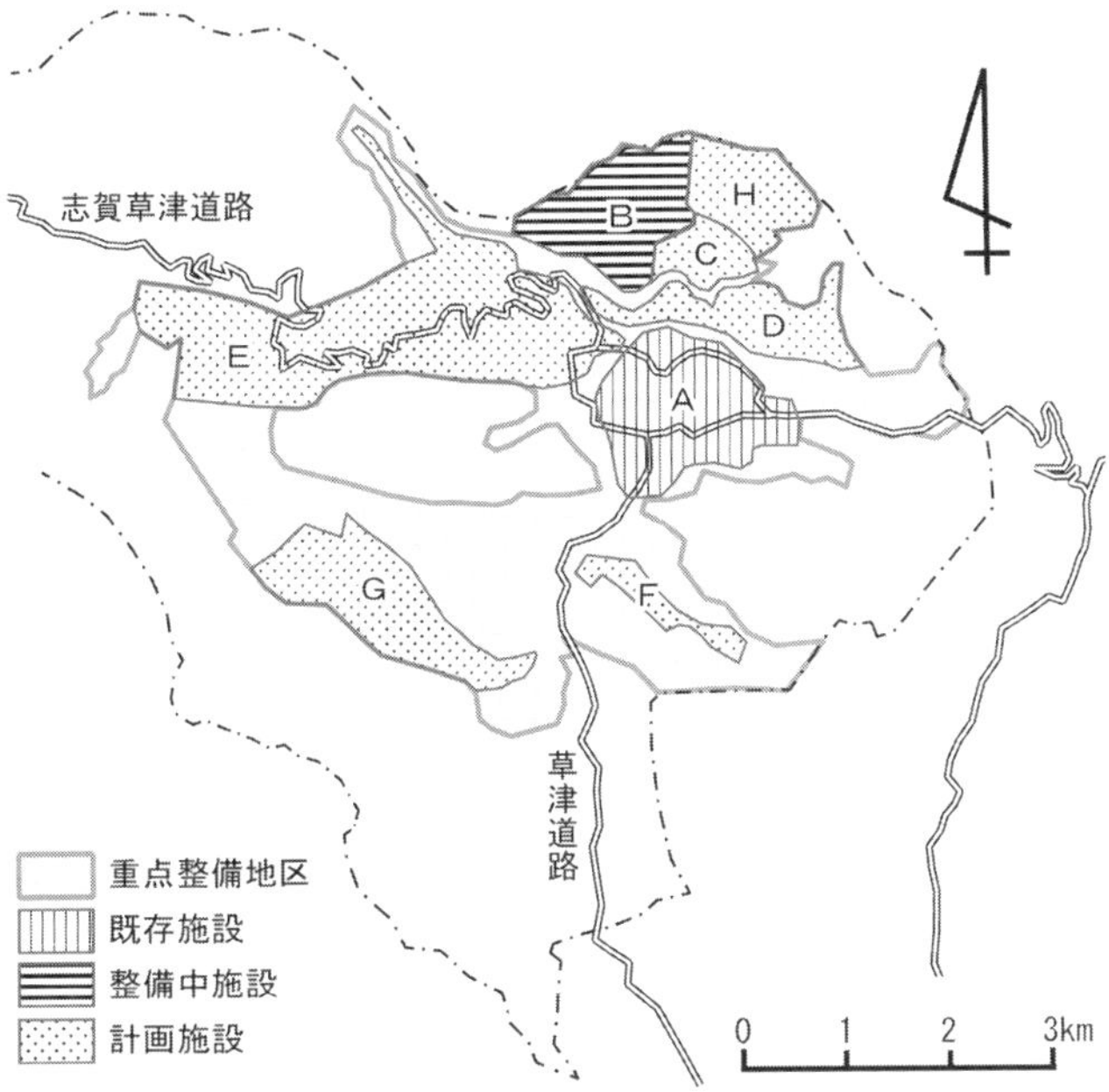

図29　リゾート法による草津地区の開発構想（1988年）
A：草津温泉宿泊施設　B：音楽の森ゴルフ・スキー場ゾーン　C：音楽の森交流ゾーン　D：レクリエーションの森　E：白根・天狗山スキー場　F：本白根観光レクリエーション広場　G：静可山スキー場　H：音楽の森スポーツ保養ゾーン
（出典：「ぐんまリフレッシュ高原リゾート構想」計画図から作成）

県企業局の経営にあったが、累積赤字が十一億円に達したことから町との協議を開始して、〇一年度から草津町へ営業が移譲された。[41] スキー場・ゴルフ場などの公営観光事業は約二十億円の累積赤字をかかえて、〇一年には営業を請け負ってきた草津町開発協会が解散した。[42]
　音楽の森国際コンサートホールは、草津町が資本金の五一パーセントを出資する第三セクター・草津音楽の森が二十二・六億円で建設したが、その工費をリゾートマンションの分譲収益で返済する計画が無期延期になり、結局、草津町が買い取ることになった。[43] 音楽の森一帯には、リゾートマンションのほかにも体育館・

水泳場などのスポーツ施設やコンドミニアムの建設が計画されていたが、いずれも実現することなく終わった。

静可山スキー場（スキーポートシズカ）は、資本金の七〇パーセントを白根工業、三〇パーセントを草津町が出資する第三セクター・白根高原スキーリゾートが白根鉱山の跡地に建設したもので、一九九〇年に開業した。さらにスキー場の拡張、ホテルやショッピングモールの建設も構想されていた。リフト四基（延長距離二千六百メートル）を備え、ピーク時には十三・七万人の入場者を数えたが、その後客足は伸びず、九九年度には四万人弱と採算ラインを下回り、経営は軌道に乗らなかった。累積赤字が九十六億円にのぼり、二〇〇〇年に営業を休止した。(44)

最盛期の一九九一年度には、草津国際スキー場九十万人、音楽の森スキー場七万人、静可山スキー場十万人、合わせて百七万人のスキー客を数えたが、近年は二十万人を下回っている。このような急速なスキー離れの予測は難しかったかもしれない。とはいえ、リゾート法はバブル経済の象徴となった構想であり、全国的にみても、第三セクターの運営によるテーマパークや大型リゾート施設は採算が取れずに廃業したものが数多い。草津町の事業計画も例外ではなかった。

「泉質主義」宣言と宿泊施設の実態

草津温泉のシンボルである湯畑の湯煙かおる風情は温泉情緒を体感させるもので、最大の観光資源になっている。湯畑周辺は一九九一年からの四年間で、総事業費二・九億円の整備計画が立てられた。(45) 歩道と車道を分離して歩道部分に瓦を埋め込み、急な坂道には木道階段を設置して、歩行者が湯畑を周遊しやすくなった。あずまやとベンチも設けられ、共同浴場の松の湯があった場所には湯けむり亭と足湯が作られた。

草津温泉旅館協同組合が中心になって二〇〇一年におこなった「泉質主義」宣言は、温泉そのものの違い――「自然湧出泉として湯量日本一」「源泉一〇〇パーセント掛け流しの天然温泉」「強力な殺菌力を誇る温泉」――を全国に発信して、草津温泉のブランドイメージを高めることになった。草津では、首都圏からのアクセスがよ

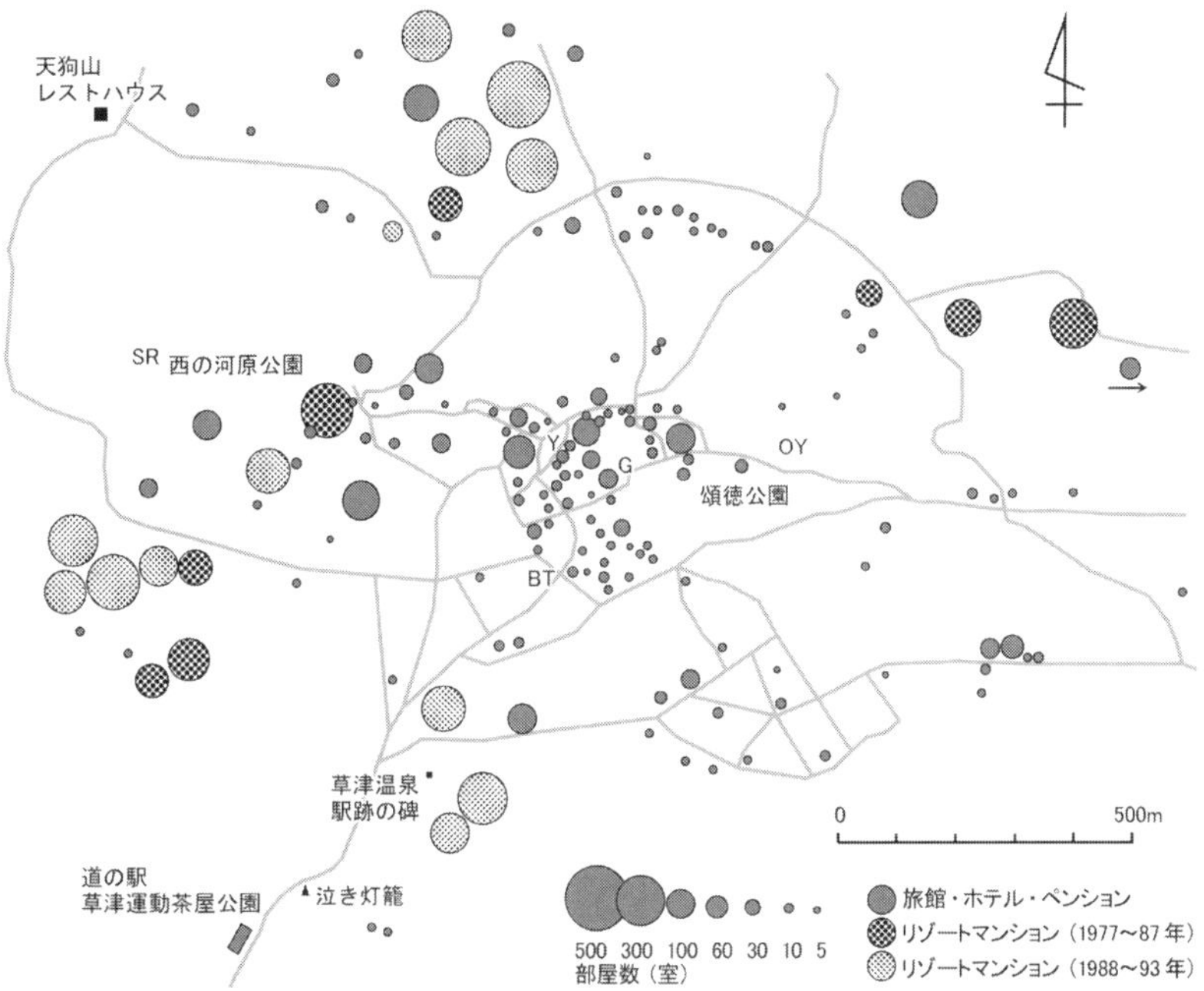

図30　宿泊施設とリゾートマンションの分布（2016年）
Y：湯畑　G：地蔵の湯　OY：大滝乃湯　SR：西の河原露天風呂　BT：バスターミナル
泣き灯籠は50メートル南から移動されている
（出典：草津温泉旅館協同組合資料、大手宿泊検索サイト、草津町役場資料から作成）

い伊香保や水上に比べると、団体旅行客一辺倒に傾かず、接待や宴会を目的とした客が相対的に少なく、バブル崩壊後も激しい落ち込みを被らなかった。

ここで宿泊施設の分布をみたい（図30）。客室数が百を超える大型施設は、ホテル櫻井（百七十九室）、ホテルヴィレッジ（百六十二室）、草津ナウリゾートホテル（百五十四室）、ホテル一井（百二十四室）、高松（百四室）、草津温泉ホテルリゾート（旧草津東急ホテル、百三室）、ホテルニュー紅葉（百室）、ホテルおおるり（百室）の八軒である。一九八〇年代半ばの八大旅館・ホテルのうち、大東館は九十五室と客室をやや減らしていて、高原地区北西に進出したホテルホワイトタウンは八九年に廃業し、その跡は更地になっている。八五年と比べると、東部・東南部で新たな施設の立地がみられる。

草津の宿泊施設のインターネット利用を調査した福井一喜によれば、二〇一三年三月の時点で、客室数百五十室以上：三軒、八十―百四十九室：七軒、三十―七十九室：十二軒、十六―二十九室：十六軒、十五室以下：百二十九軒、不明：二十軒、合計百八十七軒が抽出されている。十五室以下の小規模なものが七割ほどを占めていて、個人旅行中心の旅行形態に合わせて、その構成比を高めていると推察される。インターネット利用に関しては、自社サイトでの予約受付は百四十三軒の施設で導入していて、三十室以上の施設は一〇〇パーセント、二十九室以下では七三パーセントの導入率で、規模によって差がみられる。顧客の大半がリピーターで、経営者が高齢である小さな施設では、ネットを利用しても新規客の受け入れの余地が少ないこと、顧客・経営者ともネット利用との親和性が低いことが指摘されている。[46]

「草津町観光立町推進基本計画」

草津町は、二〇〇九年に「草津町観光立町推進基本計画」を策定した。そこでは、次のような基本的な方針が掲げられている。

①草津町民憲章「歩み入る者にやすらぎを、去りゆく人にしあわせを」の実践による観光立町の実現を目指す。
②温泉と高原（自然）、文化とスポーツの国際温泉リゾートづくりを目標とした観光立町の実現を目指す。
③「観光と観光」「観光と健康」「観光と環境」の実践による観光立町の実現を目指す。

「観光と観光」については、湯の町草津として温泉情緒を残しながら、洗練された快適空間を創造する「歩きたくなる観光地づくり」を進める、と説明されている。

この計画では、観光立町の実現のための基本的目標として、二〇一三年までに総入込客数三百三十万人、宿泊客数二百万人という数値を掲げた。結局、この年の実数は総入込客数二百八十一万人、宿泊客数百八十一万人と目標値には到達しなかったが、一六年には総入込客数三百七万人、宿泊客数二百四万人となって、後者の目標を達成した。さらに一七年の総入込客数は三百二十五万人となり、目標に迫った。[47]

このような入込客・宿泊客の増加は、近年の景観まちづくりの成果によるものと考えられる。草津町での景観の整備は、一九八〇年に大阪屋の主導によって進められた滝下通りの事業にさかのぼる(48)。そこでは、旅館十九軒、商店二十一軒をもって組合を設立し、梁を外に出して、二階三階に縁側を付けたようにする「せがい出し梁づくり」を再現した（写真6）。

景観まちづくりの推進

草津町は二〇〇九年度から景観まちづくりに関する取り組みを本格的に開始し、景観行政団体に移行した。一〇年度からは国土交通省の「街なみ環境整備事業」を導入している。これは、地方公共団体と街づくり協定を結んだ住民が協力して美しい景観の形成、良好な居住環境の整備をおこなうことを支援する事業である。図31にあるように、景観形成重点地区は次の五地区で、一二年度までに、それぞれ街づくり協定を締結した。

写真6　滝下通りのせがい出し梁づくりの建物
（2016年1月撮影）

［湯畑地区］草津のシンボル・湯畑と湯畑を取り囲む湯畑広場、温泉施設、旅館、店舗等が集中する草津温泉の核となる区域。景観形成の方針：温泉情緒溢れる「和」の街なみ、自然を感じる街なみ、景観資産を引き立てる街なみ、素材感と落ち着きのある色調の四つの理念を実現する。

［西の河原地区］店舗の多い賑やかな西の河原通り及び湯滝通りとしゃくなげ通りを中心とした区域。地区の西部には湯川の流れる西の河原公園が位置する。景観形成の方針：歴史的に受け継いできたまちの骨格を大切にしながら、時代の積層による味わいと懐かしさが感じられる街なみづくりを通して、そぞろ歩きの楽しい場所をつくる。

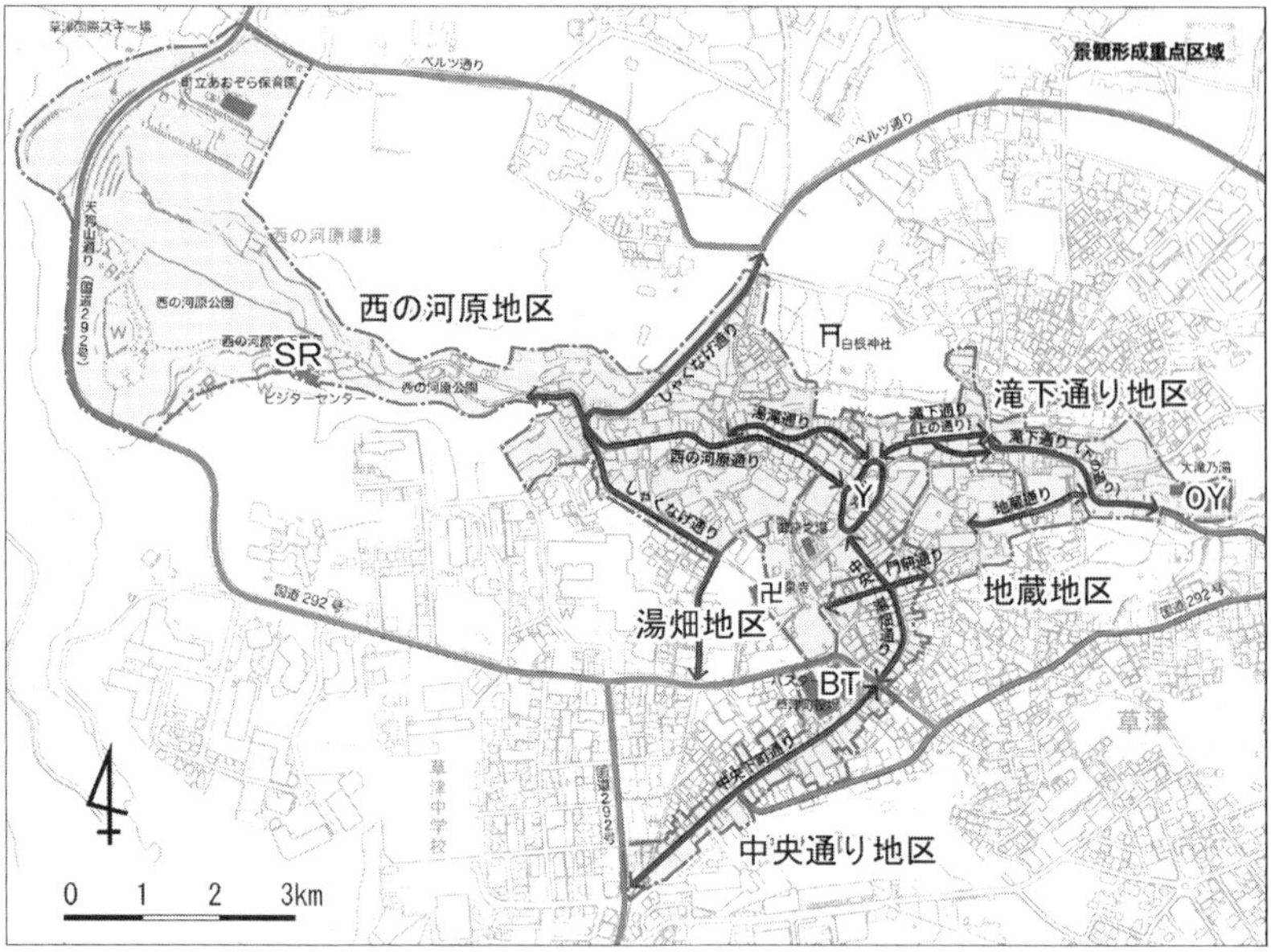

図31　草津町の景観形成重点地区
Y：湯畑　OY：大滝乃湯　SR：西の河原露天風呂　BT：バスターミナル
（出典：「草津町景観計画図」に加筆して作成）

「滝下通り地区」せがい出し梁づくりの老舗旅館等が軒を連ねる滝下通りを中心とした区域。地区の東端には大滝乃湯が位置する。景観形成の方針：せがい出し梁づくりを中心に滝下通りが歴史的に受け継いできた和の家並みや温泉旅館街の雰囲気を守り育てるとともに、滝下通りから大滝乃湯に至る街なみ全体の質の向上を図る。

「中央通り地区」中央通りと門前通りを中心とした、草津の玄関口となる区域。地区の中央にバスターミナルと役場が位置する。景観形成の方針：草津温泉街の玄関口としてお客様をお迎えする心をまちなみに表現していくとともに、商店街としてのにぎわいや坂の町としての魅力を取り戻すことを通して、地元の旅館や商店の活気溢れる「草津下町情緒」が息づく街なみづくりを目指す。

「地蔵地区」地蔵の湯、地蔵広場、及び地蔵通りを中心とした、細い路地の多い区域。景観形成の方針：温泉場「地蔵町」としての風情を取り戻すこと、坂の町・路地の町としての魅力を高めることなどを通して、湯巡りとそぞろ歩きが楽しくなる街なみづくりを目指す。(49)

景観計画では、建築物の高さは六階以下を原則とし、新築や一定規模以上の増改築には届出が必要になった。そして「街なみ環境整備事業」は二〇二〇年度まで続く。協定の内容に沿った建物などの外観の修景については、景観まちづくり協議会に申請して許可されれば、国・町・事業主が三分の一ずつの費用負担でおこなわれる。これに加えて、電線地中化や街路灯整備、道路融雪、公共施設の整備なども国の補助を受けて進められている。例えば、バスターミナルの外壁にも、新たに木製の格子と案内板が付けられた（写真7）。五つの景観形成重点地区は、明治期に温泉街の骨格となっていた場所と重なっていて（前掲図17を参照）、歴史的な街区を再生し、地域資源としての価値を高める試みと位置づけられる。

写真7　修景がおこなわれたバスターミナル（2017年5月撮影）

湯畑地区のリニューアル

湯畑地区では、北山孝二郎＋K計画事務所の設計によって、御座之湯と湯路広場の新設と熱乃湯の建て替えがおこなわれた（図32）。湯畑の南側には、廃業した福久住旅館と七星館の跡地に町営駐車場があったが、そこに出入りする車が交通渋滞の発生要因となり、景観を阻害することにもなっていた（写真8上）。二〇一三年に日帰り入浴施設の御座之湯、一四年に棚田をイメージしたイベントスペースの湯路広場が設けられ（写真8下）、一五年に湯もみショーと湯もみ体験がおこなわれる熱乃湯が完成した。もとの御座の湯は源頼朝による開湯伝承をもち、明治中期に湯之沢地区に移転された共同浴場だった。その名称をとって、杉板を使用したとんとん葺きの屋根を特徴とする木造建築の御座之湯が作られた。また、熱乃湯は洋風の要素を取り入れた大正ロマン風の木造建築になった（写真9）。これらは伝統的工法を用いていて(50)、新たな観光資源として湯畑周辺に観光客を引き寄せることになった。このほか、「徳川八代将軍御汲上之湯」の記念塔は、湯滝の背後の目立たない場所にあったが(51)、湯畑中央に移設された。さらに、一六年十二月に湯畑のライティングが始まり、湯と湯けむりに光が彩る夜景を楽しめるようになった。

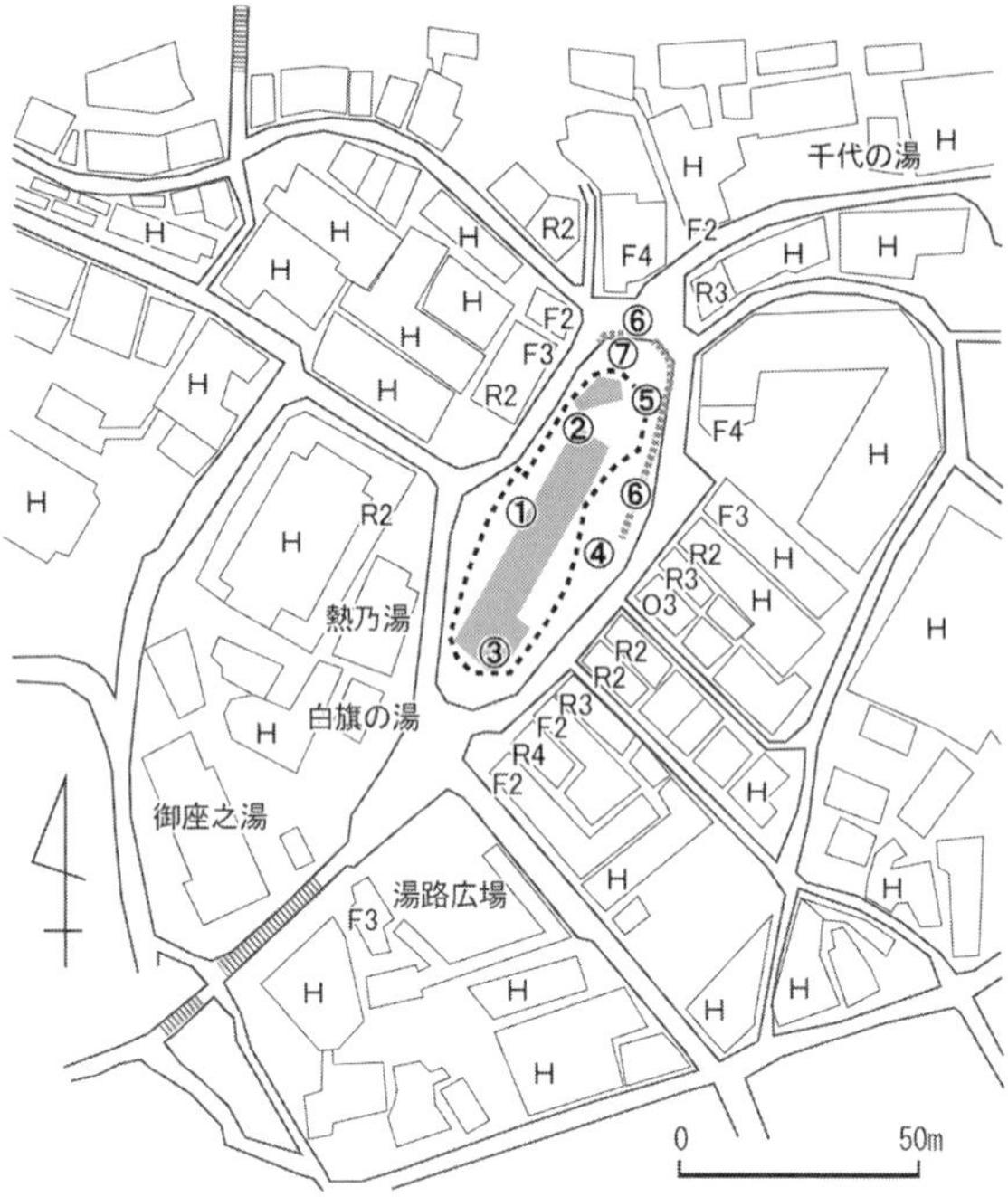

図32　湯畑とその周辺の諸施設
①「徳川八代将軍御汲上之湯」の記念塔、②湯滝の灯籠（文政13年）、③将軍御汲上の湯枠、④湯けむり亭、⑤滝見亭、⑥昭和初期の石柵、⑦足湯滝の湯
H：旅館・ホテル、1階の業種：R 物品販売、F 飲食、O その他
記号の後の数字は建物の階数
（出典：地理院地図、2017年5月の現地調査から作成）

湯畑は二〇一七年に国の名勝の指定を受けた。名勝とは「庭園、橋梁、峡谷、海浜、山岳等の名勝地で我が国にとって芸術上または鑑賞上価値の高いもの」と定義される。名勝に指定された物件の概要を記載した文書によれば、「草津温泉の中心に位置する源泉地。湯樋《ゆどい》を通じて温泉水を冷ますとともに、湯の花も採取され、端部において岩盤を流れ落ちる湯滝の風致は独特の風情を成しており、草津に固有の温泉文化を表象する風致景観として重要である」とあり、「草津温泉の中心に位置する他に類例を見ない源泉地の風致景観」として評価された(52)。

湯畑の周りには、土産物店や飲食店が集中している。そこに並ぶ建物の高さや外壁のデザインはさまざまである。今後、景観形成の方針や街なみガイドラインに沿って、温泉情緒が感じられる「和」の街なみの整備が進めば、街歩きの楽しさが増すことになるだろう。草津の温泉街は、窪地の底にある湯畑を中心に発達したため、坂が多く、道も狭くてわかりにくい。しかし、こうした特徴は、街なみの景観に変化をもたらし、独特の魅力にもつながっている。

湯畑地区以外では、大滝乃湯が二〇一一年に改修され、貸し切り風呂と女性専用の合わせ湯を新設し、男女ともいつでも温度が異なる湯に順番に浸かっていく「合わせ湯」を楽しめるようになった。西の河原公園でも親水空間や展望デッキが整備されたほか、西の河原露天風呂が改修されて一五年に新装オープンした。

写真８　湯畑南東部の変化
上：2011年5月、下：2017年6月撮影

草津町では、二〇〇六年度から公の観光関連施設の管理・運営について、町が約八割を出資する草津観光公社へ委託している。現在では、草津国際スキー場、大滝乃湯、西の河原露天風呂、御座之湯、草津高原ゴルフ場、草津運動茶屋公園道の駅などの施設の指定管理者になっている。このうち、一五年の入浴施設の利用者は、大滝乃湯が二十八・四万人、西の河原露天風呂が十九・三万人、御座之湯が十二万人で、合わせると六十万人近い数になる。[53] 白旗の湯、地蔵の湯、千代の湯といった無料の共同浴場や民間の入浴施設もあり、日帰り客百万人が温泉を目的に来訪していることがうかがえ

写真９　湯畑南西部の景観
手前に将軍御汲上の湯枠、右に熱乃湯、中央に白旗の湯、左奥に御座之湯
(2016年6月撮影)

る。

草津町の産業構造

　最後に草津町の産業構造をみておこう。二〇一四年の「経済センサス」によれば、事業所数の二一パーセント、従業者数の三五パーセントを宿泊業が占めている。宿泊業に飲食サービス業を加えれば、それぞれ四割と五割になる（表9）。また、観光客向けの飲食料品や土産物を扱う小売業も多い。草津町は一九〇〇年に分村して以来、広域合併することなく今日に至っている。そのため、観光産業に特化した特徴ある構造を保ってきたのである。

　草津温泉の泉質主義と景観まちづくりは、草津の原点を見直す動きと捉えられる。行政と住民、旅館協同組合・観光協会などの地域組織が連携・協働し、魅力ある観光地を形成すること、これまでの歴史と文化を尊重し、豊富な温泉と草津白根山の自然を保護しながら、持続可能な地域づくりをおこなうことが必要とされるだろう。

注

（1）序章の注（1）を参照。

（2）川合勇太郎「近世の草津」、草津町誌編さん委員会編さん『草津温泉誌』第一巻所収、草津町、一九七六年、五八

表9　草津町の産業別事業所と従業者（2014年）

産業中分類	事業所数		従業者数	
宿泊業、飲食サービス業	285	39.4%	2,708	49.1%
うち宿泊業	154	21.3%	1,948	35.3%
卸売業、小売業	135	18.7%	595	10.8%
医療、福祉	22	3.0%	477	8.6%
運輸業、郵便業	9	1.2%	411	7.4%
サービス業（他に分類されないもの）	34	4.7%	300	5.4%
生活関連サービス業、娯楽業	49	6.8%	223	4.0%
建設業	67	9.3%	213	3.9%
不動産業、物品賃貸業	60	8.3%	171	3.1%
公務（他に分類されるものを除く）	6	0.8%	133	2.4%
教育、学習支援業	17	2.4%	117	2.1%
その他	39	5.4%	172	3.1%
全産業	723	100.0%	5,520	100.0%

（出典：「経済センサス―基礎調査」〔総務省統計局、2014年〕から作成）

四ページ

（3）大槻文彦「上毛温泉遊記」『復軒旅日記』（冨山房百科文庫）、冨山房、一九三八年、二―三二ページ

（4）山村順次「草津温泉観光発達史」、草津町誌編さん委員会『草津温泉誌』第二巻所収、草津町役場、一九九二年、六七―七〇ページ

（5）加藤三郎／山本与四朗「湯之沢区及び栗生楽泉園」、草津町誌編さん委員会編さん『草津温泉誌』第二巻所収、草津町、一九九二年、八三八ページ

（6）石倉翠葉「上毛草津温泉の歴史」「読売新聞」一八九九年七月九日付

（7）萩原太一郎『草津温泉』増補再版、草津鉱泉取締所、一九一一年、一一四―一一五ページ

（8）山村順次「東京観光圏における温泉観光地の地域的展開――温泉観光地の研究（第一報）」「地理学評論」第四十巻第十一号、日本地理学会、一九六七年、六二五―六四三ページ

（9）前掲「草津温泉観光発達史」一七七―二一七ページ

（10）萩原太一郎『草津温泉』増補第五版、草津鉱泉取締所、一九二二年、一九一―一九二ページ

（11）前掲、佐藤曾平『草津町史』一〇九―一一一ページ

（12）前掲、くさつ昔がたり編纂会『くさつ昔がたり』七六―七七ページ

（13）前掲、日本温泉協会編『日本温泉大鑑』八九〇―八九五ページ

(14)『群馬県ハンセン病行政資料調査報告書』群馬県健康福祉部保健予防課、二〇一五年、前掲「湯之沢区及び栗生楽泉園」八三五―八五四、八七五―八七六ページ
(15)前掲『草津町史』五〇―五六ページ
(16)前掲、中村舜二『天下の草津温泉』九一ページ
(17)「旅」一九三〇年一月号（日本旅行文化協会）の広告による。
(18)「朝日新聞」一九三三年十二月十七日付
(19)山口力雄「スキー事始め［明治44年―昭和53年］」、草津国際スキー場開設80年記念事業・草津スキークラブ創立80周年記念事業実行委員会『草津のスキー――草津スキークラブ創立八十周年記念　草津国際スキー場開場八十周年記念』所収、一九九七年、二六―三五ページ
(20)黒岩忠四郎『十五ヶ年計画の草津温泉』黒岩忠四郎、一九三三年、九―一〇ページ
(21)前掲『天下の草津温泉』九二―九四ページ
(22)草津温泉旅館協同組合『旅館組合40年誌』草津温泉旅館協同組合、一九九六年、五一ページ
(23)「編輯後記」「温泉」第十三巻第十号、日本温泉協会、一九四〇年、七〇ページ
(24)前掲「草津温泉観光発達史」二七六―二八一ページ
(25)前掲『旅館組合40年誌』五二ページ
(26)「湯の町百年の計　草津温泉観光協会会長　山本富雄」、毎日新聞社編『人間形成ある根性』光風社、一九六三年、二二八ページ
(27)山本謙／中沢清「座談会 スキーはヘリコプターに乗って　草津温泉の新戦略を分析する」「観光経営」第十一号、観光経営センター、一九六四年、三八―四二ページ
(28)萩原亮「最初の天狗山・殺生リフトの建設」、前掲『草津のスキー』所収、五七―六〇ページ
(29)草津新聞社編『草津躍進誌』草津新聞社、一九六二年、一三〇ページ
(30)岡本薫「草津温泉を打診する」「温泉」第二十七巻第三号、日本温泉協会、一九五九年、三三―三五ページ
(31)日本観光協会『観光地の経済構造に関する研究調査報告書』日本観光協会、一九八一年、五五ページ

（32）日本交通公社『草津温泉歩きたくなる観光地づくり基本計画策定調査報告書』草津町役場、二〇〇三年、二五ページ
（33）中沢温泉研究所「温泉地の再開発構想――草津温泉を事例として」「温泉」第四十七巻第二号、日本温泉協会、一九七九年、二三―二九ページ
（34）「湯治場から高原リゾート都市へ　転出する人、残る人の立場　群馬県・草津温泉」、「月刊ホテル旅館」一九七三年三月号、柴田書店、八九―九四ページ
（35）「奈良屋の新プロジェクトと取組み方――ナウリゾートホテルの開店計画」、同誌九六―九九ページ
（36）前掲「草津温泉観光発達史」三五五―三六五ページ
（37）「設備投資に湧く草津温泉」「月刊ホテル旅館」一九七六年八月号、柴田書店、一二五―一二六ページ
（38）「観光地は今…⑱　草津温泉（群馬県）」「月刊ホテル旅館」一九八三年十二月号、柴田書店、二〇五―二一〇ページ
（39）「上毛新聞」一九九一年二月十五日付
（40）「上毛新聞」二〇〇〇年二月二十六日付
（41）「上毛新聞」二〇〇〇年十月十八日付
（42）「上毛新聞」二〇〇一年二月二十一日付
（43）「上毛新聞」一九九三年十二月二十九日付
（44）「上毛新聞」二〇〇〇年十二月十二日付
（45）「朝日新聞」一九九一年九月六日付
（46）福井一喜「群馬県草津温泉の宿泊業におけるインターネット利用の動態――宿泊施設の経営戦略に着目して」「地理学評論」第八十八巻第六号、日本地理学会、二〇一五年、六〇七―六二二ページ
（47）年度ではなく一月から十二月の合計。草津町役場資料による。
（48）中沢晃三「草津温泉滝下通りの再開発について――古きよき時代の街並み再現」「月刊観光」一九八〇年六月号、日本観光協会、一五―一九ページ

（49）『草津町景観計画』草津町、二〇一四年、一〇―一九ページ

（50）北山孝二郎「草津温泉　御座之湯、湯路広場、熱乃湯――基本構想 北山創造研究所 設計 北山孝二郎＋K計画事務所」「新建築」第九十一巻第十四号、新建築社、二〇一六年、一七二―一八一ページ

（51）関戸明子「絵はがきから草津温泉の景観を読む」「えりあぐんま」第十七号、群馬地理学会、二〇一一年、四七ページ

（52）「「新指定・新登録・新選定」答申物件」（http://www.bunka.go.jp/koho_hodo_oshirase/hodohappyo/__icsFiles/afieldfile/2017/09/14/2017061603_besshi02.pdf）［二〇一七年十月十五日アクセス］

（53）草津観光公社資料による。

コラム　国立療養所栗生楽泉園の現在

栗生楽泉園は草津町の中心部から三キロほど東方に位置する（図33）。敷地面積は七十三万平方メートルと広大で、国道に面した正門から「上地区」「中地区」「下地区」と続く。上地区には不自由者居住棟と独身舎・夫婦舎、中地区には不自由者居住棟、下地区には独立の居住家屋が置かれた。この下地区には一九四二年に百三十九軒の家屋があり、資力がある患者が自費で家を造り自費で生活する「自由地区」と呼ばれた。[1]

一九三一年に癩予防法が施行された。「湯之沢」＝「自由療養地」としての住民意識によって国の患者強制隔離政策に強く反発したため、栗生楽泉園への移転は容易には進まなかったが、四一年に湯之沢地区は解散された。入園者数は四四年の千三百三十五人をピークとして年々減少し、二〇一七年五月現在、七十八人となっている。[2]

二〇一四年、栗生楽泉園の敷地内に重監房資料館が開館した。これはハンセン病をめぐる偏見・差別と排除の解消を目指す普及啓発の拠点として厚生労働省によって設置されたものである（写真10）。「重監房」とは、敷地内にかつてあったハンセン病患者を対象とした懲罰用の建物で、正式名称を「特別病室」といった。各地のハンセン病療養所には、戦前に監禁所が作られて「監房」と呼ばれていたが、ここは、それよりも重い罰を与えたという意味で「重監房」といわれた。重監房は一九三八年から四七年まで使用され、患者の人権を無視した収監がおこなわれた。資料館では、この重監房の一部を原寸大で再現し、当時の資料、発掘調査によって得られた出土遺物などを展示している。

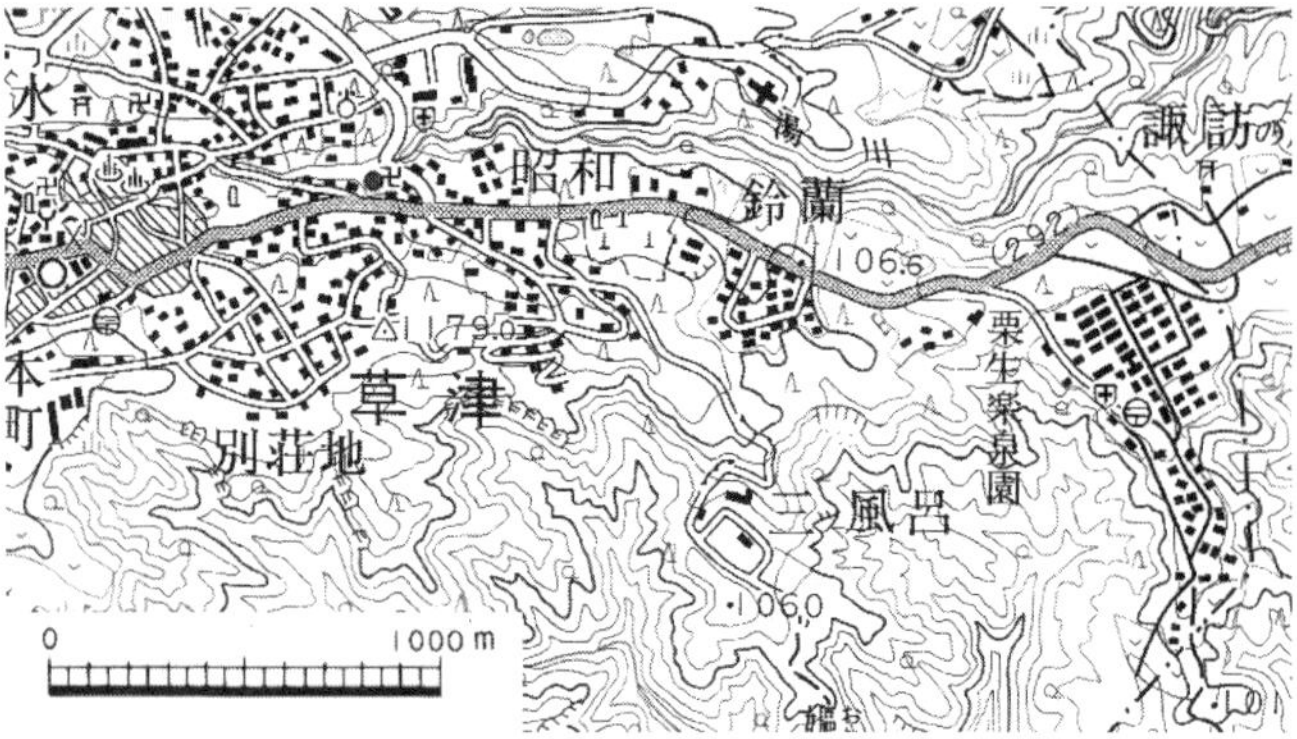

図33　栗生楽泉園の位置（2007年修正5万分の1地形図「草津」）

写真10　重監房資料館の外観（2017年10月撮影）

注

（1）栗生楽泉園入所者自治会『国立ハンセン病療養所栗生楽泉園ガイドブック』栗生楽泉園入所者自治会、二〇一三年

（2）「国立療養所栗生楽泉園」（http://www.mhlw.go.jp/seisakunitsuite/bunya/kenkou_iryou/iryou/hansen/kuriu/index.html）［二〇一七年十一月四日アクセス］

第4章　旅行者の動向と場所イメージ

前章では、温泉を基盤とする地域社会に焦点をあてたが、本章では、温泉を訪れる人々の視点に立って、草津がどのように捉えられていたのか、どのようなイメージで認識されてきたのか、探っていきたい。時代的には、第二次世界大戦を大きな区切りとして、入浴客数や観光入込客数の推移といった旅行者の実態を押さえたうえで、紀行文や旅行雑誌の記事を素材として考察する。

1　明治期から昭和初期までの入浴客の動向

入浴客数の推移と滞在のあり方

一八八六年（明治十九年）、内務省衛生局は『日本鉱泉誌』三巻を出版した。これによれば、草津の年間の入浴者数は、七八年（明治十一年）からの数年を平均して二万四千百五十人となっている。同書に記載された九百二十あまりの温泉地のなかで二十五位に相当し、半年の営業にもかかわらず、有数の入浴者を数えていたことがわかる。(1)

延べ入浴客数（△印）は一九〇〇年代には十五万人を上回っていて、その後一時的に落ち込んだ時期もあるが、三二年までは十万人から二十万人の間で推移している（図34）。減少した背景には一〇年（明治四十三年）八月に

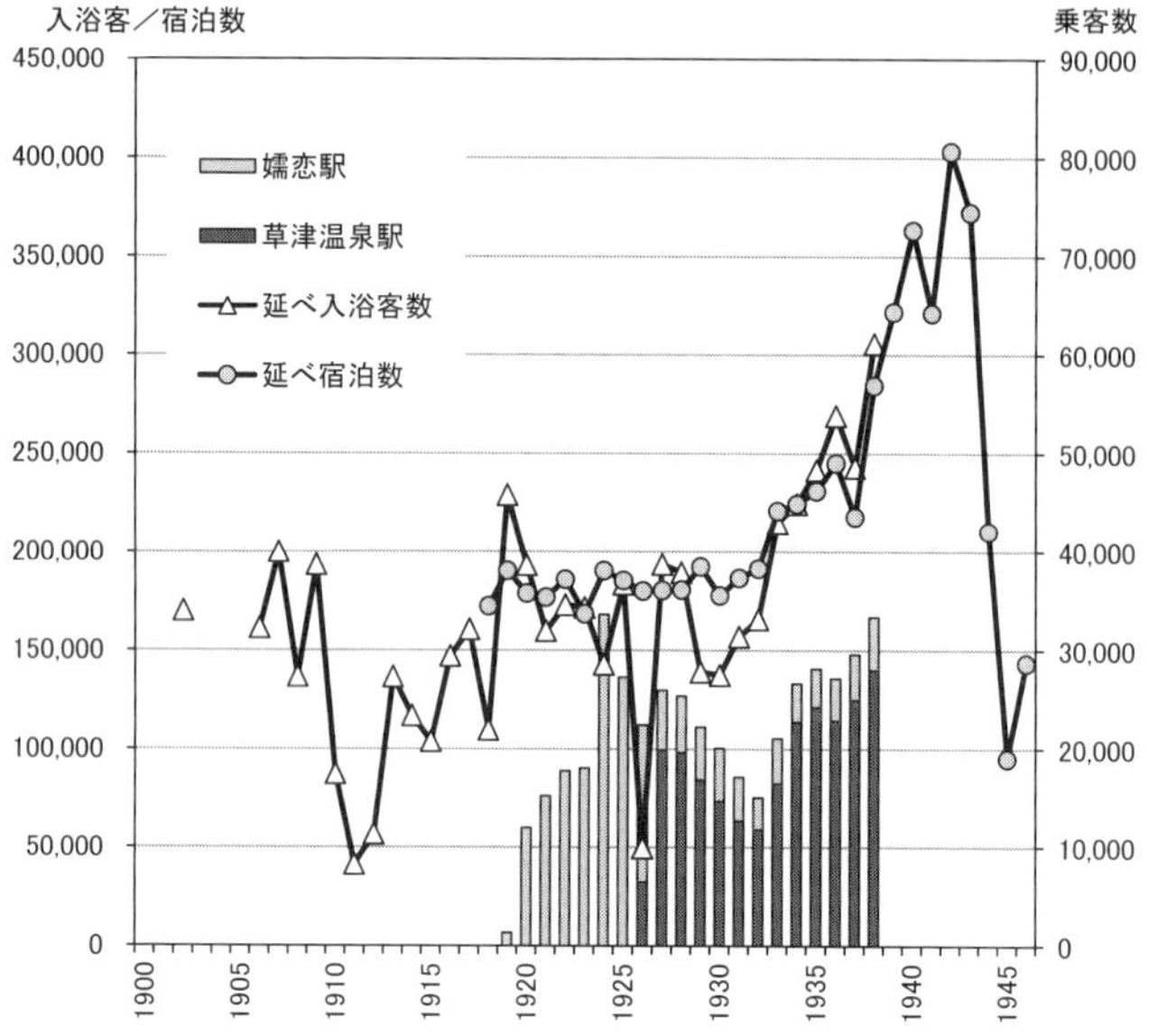

図34　草津温泉の入浴客数と草津電気鉄道の乗客数の推移
（出典：『群馬県統計書』、佐藤曾平『草津町史』〔佐藤曾平、1938年〕、草津温泉旅館協同組合『旅館組合40年誌』草津温泉旅館協同組合、1996年〕から作成）

東日本を襲った大水害の影響もあるだろう。さらに、延べ宿泊者数（●印）は、三二年から四二年にかけて急増していて、最盛期には四十万人に達した。日本温泉協会に加盟し、三九年の入浴客数を届けた温泉地のなかでは、草津は三十一・六万人で全国十二位と上位にあった（韓国の東莱・温陽温泉を除く）。このとき、草津より多くの入浴客を集めていた温泉地は、山鹿、城崎、道後、下諏訪、別府、湯田、熱海、上諏訪、嬉野、伊東、宝塚だった[2]。四三年からは急減し、終戦の年には十万人を割り込んでいる。

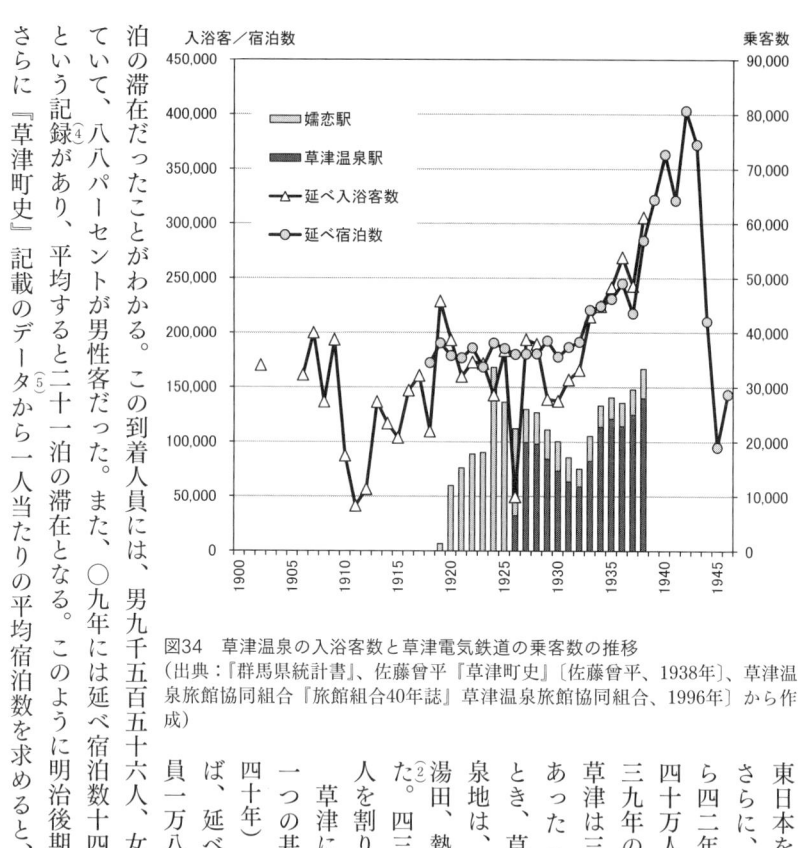

草津に来た湯治客の滞在期間は、三週間が一つの基本となっていた。一九〇七年（明治四十年）の草津鉱泉組合取締所の記録[3]によれば、延べ宿泊数十六万九千百十八泊、到着人員一万八百七十七人とあり、平均すれば十六泊の滞在だったことがわかる。この到着人員には、男九千五百五十六人、女千三百二十一人という内訳が示されていて、八八パーセントが男性客だった。また、〇九年には延べ宿泊数十四万二百泊、到着人員六千七百四十人という記録[4]があり、平均すると二十一泊の滞在となる。このように明治後期でも長期滞在が主体になっていた。

さらに『草津町史』記載のデータ[5]から一人当たりの平均宿泊数を求めると、一八年（大正七年）から二二年（大正十一年）までは二十泊以上、二三年（大正十二年）から三〇年（昭和五年）までは十一泊から十八泊となる。すなわち、昭和初期でも二週間あまりの滞在が普通だったことになる。

また、当時の入浴客の出発地を知ることは困難だが、群馬県には各警察署によって調査報告された一九一四年（大正三年）の史料が残っている。図35は、そのデータを地域ごとに集計したもので、草津軽便鉄道開業以前の実態を示している。この年の延べ入浴客数の総計は外国人も入れて十一万六千八百九十八人で、やはり男性客が圧倒的に多く、八三パーセントを占めている。地域別の特色をみると、群馬県内からの延べ入浴客は全体の三七パーセントで、なかでも東部からの客が最も多い。これは、県内では温泉が少ない地域であるためだろう。逆に、北部の吾妻郡と利根郡には近隣にも温泉があるため、それほど草津に集中していないといえる。県外からの客に目を向けると東京が最も多く、全体の一九パーセントに達している。県内の前橋と高崎も合わせれば、都市部との結び付きが強まっていることがうかがわれる。さらに関東・甲信越にとどまらず、広く全国から来訪していることがわかる。

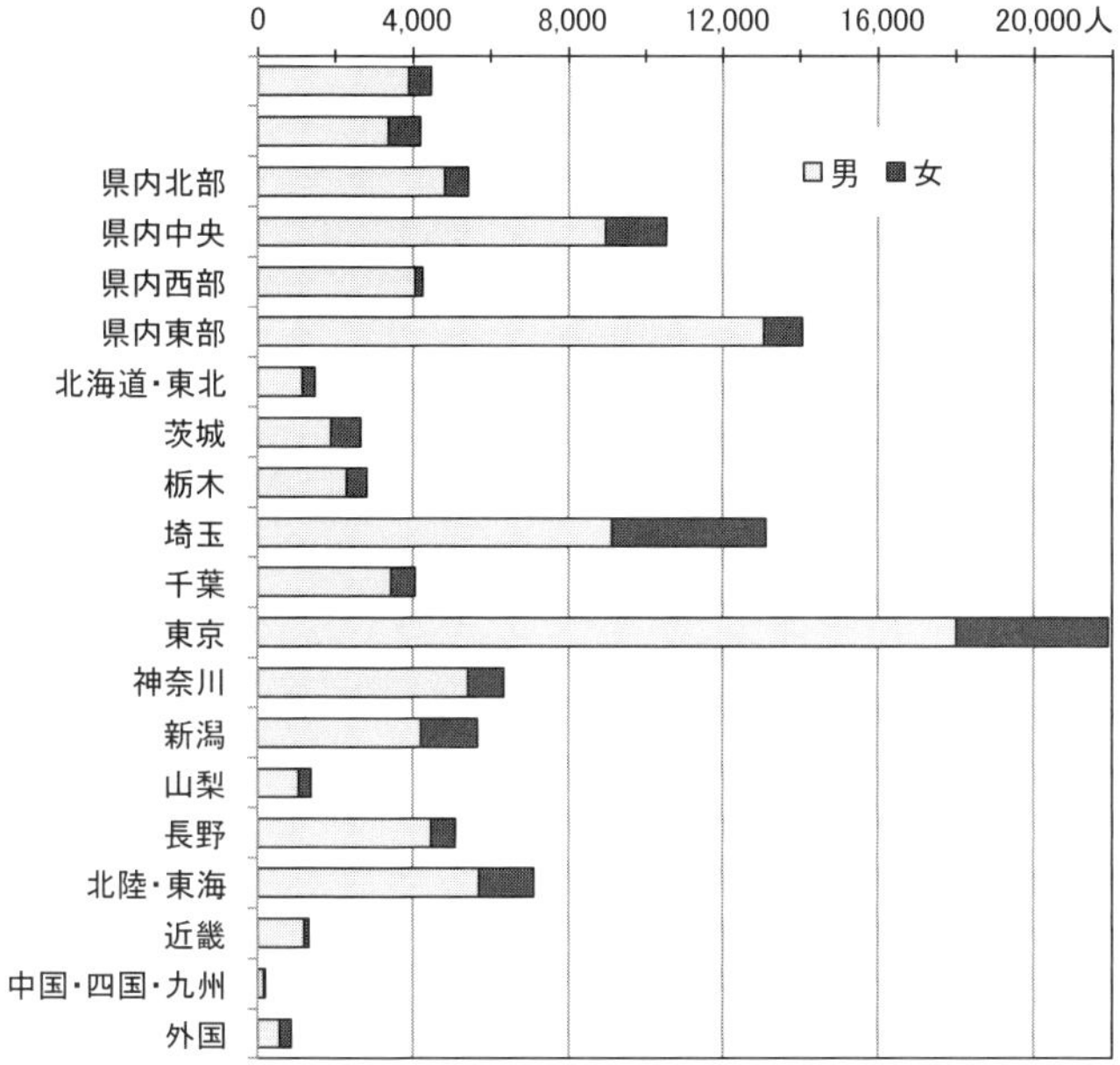

図35　1914年（大正3年）の草津温泉入浴客の地域別内訳
北部は利根・吾妻、県内中央は群馬・勢多・佐波、西部は多野・碓氷・北甘楽、東部は山田・新田・邑楽の各郡の数値を集計
（出典：「鉱泉場浴客調査表」『自大正四年至大正九年　鉱泉』〔群馬県立文書館所蔵〕から作成）

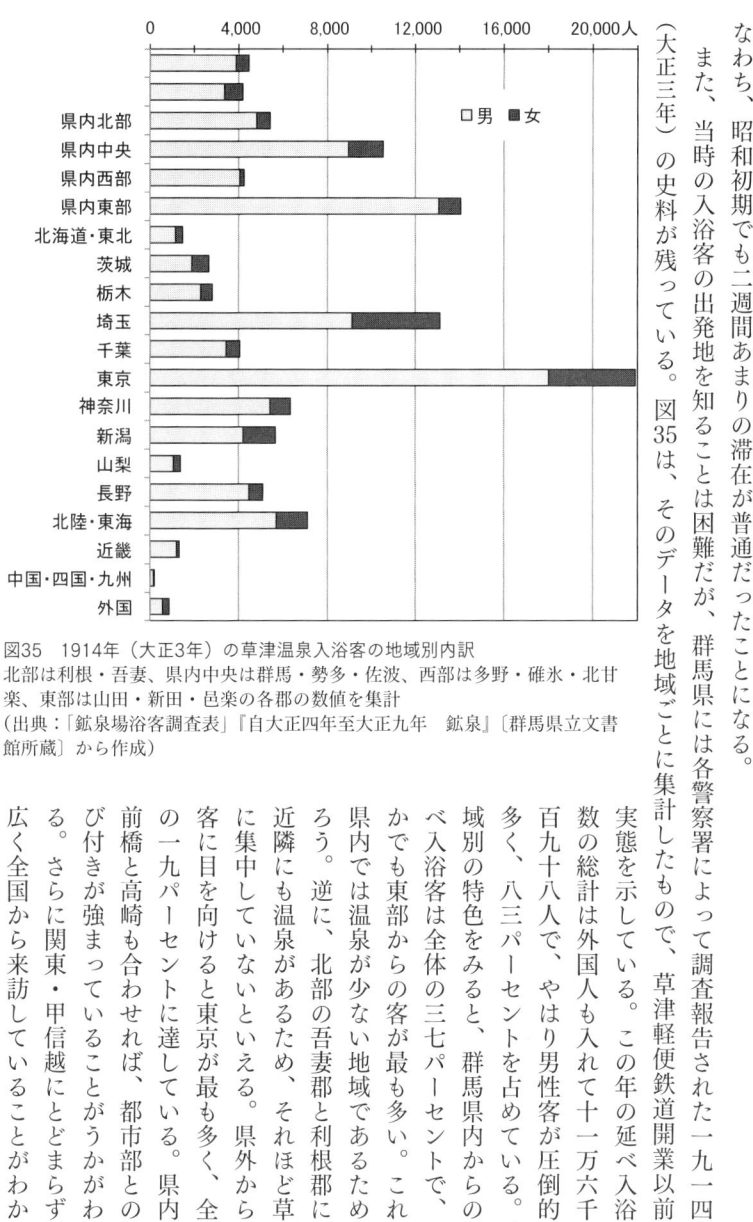

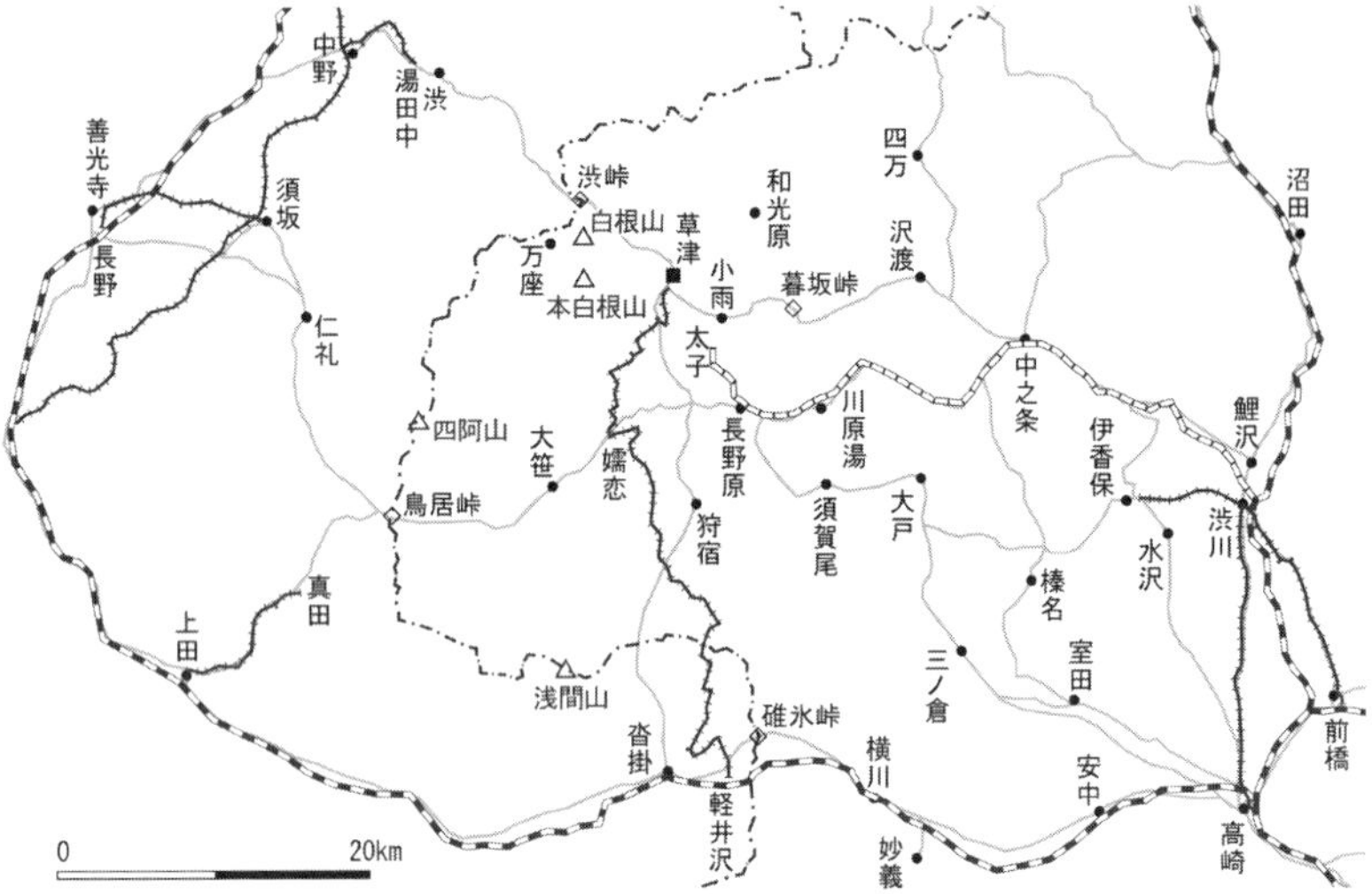

図36　昭和初期の草津温泉周辺の主要道路と鉄道
（出典：旧版20万分の1地勢図から作成）

人々は、草津温泉がもつ独特の効能を求めてやってきたのだろう。

温泉宿での宿泊の仕組みとして、短期滞在には「旅籠」で二食付き、長期滞在には三食とも付く「賄付」と食事を自分で取る「自炊」とがあった。草津鉱泉取締所が一九二三年に発行した『草津温泉』によれば、次のように記されている。

> 宿泊料は「旅籠」と「滞在」で異なる。旅籠料は二円前後から七円位までで、中食料は旅籠料の半額が普通である。「滞在」には「賄付」と「自炊」とがある。「賄付」は一日一円五十銭前後から五円位までで、客室、寝具、食事等によって高低が生じる。ただし、三食は飯・汁物・香の物だけの規定である。「自炊」は室代、寝具代、電気料、薪炭代等の費用を細かく支出する方法で、費用を総括すると「賄付」とは大差がないが、食事のつど勝手な食料を取ることができる。客室へは日用品を販売する行商人や仕出し屋が注文を受けに来るので、居ながらに用事が済ませる。(6)

表10　草津温泉への行程の変化

1895年（明治28年）	高崎駅／前橋駅－馬車軌道－渋川－馬車・人力車31キロ－沢渡温泉－駕籠24キロ 軽井沢駅－人力車－沓掛－馬35キロ
1907年（明治40年）	高崎駅／前橋駅－馬車軌道－渋川－人力車55キロ 軽井沢駅－沓掛－応桑－羽根尾－人力車・駕籠・馬39キロ 豊野駅－馬車－中野－渋温泉－駕籠27キロ
1923年（大正12年）	軽井沢駅－草津軽便鉄道－嬬恋－馬・駕籠12キロ 中之条－長野原－馬・徒歩39キロ 中之条－沢渡温泉－馬・徒歩35キロ 渋温泉－馬・徒歩27キロ
1927年（昭和２年）	軽井沢駅－草津電気鉄道－草津温泉駅
1931年（昭和６年）	軽井沢駅－草津電気鉄道、2.76円－草津温泉駅－自動車0.15円 軽井沢駅－直通自動車3円、ハイヤー20円 渋川駅－自動車3.40円、ハイヤー25円
1940年（昭和15年）	渋川駅－省営バス1.65円 軽井沢駅－草軽電気鉄道2円－草津温泉駅－バス0.30円 軽井沢駅－バス1.50円、貸切自動車20円

原典には里が用いられているが、キロに換算した
（出典：富永徳次郎『上州草津温泉入浴略案内記』〔富永徳次郎、1895年〕、下屋学『草津鉱泉療法』〔下屋学、1907年〕、内務省衛生局編『全国温泉鉱泉ニ関スル調査』〔内務省衛生局、1923年〕、鉄道省編『温泉案内』〔博文館、1927年・1931年・1940年〕から作成）

草津への行程

鉄道開通以前、東京から草津へは、中山道の高崎宿から烏川沿いに道を行き、大戸、須賀尾を越えて草津に至る道程が一般的だった（図36）。また、吾妻川流域にある沢渡《さわたり》、四万、川原湯といった温泉は、強酸性の草津の湯でできた糜爛（ただれ）を治す仕上げの湯として知られていて、こちらの道を使う人々も多かった。

ガイドブックに掲載された交通案内から、草津への行程を整理しておきたい（表10）。一八九五年（明治二十八年）には、鉄道で高崎駅または前橋駅まで出て、そこから渋川へは馬車軌道を利用し、沢渡温泉までは馬車または人力車で移動して一泊、草津までは駕籠を第一とする、軽井沢駅からは人力車を使って沓掛で一泊、そこから草津へは馬に乗るのが第一と案内されている。人力車を通すことができない悪路であり、駕籠や馬を使わないならば、徒歩によるしかなかった。一九〇七年（明治四十年）もほぼ同じだが、長野県側からは豊野駅から中野─渋温泉を経由して向かう行程

もある。いずれも東京から一日で草津に到着することは困難だった。

一九二三年（大正十二年）には、軽井沢と嬬恋を結ぶ軽便鉄道があり、渋川―中之条間の軌道も電化されていたが、嬬恋や中之条から草津までは馬・駕籠・徒歩によらなければならなかった。軽便鉄道を使っても、東京からの移動には丸一日かかるほどの時間を必要とした。二七年（昭和二年）になると、草津電気鉄道の案内だけになっていることが確認できる。草津温泉まで全線開通したことで、東京を朝一番に出れば夕刻には到着できるようになった。

一九三一年（昭和六年）以降、道路の改修や自動車の普及によって、自動車の案内が加わっていく。三五年の『省線自動車吾妻線案内』（東京鉄道局）によれば、同年十二月に、渋川と長野県の真田を結ぶ吾妻本線と、渋川と草津を結ぶ上州草津線が営業を開始し、草津まで直通で二時間半とある。四〇年（昭和十五年）には、渋川駅からの省営バスが案内されていて、軽井沢から約三時間かかる鉄道よりも優位に立つようになった。

図34にあるように、嬬恋駅の乗客数は開業当初は一万人台だったが、一九二四年（大正十三年）には三万三千六百二十一人と最多を記録した。二六年の草津電気鉄道の全線開通後、草津温泉駅の乗客数は三三年までは一万人台にとどまったが、それ以降は二万人台になった。図からは草津温泉駅の開業が入浴客数に与えた効果はみえにくい。草津では長期滞在が一般的だった。もちろん一カ月以上の長期滞在客もいれば、数泊の短期滞在客もいる。仮に鉄道で来た客一万五千人が平均十二泊したとすれば、延べ十八万人になる。このように考えれば、鉄道開通の効果は大きかったといえるだろう。さらに、三三年以降、延べ入浴客が大きく増加しているが、これは乗合自動車の運行で利便性がより高まったことによると考えられる。

2　紀行文に描かれた草津

大槻文彦「上毛温泉遊記」

ここからは、七人の紀行文を取り上げる。まずは一八七九年（明治十二年）九月に草津を訪れた国語学者・大槻文彦（一八四七―一九二八）の「上毛温泉遊記」である。

図37　湯畑周辺の景観
（出典：市川与平「上州草津温泉之全図」部分、1879年〔明治12年〕、表12-No.11）

大槻は、伊香保に約一カ月滞在ののち、九月六日午前五時、博物学者・田中芳男とともに伊香保をたち、榛名湖を経由して中之条から四万に向かいそこで宿泊。七日、日向見薬師堂へ散策後、昼頃、牛飼いに荷物を負わせて出立、新道を行き、和光原を経由して、夜十一時に草津到着、山本十一郎の宿に泊まった。八日は草津に滞在。九日早朝に山駕籠を雇って出立し、暮坂峠を経て、沢渡から馬を雇い、中之条に宿泊。十日、人力車で出発、山駕籠も使い、午後二時に伊香保に到着した。道中の描写も詳細である。

草津の浴場は路行く人に見透かされるとあるが、当時の絵図をみても、浴場は簡素な建物になっている（図37）。図には、瀧の湯の打たせ湯の描写や「校番所」（交番所）の注記もみられる。熱の湯では、隊長の合図で、湯もみ、かぶり湯のあと、二、三分ばかり湯に沈んでいて、三分と決まる前の時間湯を描いている。

市中の湯場凡十八処ありて、一市の家皆硫烟の中にあり、凡器物の銀銅鉄類の物は皆腐蝕す。（略）皆路旁に就きて浴場を造りかけたれば路行く人に見透かさるるなり。（略）御座の湯は専癩病に効ありとし、浴者は皆其患者なり。（略）瀧の湯は市街の中央に東西四十余間、南北十余間なる浅き湯池ありて湯垣《ゆがき》とて垣を繞ぐらし、其内熱湯一面に沸き出で湯の烟空を覆ひて物凄く、その池の東一方一丈許、俄に低く湯の落つる処に長屋造の浴場ありて筧にて十余の湯瀧とす。是瀧の湯なり。天狗の瀧何某の瀧など名あり。逆上に宜しなどといへり。脚気の湯は専、其患者のみ入る。皆足のみ浸す。温まる湯なりと云。鷺の湯は其熱さ、熱の湯に次ぐ。和《なぎ》の湯は半は水交りて効なしとて、一遊の旅人のみ入るなり。（略）熱の湯は特に浴法ありて、其の状実に人をして胆を寒からしむ。（略）其の浴するの熱度は華氏百廿五度なり（筆者注、五一・七℃）、（略）此の湯は殊に梅毒に効ありとし、浴する者は大抵経久痼疾に陥りし者にて皆此熱湯に病を投ずるは死ぬると癒ゆるとの両途なりと決心し、実に此の熱に死ぬる者往々ありといへり。近年県庁よりも種々其の弊を諭され、此の浴場の旁に警察の交番所などもあれど、愚民更に従はず、此の熱ならでは効なしとし、（略）甘んじて此の危厄を踏めり。（略）此の熱の湯は市街の中央湯垣の西北路旁にあり。（略）早朝浴場を開かんとする時、隊長先出でて湯の差口を塞ぎ柝を撃ちて人を呼べば、市中遠近の旅店より浴者皆来り集る。其体を見るに身の内皆爛れて陰部殊に甚しく、皆綿などあててあり（略）皆よろ〳〵と歩む。男女裸体となり打交り騒がしく入り立つ。初め各一枚の板をとり湯槽の四辺に立ち、声立てて湯をかきまぜ熱を殺ぐ。これを湯を揉むといひ板を揉板といふ。揉む事凡十分間許にして隊長掌を鳴らして止むれば、長き板を数枚槽の上に亘し皆板の上に蹲まり、柄の短き柄杓にて皆俯して頭部に熱湯を汲み上げ〳〵注ぐ。初めに斯くして後に入らざれば、体のみ熱して眩迷すと云。頭に注ぐ事凡三百盃程なるべし、皆頭も面も真赤になりて煠《ゆ》であげたるが如し。隊長又柄杓にて槽の舷を叩けば皆湯に入るの装を為す。弱き者、新参の者は足袋をはき、又は肩身に布など纏ひ皆揃ひて、板に両手を突き張り足よりそろ〱と入るなり。入る時に隊長声をあげて「三国一の名湯――」といへば皆異口同音に「有り難い」と和す。隊長を首として（略）一同身動きもせずして沈む。（略）沈み居る間は凡二三分間許にして隊長、「暖つたらそろ〱出やう」――余は煠《ゆだ》つたらの誤りなるべしと思へり――といふを合図に一同我先にと跳ね出づ。其熱き事如何ぞやと思ふばかりなり。余が見たる時は、此一度に入りたる者凡五六十人許なり。（略）盛なる時は此浴場の四辺に三百人も集ると云。最初に入るを一番と云、次なるを二番、三番と云。二番の群よりは湯を揉まず直に頭に注ぎ入るなり。四番程にして止ぬ。婦人は多く二番三番に入る。（略）斯くすること一日に五六度なりと云。（略）熱湯に沈む間に堪へず、又一人先出づる事能はずして遂に眩して斃るる者あり。斃るれば「アガツタ」といひ一同に板の間の上へ引き上げ、水注ぐ。蘇する者は蘇し、体弱き者は遂に死ぬるもあり。実に此の熱の湯の現状を見て、余、田中君と且驚き且呆れ醜臭野蛮残酷、亦これに超ゆるもの無かるべし。[7]

写真11　光泉寺境内の「入浴逝者之塔」（2017年6月撮影）

大槻は、熱の湯に恐れをなして一度も入浴していなかったが、宿に引いた内湯はぬるいので、一度は試みるべきであると勧められ、四二度ほどの湯に入ったものの、無病のものは危ない湯に入るべきでないと、再び入ることはなかった。命がけで熱の湯に入る人々のさまは、それほど強い印象を与えた。ちなみに、光泉寺境内には、湯治中に亡くなった人々を供養するために一九〇〇年に建てられた「入浴逝者之塔」がある（写真11）。なお、この紀行の抄録「上野四万草津沢渡遊浴記抄」が一八七九年九月二十二日から二十九日の「東京日日新聞」に掲載された。二十六日付の「東京日日新聞」には熱の湯見物の感想を「焦熱叫喚大叫喚の地獄も今まで初めて目撃せり」と記している。広く読者に時間湯の実情が伝わったことに注目しておきたい。

田山花袋「草津」

次に数多くの紀行文を残した田山花袋（一八七一―一九三〇）を取り上げる。彼は『温泉周遊　東の巻』（一九二二年）に、草津は三度行ったとして、①信州の渋から峠を越して白根に登ったりして、暮坂峠を越して、四万から伊香保へ行った、②須坂から峠を越して、万座から草津に行き、六里ヶ原を越して軽井沢へ出た、③川原湯から草津へ行って、同じ路を引き返してきた、と記している。[8] それぞれ一八九三年（明治二十六年）、九七年（明治三十年）、一九一八年（大正七年）のことである。[9]

ここでは、①一八九三年の経験に基づく「草津」をみたい。田山は、草津と別府が両大関であると位置づけて、草津を「烈しい温泉」「女などには余り向かない温泉」と捉えている。また、昔のほうが栄えたとあるのは、「草津千軒江戸構え」といわれた十九世紀初めの文化・文政期の繁栄を指している。時間湯のことも「軍隊的組織で一斉に出入りする、「頗る奇観」と紹介している。

温泉の湧出量の盛んなのでは、草津は日本にもめづらしい。まア、此処と別府温泉とが日本での両大関である。（略）

草津は高原の上に位置してゐて、海抜も三千尺以上である。従つて夏は涼しい。確か蚊もあまりゐなかつたと覚えてゐる。唯、遠い山の中にあるので、交通が甚だ不便だ。（略）

昔の人々は、ゆつくりした気分で、この遠い山を越えて、その温泉に五十日も六十日も滞在してゐたらしい。従つて、今よりも却つて昔の方が、草津は栄えた。あらゆる娯楽の方法も整つてゐたらしく思はれる。癩病患者なども大変に行つた。

草津には、私は信濃の渋温泉から入つて行つた。（略）枯木林立した暑い峠路で、草津に近つけば近づくほど、緑の樹立がなく焼石が磊《らい》々してゐる。つまりその附近に、白根の活火山があるからである。（略）焼石と火山灰と砂ばかりで歩きにくいこと夥《おびたゞ》しい。まごくすると、尖つた石で足を傷《きずつ》けたりする。（略）頂上に登ると、湯釜と涸釜とが二つ並んでゐて、湯釜の方からは、白煙が朦々として颺《あが》つてゐる。（略）白根登山は、草津湯治客の散策地、探勝地とされてある。（略）

草津には、大きな旅館が庇《ひさし》を並べてゐる。皆な二階三階建てゞある。町中には熱湯が流れてゐて、湯気は凄じく立つてゐる。烈しい温泉といふことを誰も感ぜずにはゐられまい。それに、硫黄泉の烈しい臭《におひ》が町中に漲《みなぎ》つてゐる。女などには余り向かない温泉である。（略）こゝで有名なのは、例の熱の湯で、一時間以上もかき廻して、そして軍隊的組織で、一斉に入つたり出たりするのがある。頗る奇観である。

兎に角、草津は一度は行つて見るべき温泉場である。十月以後は、戸を閉ぢて了《しま》ふやうな温泉場である。(10)

文末では、宿を閉じて小雨などに下りて、そこで冬を越した冬住みに言及している。この習慣は一八九七年まで残った。ちなみに『一日の行楽』を補訂した『東京近郊　一日の行楽』では「十月以後は、戸を閉ぢて了ふやうな」の箇所が「冬は雪に全く埋れるやうな(11)」と書き改められている。実情に合わせて修正されたのだろう。

坪谷水哉「草津入浴記」

坪谷水哉（一八六二―一九四九）の「草津入浴記」には、時間湯の仕組みや長期滞在客の日常がつぶさに描かれている。坪谷は博文館の総合雑誌「太陽」の初代主筆を務め、一九一八年には日本図書館協会会長に就任している。

「草津入浴記」は一九〇六年（明治三十九年）八月、草津に一週間ほど滞在したときの見聞をまとめたもので、草津に至る行程の記載はない。文中には、湯治を終えて人力車、駕籠、馬などの乗り物を使って出立する人々が描かれている。また、湯ただれで歩行が困難な浴客が集まってくる姿をアヒルの行列に例え、ただれが出ない間は浴客として幅が利かないといい、短くとも三週間、長いと七、八週間の長期滞在の湯治客が多いこと、「世間のハイカラ風」はいまだ侵入せず、客の待遇法が十七、八世紀頃と変化がないと述べている。明治後半には、ほとんどが湯治客で「自炊」によって滞在していたのである。かなり長くなるが、以下に引用する。

　薬師堂の鐘が、午前四時を報ずると間も無く、早発《はやだち》の客が、前夜に注文したる渋川行きの人力車、沢渡や渋温泉行きの駕籠、軽井沢行きの馬など、早くも準備して旅館々々の店先に来り、声高く呼び起せば、忽ちにして雨戸を開く音、蔀《しとみ》を上る音、ガラ〴〵と賑やかに、頓《や》がて客の座敷へ帳場の番頭や女中の往来二三回ありて、会計も済みだりと覚しく、縁側より押鷹《おうよう》に乗物に乗り、宿の主人始め家の者大勢に、町端れまで送られて、威勢良く出発するは最も景気良き客なり。（略）

　忽ち聞く午前五時の時間湯を報ずる種々の鳴り物の中に、喇叭《らっぱ》は熱の湯、鈴は松の湯、拍子木は白旗の湯なり。近く湯畑を囲んで鼎《かなへ》の如くに位置を占めたる浴場は、各各鳴物で浴客を招集すると、家々の客室から、浴衣の白きがゾロ〴〵と、左手に手拭またはタオル、右に柄杓を携へ、まだ昨今到着したるは元気好けれど、十日乃至《ないし》二週間も経たるは、股間、腋下《わきした》など、激しく糜爛《たゞ》れて、歩行自由ならねば、股を広げて家鴨《あひる》の行列の如く、各自に平生入浴する浴場にと来り集まる。最も多き熱の湯は、同時に三百人ほども集まり、他の松の湯も大抵之に匹敵し、白旗の湯は百人位に過ぎず。浴場に集まりたる浴客中、身体の激しく糜爛れたる者は、滞在の久しきだけ知己も多く、他の人々之を劬《いた》はりて、暫らく傍に眺め居れど、自余の者は、浴衣脱ぎ捨て、各各《めいめい》に、浴槽の傍に備へたる幅七寸、長さ六尺許りの板押っ取り、片端を湯中に入れ、一列に並んで、ハア、コリヤコリヤ、ドッコイドッコイと懸け声勇ましく、調子を揃へて湯中を攪拌《かきまは》す。（略）斯かる作業の総指揮者には、何れの時間湯にも、湯長、俗に隊長と名《なづ》くる者あり。（略）隊長は、数《しば》〻柄杓を以て湯を自身の頭に注ぎて熱度を試験し、大約三十分時間を攪拌したる後、最早入浴に適すると認めたるとき、手を拍《うつ》て攪拌を制止《とゞ》む。此時の熱度は大抵百二十度（筆者注、四八・九℃）、隊長の頭は一種の寒暖計にて、柄杓で冠《かぶ》り検して、一度でも其の熱の加減を誤まることが無い。

今まで湯の中を攪拌《かきま》はす用に供した板は、急に浴槽の両端に橋の如く列《つら》ねて架け、板と板との間は二尺ほどづゝを隔て、浴客は其の板の上に行儀よく並び座し、タオルまたは手拭を蔽《おほ》ふたる頭を低く板の間に垂れ、直径三寸、深さ三寸、柄の長さ五寸ほどなる柄杓を以て、槽中の湯を汲んで頭に注ぐこと大抵百回乃至二百回、是で先ず熱湯中に入るも逆上して瞑眩《めまひ》する危険を予防し、斯くして一同の準備が出来ると、隊長は正面なる時計の下に立ち、号令して曰く、『御準備《おしたく》が宜しければソロ〳〵下りませう』

『揃つて三分――』之れが一同浴槽中に身を沈めたるとき、先づ隊長が下したる号令である。（略）戦々兢々として身を下して脚を槽底《ゆのそこ》に着けたるとき、是から三分間は、決して自由の行動を許されざる命令に接したるなり。勿論一人にても身を動かして湯を煽《あふ》れば、他の者は熱に襲はれて堪へ難くなるなり。（略）一槽の中、一回約五六十人の浴客、大官、紳商、車夫、馬丁、貴賤平等、上下無差別、尽《ことごと》く隊長の号令に服従して、唯だ其の顔を板の上に現はし、一号令ごとに、『オーイ』と一斉に叫んで、之に和するのみ。頓《やが》て一分間経てり。

『改正の二分――』之が隊長の第二の号令なり。（略）暫らくして『限つて一分――』と号令す。さア其頃になると、浴客は皆な顔色が火の如く赤くなり、口を開《あ》いてホー〳〵と大息するものあれば、歯を食ひしばつて気を張り詰めるもあり、一呼一吸、気息次第に困《くる》しむ。隊長ジッと見詰めて之を慰さめ、『ハアチックリ御辛抱！』、浴客の顔色は益〻赤く、呼吸は愈〻荒くなり、最早堪へ難きが如し。（略）今は絶体絶命と覚悟して、次なる号令を待てば『ハア辛抱の仕どこだッ』と叫んで未だ上槽《じょうそう》を許さず。最早眼も眩《くら》むばかりとなる一刹那、『サア、そろ〳〵上りませう』と叫ぶ頃には、既に号令が何と云ひしか耳にも留まらず、一斉に両手を左右の板に懸け、ザブリッと音させるや否や、湯出蛸《ゆでだこ》の如く赤くなりたる老幼一同の身体は、忽ち皆な板の上に在る。（略）号令の下に、第二組、第三、四、五の各組、入り更《かは》り立ち更《かは》りて、総て三百人に近き浴客が、尽く第一回の時間湯を済ます頃、客は次第に元気を快復し、柄杓やタオルを携へ、中には此等を茶屋の女に托し、例の家鴨に似たる怪しげの歩行にて、各〻其宿に帰る。

第一回の時間湯を済まして後、始めて朝餐《てうさん》に向ふが浴客日課の一なり。此地の浴客は、皆な自炊制度にて、最も贅沢なるは一室に一人の定雇《じようやとひ》といふ下女を使役して飲食を調理させ、然らざるは数室共同にて一人の女中を使役し、飯を炊《かし》ぐ、惣菜を調《こしら》へさせる、火鉢に火を起す、室内を掃除する。（略）

雇女《やとひおんな》は大概数室懸け持ちゆゑ、給仕は大抵手盛りで、朝餐《あさめし》を済ます頃、仕出し屋、牛肉屋、鳥屋など、更《か》はる更《が》はる午餐《ごさん》の準備の御用を聞きに来る。続いて漬物屋、果物屋、貸本屋、楊枝、歯磨き、手拭、綿などの小間物屋、郵便物を配達する宿の番頭など、出入往来甚だ頻繁に、中にも漬物屋や果物屋などは、多くは中年増《ちうどしま》の婦人にて、二三回も買物すれば、其後は慣れ〳〵しく室《へや》に入り、火の消えかゝりたる火鉢には炭をつぐ、湯の減りたる鉄瓶には水を注ぐ、室内掃除の世話までもする。（略）

トツトツト――の喇叭、チリンチリンの鈴、午前九時に第二回の時間湯開始を報ずれば、浴客は例の如く入り慣れたる浴場に集まり、規定の如くに浴し了《をは》つて室に帰る。此時最早正午に近く、午餐済ましての散歩地は、市街の四方を繞《めぐ》らす高丘の中に、南に薬師堂、北に白根神社、西方には金比羅社、賽《さい》ノ河原などあり。然れども歩行に悩むほど糜爛れた者には、大抵一室に閉居して、唯だ雑談に時を消《つひや》すばかりなるも、流石に温泉の効能は顕著にて、糜爛《たゞれ》の為に半身不随なる者も、元気は極めて旺《さか》んに、食欲も甚だ進み、長き一日を五回の入浴と、三回の食事とを以て、唯一の課業と為す者多し。

土地は海抜四千尺の高所、四面は皆高山で囲まれ（略）遁《に》げるにも隠るゝにも路の無い別天地なれば、世間のハイカラ風は未だ此土地に侵入せず。千年以来の温泉地といふにも似ず、客の待遇法は依然として十七八世紀頃と変化なく、総ての客は自炊にて、席料、夜具代、米味噌、油代、湯銭等の名目にて賄ふ制度なれば、避暑客遊覧客の為には、不便を感ずること多きも、無用の経費は極めて稀に、シカも贅沢を好めば、料理屋も数軒あり、芸妓も二十数人あり。（略）シカシ浴客の大部分は例の時間湯に入て、一生懸命に治療を

図38　草津温泉の時間湯
（出典：内務省東京衛生試験所編『*The mineral springs of Japan*』内務省東京衛生試験所、1915年）

専門とする湯治客にて、短かきも三週間、長きは七八週間も滞在するが多く、盛暑の侯、最も浴客の多きときは、一時に三千人を普通と為すとぞ。（略）また旅館は大抵家々に内湯を備ふ。（略）湯量は極めて豊富に、何れも硫黄泉とて、湯の底には黄色の硫黄を堆積し、湯は多量の硫酸を含み、其の味は酸味を帯び、久しく浴するときは、身体中の皮膚柔かき部分に糜爛を生ずるなり。然れども此所へ来ては、糜爛の出ぬ間は、浴客として幅が利かぬ。（略）

滞在一週間許りなる余は、糜爛も発《で》ねば、幅も利かず、昼は山に登り、大弓を引き、夜は燈下で時間を消すに困しみ、毎日見るまゝを此所まで書きつくる[12]（略）。

このように「揃って三分――」「ハアチックリ御辛抱！」といった湯長の号令や「歯を食ひしばって」「呼吸は愈ゝ荒く」「湯出蛸の如く赤く」なった湯治客が活写されている。時間湯の写真を図38に示した。これは一九一五年（大正四年）サンフランシスコで開催されたパナマ太平洋万国博覧会に出品するために、内務省東京衛生試験所が編纂した英文図書に収録されている。時間湯は独特の温泉療法として海外にも紹介された。浴場のなかの人の多さに圧倒される。

大町桂月「草津温泉の二十五日」

坪谷の二年後、一九〇八年（明治四十一年）の暮れに、詩人・随筆家の大町桂月（一八六九—一九二五）が草津に滞在した。大町は十月下旬に家を出て、赤城山などを周遊したのち、沼田から馬車で鯉沢へ向かい、そこから吾妻川沿いを徒歩で行き、途中馬車に乗って沢渡に宿泊、翌日、徒歩で暮坂峠を越えて草津に到着した。帰路は川原湯、中之条、渋川に宿泊、十二月三十日に帰京している。このときの紀行文が「草津温泉の二十五日」である。温泉の効能、強烈な酸性の湯、湧出量の多さゆえ、草津温泉は天下無類の特色を有するという。近年は病人以外の遊山客も増えていて、交通の便、旅館の改良を図れば、繁栄を回復するとも述べている。

また、石倉翠葉に宛てた十二月四日の葉書が『桂月全集』第十二巻に収録されている。[13] 大町桂月は白根山、殺生河原、嫗仙（翁仙）の滝などを見物し「草津は思ひの外の勝地に候。兄の草津のしをりを始め、いろ〳〵の案内記を見申候」と記している。石倉は一八九九年の「読売新聞」に「上毛草津温泉の歴史」を執筆していて（第3章を参照）、交遊があったことがわかる。以下の引用文では主たる箇所を抜粋したが、草津周辺の景勝地についても詳述していて、こうした場所は、絵はがきにも取り上げられている（第5章の表15を参照）。

草津温泉は、温泉場として、天下無類の特色を有す。在来、温泉と云へば、必ず先ず指を草津に屈せしも、偶然に非ず。東京に、硫黄花をわかす風呂あれば必ず草津の名を冠するを以て見るも、その草津の効能が世に知れわたりたるを知るべし。されど、東京の諸処の草津温泉の白濁せるを見て、本家の草津も亦然るべしと思はゞ、これ大に誤れり。本家の草津温泉は、すき通るばかりに澄んで居る也。（略）酸性峻烈、強く人の体を刺す。（略）浴し居れば、必ず、『たゞれ』を生じ、あらゆる病毒を駆除し去る。（略）これに於て、時間湯なるものあり。その数、六七、各、湯長ありて、号令して、三分間を限りて入浴せしむ。一同揃つて、板にて湯を揉む間に、運動もすれば、湯気をも呼吸して、げに、一挙両得のみにあらず。その時間湯の熱度、百二十二三度より百二十五度に及ぶ。『あら可笑し、風呂へはいるに号令かけて、揃つて三分、改正の二分、残つて一分、ちツくり御辛抱、辛抱のしどころで飛び上る』と云へる俗謡は、よく簡単に時間湯の有様を説明せるもの也。時間湯の外、総湯もあり、内湯もあり、湯瀧もあり。温泉の性質の強烈なるのみならず、湧出の量の多きこと、実に天下無比也。湯畑を始め、白旗の湯、地蔵湯など、いづれも直に小川を成すばかりに熾に湧出す。西の河原の如きは、温泉、絶壁より出でゝ流れて渓となり、かゝりて瀧となる。(略)

草津温泉は、花柳病と癩病とのみに非ず、心臓病、肺病を除きては、あらゆる病気に霊効ありといふ。近年は、病人以外の遊山客も増加したる由也。(略)今の処にても、一年二十万の客ありといふ。他日更に交通の便加はり、旅館の改良をはからば、避暑の客、遊山の客も多くなりて、草津当年の繁華を回復することも、決して難しとせざるべし。

草津一五瀑の名あれども、観るべきは、常布と嫗仙との二瀑也。(略)西に元白根の谷を上れば、氷岩とて、夏日も氷ある巌窟あり。草津よりほんの十二三町の程也。なお十二三町も上れば、殺生河原あり。硫気一谷に薫じて、鳥獣の屍骸を見る。獅子岩は、形似によりて名あり。(略)白根山頂の四池、小蓋の池など、池の数は十数もあれど、いづれも小也。(略)小蓋池の浮島、鸚鵡岩、みな遊客の徒然を慰むるに足る。げに、白根の活火山を控へたる草津温泉は、関東の一大勝地と云ふべき哉。(略)

薬研の底ともいふべき草津温泉場を流るゝ湯の川の上流を西の河原と称す。賽の河原の字面を改めたる也。(略)

下屋氏、隣房の客、宿の主人、みな笊碁の好敵手、二十五日の間、一日も碁うたぬ日はなし。をり〳〵下屋氏の家に飲み、酒楼にも飲みぬ。草津の地は、今や浴客殆んど無くなりて、心のどかに冬籠りせむとす。われは、いつまでも、山中にのんきになりても居られず。(略)日頃相識れる人々、泣灯籠までと云ふを、

THE VIEW OF LEAVING KUSAZU HOT-SPRING, JOSHU.
湯治歸出發ノ光景（上州草津温泉）

この天気なればとて、辞すれど、なお五人ばかりは送りに来る。(14)

湯川の上流を「西の河原」と改称したことが記されている。また、下屋氏とあるのは、『草津鉱泉療法』（一九〇七年）の著者下屋学のことである。下屋医院は湯畑の近くにあった（後掲図51部分図の右上を参照）。文末にみえる泣き灯籠は街外れの運動茶屋にあり、別れを惜しんだ場所として知られていた（図39）。長く滞在するうちに宿の者や客同士の交流が深

図39　泣き灯籠付近の光景
絵はがき「湯治帰出発ノ光景」（上）「上州草津温泉運動茶屋ヨリ浅間山ノ噴煙ヲ望ム」（下）部分（ともにii期：1907-18年、時期区分については図55を参照）

くなり、帰郷の折には、ここで見送ったのである（位置は図30を参照）。

若山牧水「上州草津」

一九二〇年（大正九年）五月には、歌人の若山牧水（一八八五―一九二八）が草津を訪れた。「渓ばたの温泉」と「上州草津」によれば、彼は渋川から軌道馬車で中之条へ行き、川原湯に宿泊して歌集を編むため十日間滞在している。そののち五月二十日に徒歩で草津に向かい、一井旅館に宿泊、翌日早朝、渋温泉へ出発した。なお「みなかみ紀行」で知られる旅は二二年のことで、軽井沢から草津軽便鉄道を利用し、嬬恋からは自動車で草津に向かい一泊している。草津と中之条を結ぶ暮坂峠には若山牧水の詩碑がある。

図40　絵はがき「時間湯熱之湯外部」
（ii期：1907-18年）熱の湯と背後に一井旅館

彼が泊まった一井旅館は、熱の湯のすぐ裏手にある（図40）。この旅館は、洋風の要素を取り入れて三階建ての前面に連続するアーチをつけた外観をもっていた。「上州草津」には、「宜しくばそろ〳〵下りませう。」「揃つて三分。」「改正に二分。」「限つて一分。」「ちつくり御辛抱」「辛抱のしどころ。」「サツ宜しくば上りませう。」という号令とともに時間湯のことを詳述しているが、重複するので省略した。

坂を降りて突き当りの一井旅館といふへ入る。西洋まがひの大きな建物だが、今は余り客はないらしく、ひつそりとした二階の一室に通さるゝと共に私はぐつたりと横になつた。時計は十二時を少しすぎてゐた。（略）

硫黄色に濁つた内湯に入る。この地の湯は直ちに人の皮膚を糜爛さすと聞いてゐるのでまさか一日や二日ではと思ひつゝも何となく気味が悪くて長くは浸つてゐられない。匆々に出て昼飯を呼ぶ。一杯飲みながら縁さきの欄干の陰にまだ充分さきかねてゐる桜の蕾をぼんやり眺めてゐると、突然一種異様なひゞきの起るのを聞いた。（略）それは私の室のツイ前面に建つて、多角形をしたペンキ塗の建物の中から起つてゐるのだ。その建物は疑ひもなく浴場である。さう思ふと私は直ぐ感づいた、噂に聞いてゐた草津の時間湯の浴場が其処で、あの笛はその合図に相違ないと。（略）

案のごとくその異様な響きの止むか止まぬかに何処からともなく二人三人、五人六人づゝ怪しい風態をした浴客が現れてそのペンキ塗の家にぞろ〳〵集つて来始めた。まことにそれは何といふ不思議な、滑稽な、みじめな姿であることぞ。普通にちやんとした足どりをとつて歩いてゐる人とては殆んど一人もない。（略）すべて湯の強さにあてられて皮膚の糜爛を起してゐる人たちであるのだ。男あり、女あり、皆褞袍《どてら》姿で、それ〴〵に柄杓を持ちタオルを提げ、中には大きな声で唄か何かをどなりながら、えつちらおつちらやつて来るのである。やがて浴場内では拍子木の鳴る音がした。

私は大急ぎで飯をすまして其処に出かけて行つた。そして恐々ガラス戸の破れから中を窺き込んだ。（略）私は一心にそれらを見詰めてゐるうちに自づと瞼の熱くなるのを感じて来た。今は珍しさや好奇心などの境ではなくなつて、一心になつた多人数の精神が其処に一種の物凄さを作つてゐるのを感ずるのだ。見たところ、さして眼に立つ病人風の者はゐない、が、斯うした荒行の入浴法がどうしても人に或る真剣さを覚えさせずにはおかぬらしい。それが相寄つて一種の鬼気を成してゐるのである。（略）

見終つて何となく首の重くなつたのを覚えながら、私は其処を離れた。（略）私の見た時間湯（それは熱の湯と呼ばるゝのであつたが、其他全部で六個所に在り、それ〴〵毎日四回づゝの入浴にきまつてゐるのだ相だ）の直ぐ側にまた眼を欹《そばだ》たゝしむるものがあつた。湯畑といふので、やゝ長方形になつた五十坪ほどの場所一面に沸々として熱湯が噴出してゐるのである。一面に大小の石が敷き詰められてあるが、硫黄が真黄に着いたそれらの一つ〳〵の蔭から間断なく湯の玉の湧きつらなる様は誠に壮観である。場内には幾つかの大きな桶の様な物が設けられて硫黄を採つてゐる。
徳川三代将軍が其所の湯をどうかしたといふ札の掲げてあるその柵に添つてとろ〳〵と曲り下れば旅館や商店のぎつしりと建ち並んだ狭苦しい賑かな街路に出る。宿屋などは下よりも二階三階と次第に大きく造られた様にも見えるものなどがある。（略）その街を通りすぎた所に一つの激しい渓が流れてゐた。何の気なしにその側に立寄ると、思ひもかけぬかなりな熱気がむつと面を撲つて来た。即ちこの渓は諸所に湧いた温泉の末が一つの渓流を成して流れ下つてゐるのである。
その湯に沿うて尚ほ少し下るとその道の行きどまりになつた所に瀟洒な裸木の門があつた。誰に訊くまでもなく私はそれも兼ねて噂に聞いてゐた癩病患者の入浴場と定めてある湯の沢であることを直覚した。（略）
山道であつたり、道草を食つたりして来たにせよ、今日歩いた五里の里程に合せて私の疲労が普通でなかつた。殊に身体より心の方が余計に疲れてゐた。そして妙に感傷的になつて、見るもの聞くものにつけ、すべて可笑しいほどおど〳〵する様になつてゐた。さうした心に映つた草津は、この大きな高原の窪みに出来てゐる年古りた温泉場は、余りにも不思議な境界であつた。今まで知つてゐる温泉場に較べての手触りが余りに異り過ぎ強過ぎた。いはゆる湯治の覚悟で来るならば又此処ほど信頼出来る湯はあるまいと思はれたけれど、（略）兎に角一夜泊りの身にとつては何となく親しみ難いものがあつた。一巡り町を巡つて宿に帰つて来ると故知れぬ心細さが病気の様に身を包んでゐた。実は二三日此処に滞在してそれから信州の渋温泉に越すつもりであつたが、いかにも気持が落つかないので明日すぐ信州の方へ入り度いと思ひ立つた。（略）この落ちつかぬ心を消すために夕飯を待ちかねて酒を取り寄せた。
飲みかけてゐると例の笛だか喇叭だかゞ鳴り出した。夕方の入浴時間が来たのである。なるほど、一個所でなく其処でも此処でも鳴つてゐる。そして庭を距てた前面の浴場からは程なくゴットン〳〵といふ板の音が聞え始めた。次いで、その寂しい唄が其処此処で起つた。（略）
そのうちに附近に料理屋などあるらしく、賑やかな三味線の音が聞え出した。宿のツイ裏手の山の上にも

図41　せがい出し梁づくりの旅館
絵はがき「高楼ならぶ草津湯の街」
（iii期：1918-33年）

雪の残つてゐるほどで、夕方かけて増して来た寒さと共に其処らに立ち騰る湯気が次第に深くなつた。そしてその中にそちこちとうるんだ様に電燈が点つてゐるのである。湯揉みの板の音がいよ〳〵烈しく、その唄も次ぎから次ぎと続く、そしてその間には料理屋の三味線の騒ぎが聞え、按摩の笛も混る(15)。

若山牧水は湯畑から下った滝下町で、主屋の柱から腕木を出して桁をのせて一階よりせり出した「せがい出し梁づくり」の旅館をみている。図41には、「せがい出し梁づくり」の旅館の前に芸妓と思われる女性二人が立っている。そして湯川に沿って歩き、湯之沢の門にたどり着いた。温泉街と湯之沢には一九一五年（大正四年）に関門が建てられ、応急隔離が講じられていた(16)。また、「そちこちと」電燈が点っているとあるが、草津水力電気の創立によって電燈が使われるようになったのは一九年（大正八年）で、その翌年の光景が描かれていることになる。彼の心象風景には、草津は「不思議な境界」と映り、手触りがあまりに異なって強すぎる、湯治客ではない一夜泊まりの身には、何となく親しみ難いと述べている。

はやし生「草津への旅」

これまで、おもに徒歩で草津を訪れた紀行文を取り上げた。次に草津電気鉄道開通後のもので、「旅」一九二七年四月号掲載のはやし生「草津への旅」をみたい。草津温泉駅は一九二六年（大正十五年）九月の開業で、この旅は二七年（昭和二年）の中春のこととわかる。著者「はやし生」の本名と経歴は不詳である。

著者は上野駅から信越本線に乗り、軽井沢からは草津電気鉄道を利用していて、奮発して二等切符を買ったところ、車中で「二等で草津に行かれる様では、余程悪いのでせう」と同情されて困惑している。宿の風呂に入るとき、かぶり湯のことを知らずに教えられ、熱の湯も見学している。交通の便が良くなり、遊覧地へと変貌しつつある状況を描き、「都会人には親しみ易い場所」と位置づけている。

草津の町に着いた。此の附近の運動の茶屋も、草津節の、（送りませうか、送られませうか、せめて運動の茶屋迄も）に歌はれて居る様に昔から随分多くの、悲喜交々の、ローマンスを残して居り、冬はスキーマンに嬉ばれる、好スロープになつて居る。

　漸く解放された様な気持で、外に出ると、此の様な山奥に良くこんな大きな家が沢山あつたもんだ、行かぬ先は随分辺鄙な所と思つて居たのが、以外《（ママ）》に賑やかなので驚かされた。

　我〻同行二人の洋服巡礼は、少しも優雅な所がなく、大股で歩きながら湯畑のそばの、N館に這入つて行く、「いらつしやい」と云ひながら、白い？《（ママ）》手を付かれて、い〻気持になり、座敷へ案内されて、「どうぞ御風呂に」と云はれるので、早速飛込んで行つた処、誰も居らぬので、い〻気持で這入つてた。すると後から来た人が、そばにあつた、柄杓で二三十回も、湯を頭へかけて居る、「おい変な事をする人だぜ」「ウム」と二人共其の様子を見詰めて居る、そのうち御免なさいと云ひながら這入つて来たので「一寸御伺ひ致しますが、どうして湯を頭へかけるのですか」と聞くと、我〻を新米と見て丁寧に教へて来れた（略）。こんどは廊下を通る女中に「おい、ねえさん今日汽車で真黒になつたから石鹸を貸して呉れ」と云ふと、女中の奴笑ひながら此の湯で石鹸を使ふと、皮膚が黒くなつてしまうとの返事で、仕方なく其の儘出て来た。

　湯上の気分の良いので、すつかり腹の空つたのを忘れて居たが、良く考へると未だ昼飯前だ、食後散歩に出て、夕べの草津をぶらり〳〵。中春とは云ひながら、未だ附近には、純白な雪が、大部残つて居る、左の方には、白根の山が、慈母の如く立ち、前には湯畑の噴湯が、間断なく、湧き出る、草津の町より、他に出た事のない者は、川と云ふのは、湯が流れて居る処だと思つて居る位ゐだ。慈まれたる草津の町、夏は避暑、冬はスキーに、常に客の絶間がない、交通の便が開けての今日草津は療養の草津ではなく、遊覧の草津と変つて来た、東京を終電車に、出ると午前の十一時には草津の湯に這入る事が出来る。（略）

其の内何処からともなく、大勢集まつて歌ふ声が聞へて来るので行て見ると湯屋だ、看板には熱の湯と書いてあるので一寸と驚く。大勢が裸体で長い板を持つて湯を揉みながら草津節を歌つて居る。其の内湯長が命令で一同静かに湯に這入る、（略）「サア、宜ければ上れ」の号令がかゝると、今迄の静かだつた湯が、猛りだして皆んな脱兎の様に飛出す景は、一寸想像が付かぬ。

そろ〳〵寒くなつて来たので宿に帰り、早速失敗せぬ様、一風呂浴び来る。

地下からは湯川の流れの音が響いて来る、外からは、切々の思ひを三すじの糸に、含めた余音が聞えて来る。遠く山川越へて来た客との別れを悲しむ様だ。静なる山間の温泉、それは身も心も洗ひ落せる様だ。

高原の温泉、落葉樹の林、総てが、我ゝ都会人には親しみ易い場所である。[17]

吉田団輔「草津温泉」

最後に、吉田団輔「草津温泉」（一九三七年）を取り上げたい。吉田は鉄道省旅客課の職員で、『温泉風物帖』（博文館、一九四一年）、『厚生温泉』（山河書房、一九四二年）といった著書をもつ。文中で、近く鉄道省のバスが上田付近まで通うようになると記している。渋川と長野県の真田を結ぶ吾妻本線と渋川―草津間の上州草津線が営業を開始したのは一九三五年（昭和十年）十二月のことだった。彼はバスで二時間半のドライブで草津に到着していることから、この旅の経験は省営バス開通直前の三五年と推察される。図42は、『省線自動車吾妻線案内』に掲載された写真で、湯畑で見送る人々がみられる。バスで帰郷する人々のため、送別の場所が泣き灯籠から湯畑へと移動している。

図42　省営バスで帰郷する客を見送る人々
（出典：東京鉄道局『省線自動車吾妻線案内』東京鉄道局、1935年）

草津の宿に腰を下ろして、まづ感じることは、空気がいかにも爽かで、自づと晴々しい呼吸の出来ることである。高地だから空気が清澄で紫外線に富むことは勿論だが、学者にいはせると、町の中央広場にある湯畑その他到るところから立昇る硫気は、大気中の一切の不浄物を自然に消毒するのだといふ。

草津といへば、性病患者や悪性の皮膚病患者ばかり集まつてゐて、何となく重くるしい暗い情景を連想させるかも知れぬが、来て見ると高原の明朗さと空気の清浄さにそれ等の予想はすつかり解消されて仕舞ふ。殊に真夏の頃でもあれば、筧《かけひ》で山から送られる雪解水はアイスウオーターそのもので、益〻清浄感をそゝられるのである。

温泉は頗る強烈で、昔から湯ただれに聞えてゐるが、旅館で一回三分間の入浴を一日二回に止めてをけば決してその心配はない、よしんば何等かの身に覚えがあつてもである。尤も街頭では股間に湯たゞれをつくつて、がに股に歩く不格好な姿を見ることは珍らしくないが、それはさういふ湯治法に従つてゐる人達の姿で、何も不気味に思ふことはない。熱の湯その他五ヶ所の時間湯で、一日四回行つてゐる入湯振りを見るのも、草津の旅のよい土産である。草津節や草津小唄に合せて湯をもむ人達の手振りや足拍子も面白く、湯長の号令で湯に入る様も昔ながらの湯治気分が滲み出てゐる。

たゞ旅館が完全に湯治本位であることは、場所柄当然ではあるが、昔と違つて交通も便利になつたのだから、従来の方針はそのまゝ大切に守りつゞけると共に、週末又は二、三日の休暇を利用して、この高原気分と霊泉とに浸りたいと思ふ人々のために、適切な施設を別に加へたいものだ。だからといつてこゝを熱海なぞのやうに盛り場式にせよといふのではない。あの豊富な水を利用して、便所は水洗式にし、客室も近代様式の壁仕切《かべじきり》に改め、女中のサービスも湯治湯式でなく、ビールのお酌や御飯のお給仕をお客自身の手に任せないことぐらゐにはしたいといふ程度のものである。つまり行届いた心身の静養境としての施設以上の要求ではない(18)。


吉田は、草津といえば「何となく重くるしい暗い情景を連想させる」かもしれないが「高原の明朗さと空気の清浄さ」によってすっかり解消されたという。時間湯の見物は、昔ながらの湯治気分がにじみ出る旅の土産とされていて、心身の静養に訪れる短期滞在客向けのサービスを求めている。

このように、時代とともに草津に対する旅行者の捉え方は変容してきた。そのなかで、いずれの著者も時間湯に言及していて、懸命に湯治する人々の姿が草津を語るときに欠かせない要素だったことがわかる。

3 一九五〇年代以降の観光入込客の動向

観光入込客の推移と交通手段の変化

草津温泉の延べ宿泊客は、一九四二年のピークには四十万人に達していた。戦後その水準に戻ったのは六〇年で、その後十年間で急増した(図43)。「旅」一九五七年三月号の記事によれば、湯治客には農村の人たちが依然

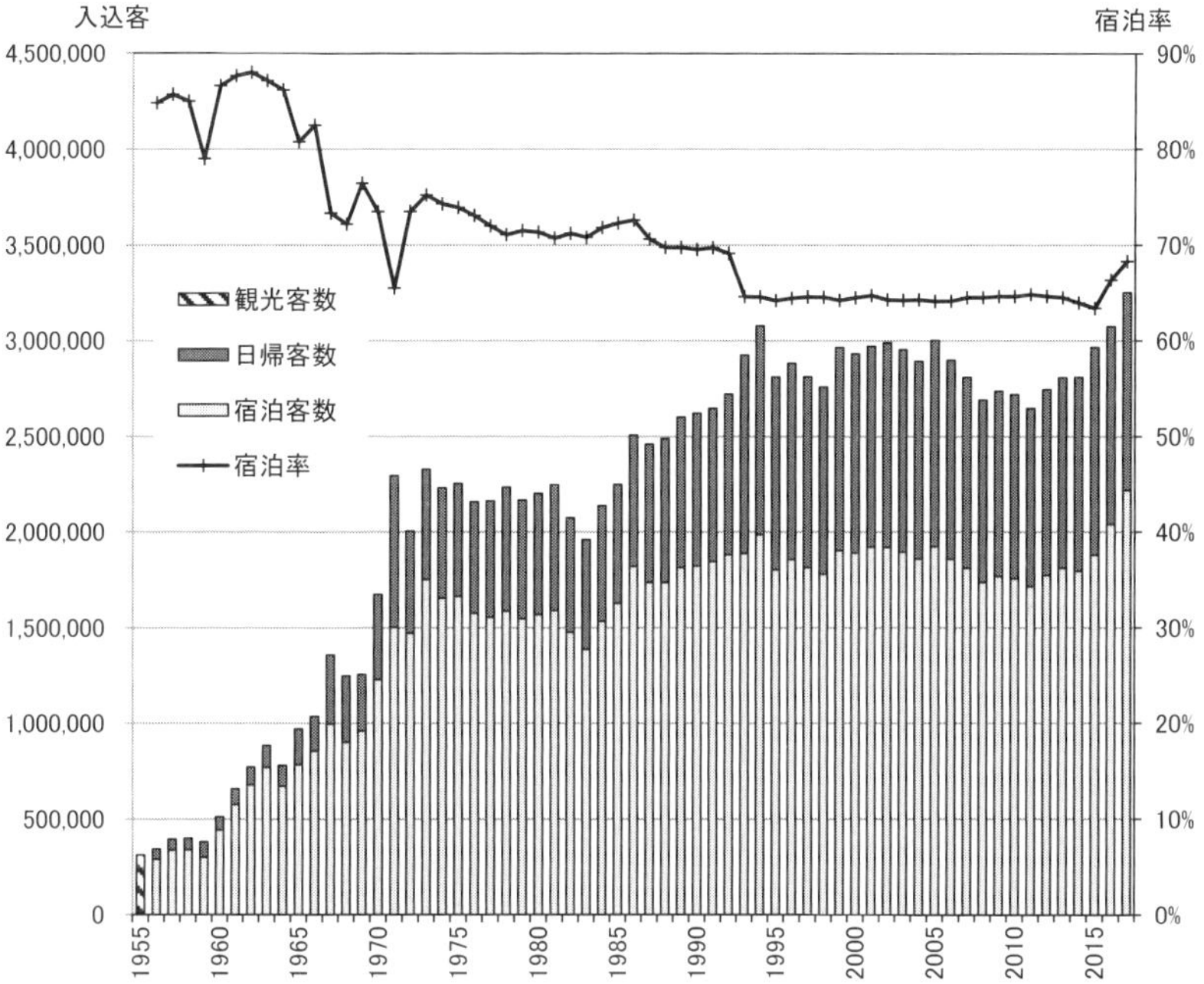

図43　草津温泉の観光入込客数と宿泊率の推移
(出典:「草津町観光要覧」「町勢要覧」、草津町役場資料から作成)

として多いらしく、帰っていくらしい客をバスの停留所まで見送りにきた人々がテープを投げたりしながら別れを惜しんでいる風景など、ちょっとほほ笑ましい、とある。[19] 一九五〇年代は、まだ湯治を目的とした客が目立っていた。

草津への交通は、戦後間もない頃には、渋川経由だと上野を五時にたてば草津着が十三時(八時間)、軽井沢経由では五時五十五分に上野をたてば草津着が十五時三十四分(九時間三十九分)と案内している。[20] また、「読売新聞」一九六〇年七月一日付には、「療養本位の草津が観光本位に切り替えられ国鉄、東武、西武のバスや草軽電鉄でぞくぞくはいってくる観光客群のために、白根火山ロープウエーが完成した」とある。ただし、草軽電気鉄道は六〇年に新軽井沢—三原間、六二年に三原—草津温泉間が廃止され、バスが有力な移動手段になった。その後、マイカーの普及とともに、自家用車が主要な手段になっていく。

表11　草津温泉への交通手段の変化

1969年	東京より187キロ 上野－急行3時間20分－長野原－バス35分 上野－急行1時間20分－高崎－急行56分－軽井沢－バス1時間10分－鬼押し出し－バス1時間30分
1978年	東京－国道17号－渋川－国道145号－長野原－草津、4時間 上野－特急2時間－長野原－バス25分 上野－急行2時間35分－長野原－バス25分
1991年	練馬ＩＣ－関越自動車道103キロ－渋川伊香保ＩＣ－国道353・145号－50キロ－長野原－草津有料道路－10キロ 上野－上越新幹線47分－高崎－吾妻線1時間27分－長野原草津口－バス25分 上野－新特急2時間26分－長野原草津口－バス25分
2017年	練馬ＩＣ－関越道103キロ－渋川伊香保ＩＣ－国道353・145号－50キロ－長野原－国道292号－10キロ 練馬ＩＣ－関越道80キロ－藤岡JC－上信越道－50キロ－碓氷軽井沢ＩＣ－国道18号－15キロ－中軽井沢－国道146号－42キロ 上野－特急2時間33分－長野原草津口－バス25分 上野－上越新幹線55分－高崎－吾妻線1時間7～20分－長野原草津口－バス25分 上野－北陸新幹線1時間10分－軽井沢－バス1時間18～55分 新宿／東京－バス－3時間36分～4時間7分

長野原駅は1991年に長野原草津口駅に改称
（出典：「観光要覧」「草津 STORY」から作成）

表11に示したように、自家用車を用いないならば、長野原草津口駅や軽井沢駅からのバスに乗り換えて草津に入ることになる。さらに一九九九年十月からは新宿駅からの高速バスが運行を開始した。二〇一七年現在、新宿駅から伊香保温泉を経由する便が一日八往復、東京駅から草津温泉への便が一日二往復、運行している。

宿泊客数は一九七一年に百五十万人を超えたものの、八〇年代前半には落ち込みが認められる。八二年に上越新幹線が開業したが、沿線から遠い草津にとっては、むしろ導線を断ち切られた形になって、競合した温泉地に客が流れるようになった。宿泊客が減少していたにもかかわらず、八〇年代半ばには収容人員が拡大したため、宿泊料金のダンピング競争もおこなわれたという(21)。

その後、宿泊客数は徐々に増えていて、バブル崩壊後の一九九〇年代前半にも減少はみられない。さらに二〇一〇年前後に底を打ってからは増加傾向にあって、一六年には宿泊客数が二百万人を上回り、一七年は二百二十二万人と過去最高を記録した。一方、宿泊率に注目すると、マイカーの普及にともない一九七〇年代まで低下が続いたが、八〇年代は七〇パーセント前後、九三年からは六五パーセントほどで推移している。とくに二〇一七年には六八パーセントに上昇した。このような高い水準にあるのは、宿泊施設が整っていることに加え、草津が新幹線や高速道路から遠く、移動に時間がかかり、日帰り可能な地域が限定されるためである。

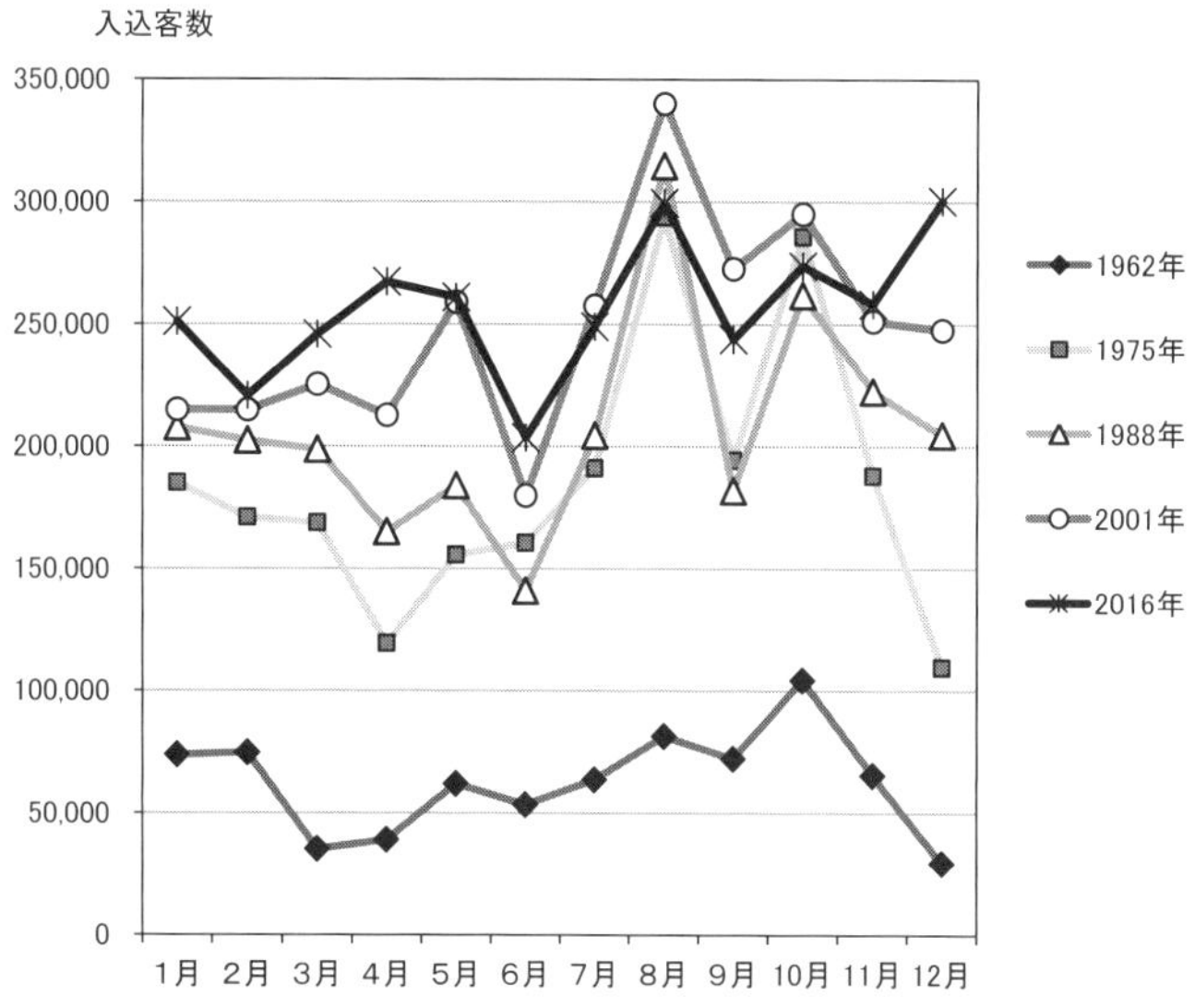

図44　草津温泉の観光入込客の季節性
（出典：「草津町観光要覧」「町勢要覧」草津町役場資料から作成）

観光客の季節性

次に観光入込客の季節性についてみておこう（図44）。一九六二年には十月がピークになっていて、それに次ぐのがスキーの一月と二月、避暑の八月である。十月が高かったのは、紅葉の季節で職場や農協の団体旅行が多かったためと思われる。

一九七五年には、八月と十月をピークとする。当時の客層の特徴は次のように捉えられている。冬は若者とファミリーのスキー客が多い。春は一般的な観光旅行、五・六月は善光寺を中心とした年配客主体、七・八月はファミリー中心、十月の秋の旅行シーズンには慰安旅行、団体旅行。いままでは年配客が多かったが、最近は若い世代の慰安旅行になっている。観光バスの入込客が少なくなり、子どもたちが休める夏と冬はマイカー客が多く、七〇年に志賀草津高原ルートができてからは、マイカー族が増えている[22]。八八年の月別入込客は十二月が上昇している以外は七五年と類似した動きをみせている。

二〇〇一年と一六年を比べると、後者のほうが季節変動の小さくなっていることに注目したい。繁忙期には、〇一年のほうが多い月があるが、年間を通して入込客数の上下が小さく、それだけ宿泊施設の稼働率が安定していることを示している。

4 「旅」の記事にみる草津

旅行雑誌「旅」の位置づけ

ここからは、旅行雑誌「旅」に掲載された記事を取り上げ、草津をどのように描いているのかをみていきたい。「旅」は一九二四年(大正十三年)四月に創刊され、戦時下、四三年八月号で休刊になった。発行主体は二四年二月に結成された日本旅行文化協会で、二六年に日本旅行協会と改称、三四年(昭和九年)にはジャパン・ツーリスト・ビューローと合併し、「旅」の発行元は日本旅行倶楽部になった。戦後、日本交通公社(JTB)として活動を再開し、「旅」は一九四六年十一月号をもって復刊した。二〇〇四年一月の第九百二十四号で休刊するまで、七十九年の長期にわたって、時代の旅行スタイルを作り上げていった雑誌と位置づけられる。[23]

佐藤弘人「草津温泉」

まず取り上げるのは、佐藤弘人「草津温泉」(一九五六年十一月号)で、文中に今夏とあり、一九五六年夏の旅行だったことがわかる。戦後復興が終わり、高度経済成長の道を歩むことになる転換期で、五六年度の『経済白書』に記された言葉「もはや「戦後」ではない」は流行語になった。佐藤弘人はペンネームで、五四年出版の『はだか随筆』が驚異的ベストセラーの記録を作って、五五年後に再版されている。[24] 本名・佐藤弘(一八九七—一九六二）は一橋大学教授で、『経済地理学概論』（古今書院、一九三〇年）、『経済地理学原論』（東海書房、一九四八年）、『商業地理』（春秋社、一九五八年）など多くの著作をもつ研究者である。

草津温泉には都合三回行った。第一回は二〇年前で、家内と子供二人と四人で行ったが、行く前は、草津はライ病患者や、梅毒患者が多いところで、いやだなァ……という印象が強かったが、行って見ると、そんな気配は少しも感じられなかった。そのときは「一井旅館」に泊まった。第二回は一昨年で、「ての字」に、今夏は「奈良屋」に泊まった。何れも十日間位の滞在で、原稿の仕上げが主な仕事だった。

草津のいいところは、涼しい点である。東京ものにとっての、やや開けた避暑地としては、何れも高度千メートル内外の箱根、軽井沢、草津の三ヵ所しかない。が、箱根は高価な上に、涼風がしめっぽく、軽井沢は涼しいが温泉がなく、草津は食い物はまずいが、安（価）いのと涼風の肌ざわりがすばらしい。（略）そして電車の騒音、自動車の警笛がなく、箱根のように金持ぶる人がなく、軽井沢のようにインテリぶる人がなく、全く庶民的で平穏な温泉町である。

町は三方低い山にかこまれた盆地にあるので、旅館のテレビのアンテナは、何れも三階の屋根の上に、数メートル高く建てられているが、それでも電波が妨げられて、宿によっては映像のハッキリ出ない所もある。

（略）

ここには「鷺《さぎ》の湯」(25)をはじめ三ヵ所に名物の「もみ湯」と称して一日四回（7 11 15 19時）、時間をきめてはいる浴場がある。例の「ドッコイショ……」の草津節を歌って、三十分間位湯をもみ、そして熱湯にじっとつかり、「万病」を直す湯である。四十九度の熱湯に三分間つかるのであるが、この間は湯長の命令に従って行動する。（略）それにしても、多くの男女が股に脱脂綿をあてがって、ビッコを引いて歩いている有様をみるといやになる。むしろ悲惨である。近代医学は何をしているかと、いいたくなる。

しかし、そうゆう見方をしないで、

図45　時間湯がおこなわれた鷲の湯
（出典：草津温泉観光協会編『国立公園草津高原』草津温泉観光協会、1957年〔群馬県立図書館所蔵〕）

「なに、あれは、あァゆうことにかこつけて、男女が混浴し、互に肉体を弄視《ろうし》する一種の社交機関ですよ」
という風にみれば、そこにほがらかな人生集団が存在しないわけでもない。とにかく、草津は「一度はおいで……」の唄の文句にあるように、色々な意味で、一度は行ってみてもいい所であろう。[26]

佐藤は、湯治客が湯ただれでうまく歩けないさまをみて悲惨だと述べながらも、時間湯をおこなう共同浴場を混浴の社交機関とみれば、ほがらかな人生集団が存在すると、軽妙な捉え方をしている。図45は、鷲の湯の外観で、かなり老朽化しているようにみえる。この浴場は一九六九年に廃止され、その跡には「鷲乃湯跡」の碑と案内板がある。

小山和「草津へのスキー・ドライブ」

次は、小山和「草津へのスキー・ドライブ　新しい有料道路を走る」（一九六五年一月号）である。小山は一九二五年生まれの旅行作家で、当時すでに全国を網羅した『ドライブガイド全集』全五巻（河出書房新社、一九六二―六三年）の著作があった。このなかで、草津から白根湯釜へのドライブコースを紹介し、白根の火口をみて「秘境の静寂と凄絶な死の風景が横たわっている」[27]とレポートしている。「旅」でも、六四年に全面舗装された草津有料道路と白根山までをドライブした記事になっている。

草津有料道路は大津から草津への、もとの道路を改修してすばらしい舗装を完成したものだ。デコボコ道で悪態をついたのも今は昔、あっけなくするりと草津の町に入る。(略)

――さて、草津温泉！　これは上毛名三湯の一つとしてあまりにも名高い。他の二つは四万温泉と伊香保だが、中でも草津はヤマトタケルノミコトが東征のおりに開湯されたという伝説さえある。(略)

いまは旅館数七十余軒。スリ鉢の底の湯畑が中心だから、いきおい坂の町となり、江戸時代以来の伝統(?)で道がせまい。宿を予約する場合には、駐車場のあるところをと念をおしておくことが大切であろう。草津のスキー場は温泉街から近いのが魅力だ。設備もよく雪質もよい。

ことに殺生ヒュッテから標高二千百メートルの逢の峰へ、全長二千四百メートル、文字通り空を滑る空中ケーブルは豪快だ。白根火山をめぐる渋線道路がこの空中ケーブルの下を横切り、白根の溶岩流がつくった台地を這い登って弓池のさきまで完成している。厳冬になれば積雪が厚くて乗用車は運転できなくなるが、タイヤチエンを巻いて私たちは冬の白根へドライブをこころみた。

鋭いカーブの一曲りごとに上越国境の山々が遠くはるかな姿をあらわし、やがて草津の町が小さく一握りのマッチ箱をばらまいたように見える。(略)

雪の最も深いところでも、殺生ヒュッテまでは車が登れるし、白根火山空中ケーブルが殺生から出ているので、お年寄りでもこの壮大な雪の山岳美を見ることができるだろう。

もっとも、お年寄りは湯を楽しみ、若い人々はスキーを楽しめば不公平がない。ことに子供づれのスキー・ドライブはまことに楽しい。(略)(28)

このほか記事には、雪道を運転するときの注意点などの実用的な記述もあって、マイカーが普及途上であった時代をうかがわせる。「渋線道路」とある志賀高原に至る志賀草津高原ルートの全線開通は一九六五年八月、舗

図46　天狗山スキー場
（出典：前掲『国立公園草津高原』）

装されたのは七〇年である。マイカーを用いた旅行、スキーを楽しむといった新たな旅行スタイルを伝えるものになっている（図46）。

寺内大吉「「湯もみ」で知る草津の魅力」

寺内大吉（一九二一—二〇〇八）の「「湯もみ」で知る草津の魅力」（一九六九年十一月号）は、「大吉和尚潜行記」という連載の十回目の記事である。寺内は冒頭で一八一七年（文化十四年）版の「諸国温泉効能鑑」を取り上げ、草津が東の大関という番付の最上位にあることは今昔の異変だとして、近代相撲から立ち遅れた三流力士という辛口な評価を下している。

たしかに現在でも此処の湯量は日本最大である。湯畑と称する草津町の中央にある噴出口からは一分間に三万五千リットルの熱湯があふれ出る。使用しているのはそのうち十五％だけ。百軒近い旅館が狭い谷間にひしめいて、この豊富な熱湯をもてあましている感じである。

言ってみればこの古風な大関は、近代相撲から立ちおくれて、いたずらに昔の虚名のなかに生きてい

る。スピードのない土俵ぶり、三流力士に甘んじなければならない。（略）
草津の熱湯は万病に効能がある。とりわけ瘡《かさ》毒はここの湯でしか治療し得ない。
日本人はそう信じこんできた。（略）難治の皮膚病患者は押すな押すなと草津へ集まってきたのである。
（略）
ぼくはその朝、この古くして余りにも古い「湯もみ」をやるべく観光協会が経営する〝時間湯〟へ潜行した。（略）
むかしは五ヵ処の時間湯があったそうである。いずれも湯畑から熱湯を引き入れ、湯治専門の場所である。でかい浴槽を四切りにしてある。いちばんぬるいところで摂氏42度、それから47度、51度、最高が67度と高まってゆく。（略）
観光協会のそれは現在完全に見世物化している。毎朝七時からお客を集めて見物させる。もちろん「湯もみ」をするだけで、その浴槽に身を沈める病人はいない。周囲には丹前姿の観光客がチョイナチョイナの拍子につれてあげ板を扱う娘さんたちの浴衣姿に見惚れる。
遊戯化し、音楽化された湯もみと言ってよい。
ぼくが潜行した朝も数十人の見物客が集まっていた。（略）
それにしてでもある。ぼくは周囲の客の表情を注視しないわけにはいかなかった。娘さんたちに合わせて手拍子の一つも打ったらどうなのだろう。酒気が切れた早朝とは言え、見守る観光客たちの顔はそろって暗い。いたましげにもみほぐされてゆく浴槽の湯面を凝視するのだ。
恐らく彼らは幻をえがいているにちがいない。全身をただれさせた病毒者たちの幻を。昔ここの熱湯にかって業病を治したいと必死に歯を喰いしばって熱さに耐えた男女の姿を思いえがいていたにちがいない。
（略）
ここらあたりに名物時間湯に逆に復讐されて、イメージを暗くする観光地、草津温泉の正体がひそむ。

（略）現在でも湯治客は、観光客の一割をしめているそうである。（略）
梅毒と癩病の温泉草津にもその暗いイメージを大転換するチャンスがあった。
ベルツ博士である。この著名なドイツ人の医師は明治九年、日本政府の招きで来日した。（略）
ベルツ博士は草津温泉の豊かな資質に惚れこんだ。（略）
草津は高原の療養所として最適の地である。すぐれた温泉のほかに、日本で最上の乾燥した山気と理想的な飲料水がある。療養と観光、こんな土地がもしヨーロッパにあったら、見事な山岳都市ができあがるだろう。

とまで激賞した。
しばしばベルツはここへやってきて、旧式な時間湯を廃止し、一大療養所を建てることを計画した。病人をその枠内におさめ、健康者たちのために高原都市をつくる青写真もひいた。（略）
まさしくベルツが草津改造について種々建策したとき、なぜ草津は新しい方向へ一歩を踏み出そうとはしなかったのか。
皮肉にも暗い、病毒者のイメージをふんだんに盛りこんだ「草津よいとこ」のメロディが日本全土をおおうたのはベルツ博士が帰国してからしばらくあとである。大正七、八年ごろからだと言われる。
文化年間の温泉大関は、ついに大正、昭和の現代の三流力士になりさがってしまった。昔ながらの瘡毒の地、お医者さまでも草津の湯でも惚れた病いは……と全く古いイメージに惚れぬいてしまった愚者たちの愚行のために、その病を治すことができなかったのである。（略）
高原美を盛りあげた一大交叉点である草津。この豊かな資質を生かし得ずに、いまだに谷底の焦熱地獄で這いまわる現状がある。（略）
いや一部の地元民は、ようやくベルツ博士の素志を継承してイメージチェンジに努力を開始した。草津の名門、中沢家の人々である。

中沢は草津で最も古い素封家である。大阪屋という宿を経営している。代々町の長をつとめている。（略）ついに数百年の殻を破り、谷底から這いだした。中沢ヴレッジというホテル式のものを高原に新築するとともに、数々の開発に手をつけはじめたのである。（略）温泉の良さ、その庶民性を真に味得できるのは日本人だけであろう。

これの保存にも新しい開発とともにエネルギーの多くを注ぎこんで欲しいものである。そして高原都市と温泉場とが、それぞれの良さを生かして、訪れる人の心をなぐさめいやすとき、明日の草津がある。[29]

写真12　湯もみと踊りショーが始まった頃の熱の湯
（提供：草津温泉観光協会）

熱の湯で「湯もみと踊り」の実演をおこなうようになったのは一九六〇年のことだった（写真12）。寺内は、見守る観光客たちの顔はそろって暗く、時間湯に復讐されて、イメージを暗くすると述べている。六八年の中沢ヴィレッジ開業を始まりとし、草津では高原リゾート開発が進んでいくが、旧来のイメージは強く残っていたようだ。

このような「暗いイメージ」というのは、寺内だけでなく、ほかの作家にも共有されていた。虫明亜呂無は「草津のイメージは暗い。僕はこれまで、草津を避けて通った。（略）固定観念が、頭のなかの、どこかに、幼少時以来、こびりついていたからだった。「草津よいとこ、一度はおいで」の歌をきくたびに、僕は子供心に、嫌な気持ちにさせられたことがしばしばだった。淫蕩で、落魄をさそう温泉街特有の濁った、淀んだ影が脳裏に浮かんできた[30]」と述べている。寺内は一九二一年生まれ、虫明は二三年生まれでほぼ同世代である。しかしながら、寺内の十年ほど後に草津に来た虫明は、ベルツの構想した保養

写真13　旧熱の湯の外観（2004年5月撮影）

地を実現しようとしているホテルヴィレッジで過ごすと、「僕は目の当たりに、肌で、呼吸で、草津の爽快さを確認した[31]」と草津に対するイメージを一新している。

赤瀬川原平「草津　理屈はともかく温泉へ行こう」

最後に取り上げるのは、赤瀬川原平の「にっぽん解剖旅行⑩　草津　理屈はともかく温泉へ行こう」（一九九三年二月号）である。赤瀬川は一九三七年生まれで、寺内や虫明と比べて一回り以上若い。掲載された写真をみると、西の河原露天風呂、大滝乃湯の合わせ湯、山本館の内湯に入浴し、草津白根山の湯釜にも行っている。文中では、「洋館風の古い建物」という熱の湯の「湯もみショウ」の描写にページを割いている（写真13）。

> 「まあ、温泉でも行って、のんびりして……」
> 温泉にはこのように「まあ」とか「でも」とか「のんびり」とかいう言葉が必ずついてくる。（略）
> 温泉はどこが良いか。草津よいとこ一度はおいで、というから、草津にした。東京駅から新幹線で高崎。そこから吾妻線で長野原草津口、そこからバスで草津温泉である。すんなりとは行きにくい。しかし現代では、行きにくいところにこそ荒らされていないものがあると予感する。
> （略）
> 高崎駅で、乗換えの二輌編成の電車が来た。乗ったとたんに、タイムマシンじゃないかと思った。電車のベンチシートに坐っているのがいずれも大昔のお爺さんやお婆さんたちだ。（略）いやよく見ると別にふつ

うなんだけど、何というか、どこか地方の駅の店番もいないような骨董屋の奥の棚の、もう何十年と買う人のあらわれない古道具類が、ずるずると引き出されて歩き出して電車に乗っている。みんな草津温泉に向かっている。（略）

これが温泉通いのプロ、というものだろうか。昨今の温泉ブームでひょいとバイクで出かける若者とはまるで違う。（略）温泉に体を漬けるということへの引力が強力な人々である。それを強く感じた。私なんてまだまだ、ほんの冷やかしだ。

そのあとバスに揺られて草津温泉に着いたわけだが、中心地で湯気がもうもうと上がっている。これが湯畑である。草津温泉の源泉のあふれている所で、（略）そこに板張りの浅い湯槽みたいなのがたくさん段々畑みたいに並んでいる。そこをお湯が湯気を上げながら順番に流れている。そこで湯の花を採取しているのだ。（略）

その湯畑のそばに熱の湯という洋館風の古い建物がある。そこは旅館ではなくて「湯もみショウ」というのをやるところだ。（略）

切符を買って入ってみた。広い板の間があり、その中央に大きな浴槽が掘られてある。その板の間の三方をぐるりと客席が囲み、正面にステージがある。二階席もあって、いずれもちゃんと見やすいように階段式の椅子になっていて、それが全席満席である。（略）

「それでは、これから……」

みたいなアナウンスがあって、お姐さん方がステージからぞろぞろ出てきた。（略）ステージのお囃子方が前奏をはじめて、それに合わせて全員が合唱をはじめる。例の、

〽草津よいとこ一度は……

の歌である。それを歌いながら、全員が歌に合わせて手にした板を右に左にぱたんぱたんと返す。板の先がお湯の中で動き回るから、浴槽のお湯が波立ちはじめる。

写真14　熱乃湯の湯もみ体験（2017年5月撮影）

これがすなわち湯もみである。

全員の手は休みなく動きながら、お湯の表面は休みなく波立ちながら、草津節の歌は一番から五番までマジメに進む。満員の観客はそれをじーっと見ている。何かあっけにとられているような感じである。（略）

そのあと、これだけでは何だからという感じで、ステージ上では民謡と踊りが始まる。（略）

私はまたあっけにとられた。あまりの当たり前さに、意表をつかれた。アナウンスがあって、歌と踊り。アナウンスがあって、歌と踊り。そっけないといえばそっけないけど、たしかにそれでいいのだ。（略）歌と踊りだけ真剣にやって、それ以外の無駄な迎合が何もない。（略）

アナウンスがあり、こんどは観客からも湯もみ体験者を募る。客席がざわざわして、そんなの誰も出ないと思っていたら、ぞくぞくと出てくる。（略）

終わるとそれぞれに、湯もみ体験の賞状と賞品が送られる。みんなそれを貰って大喜びしている。温泉だなぁと思った。（略）ここではそんなあくせくした神経が蒸発して、堂々と間延びしている。（略）草津温泉に日が落ちて夕暮れである。のんびり、湯気と理屈の蒸発している町に、カラン、コロンと鐘が鳴った。（略）よく聴くと、

〽草津よいとこ一度はおいで……、

と鳴っている。あのメロディだ。それを教会の鐘の音で……。

私は思わず頬がゆるみましたね。どんどんゆるんできてしょうがない。ああやっぱり、何というか、ここは草津温泉なんですよ。(32)

赤瀬川がみた「湯もみと踊りショー」は、建て替えられた熱乃湯でいまもおこなわれている。湯もみの実演や踊り、観客の湯もみ体験といった内容も同じで、「無駄な迎合」もなく、毎日公演されている（写真14）。赤瀬川は寺内や虫明とは異なり、「草津よいとこ」のメロディーに「病人専用のイメージ」「暗いイメージ」をもっていない。背景には、第二次世界大戦後、梅毒などの治療法の確立とともに、病気療養を目的とする湯治客が激減したことがある。「草津節」は「のんびり、湯気と理屈の蒸発している町」というイメージと結び付いている。

ちなみに、草津節は、草津町に入る国道二百九十二号線のメロディーラインでも使われている。これは、道路に溝を作り、その上を制限速度で走ると、走行音がメロディーに聞こえるように設計したものである。

「旅」は二〇〇四年五月、出版元を新潮社として再開したが、それも一二年に休刊した。「旅」は、旅行のテーマを設定し、情報を選別・序列化し、旅行の指導的役割を担ってきた。(33) しかし、宿泊施設や交通機関などの旅行情報の収集や旅行者の意見交換、さらにバーチャルな旅行体験は、インターネットの普及とともに、ネット上で容易におこなうことができるようになっている。紀行文は、読者を想像上の旅行へと誘う。その時代の紀行文を読むことで、過去へと旅ができる。さまざまな発見があって楽しいが、こうした素材は、今後どのような媒体に記録されていくのだろうか。

注

（1）関戸明子『近代ツーリズムと温泉』（叢書・地球発見）、ナカニシヤ出版、二〇〇七年、四六ページ

（2）同書一七七ページ

（3）前掲、佐藤曾平『草津町史』五一ページ
（4）内務省東京衛生試験所編『The mineral springs of Japan』内務省東京衛生試験所、一九一五年、二〇〇ページ
（5）前掲『草津町史』五六―五七ページ
（6）布施廣雄『草津温泉』草津鉱泉取締所、一九二三年、一〇四―一〇五ページ
（7）大槻文彦「上毛温泉遊記」『復軒旅日記』（冨山房百科文庫）、冨山房、一九三八年、二三―二七ページ
（8）田山花袋／中澤弘光『温泉周遊　東の巻』金星堂、一九二二年、四二ページ
（9）関戸明子「紀行文に描かれた近代の草津温泉」「群馬大学教育学部紀要 人文・社会科学編」第六十七巻、群馬大学教育学部、二〇一八年、六五ページ
（10）田山花袋「草津」『一日の行楽』博文館、一九一八年、二七四―二七六ページ
（11）田山花袋『東京近郊　一日の行楽』博文館、一九二三年、四〇四ページ
（12）坪谷水哉「草津入浴記」『山水行脚』博文館、一九一一年、六七―七六ページ
（13）大町桂月『桂月全集』第十二巻、桂月全集刊行会、一九二三年、一〇二―一〇三ページ
（14）大町桂月「草津温泉の二十五日」『関東の山水』博文館、一九〇九年、三四二―三五一ページ
（15）若山牧水「渓ばたの温泉」『静かなる旅を行きつゝ』アルス、一九二一年、一一九―一三〇ページ、「上州草津」同書一三一―一四四ページ
（16）前掲、加藤三郎／山本与四朗「湯之沢区及び栗生楽泉園」八三七ページ
（17）はやし生「草津への旅」「旅」一九二七年四月号、日本旅行協会、七二―七四ページ
（18）吉田団輔「草津温泉」『季節の旅――山・海・温泉』新日本社、一九三七年、一六一―一六四ページ
（19）「観光地今昔――草津」「旅」一九五七年三月号、日本交通公社、八一ページ
（20）「其の後の温泉　草津」「温泉」第十七巻第二号、日本温泉協会、一九四九年、三二―三三ページ
（21）「草津温泉　温泉高原リゾートを目指して」「月刊観光」一九八六年四月号、日本観光協会、一九―二四ページ
（22）前掲、「湯治場から高原リゾート都市へ」八九―九四ページ
（23）森正人『昭和旅行誌――雑誌『旅』を読む』中央公論新社、二〇一〇年、i―ivページ

(24) 佐藤弘人『はだか随筆』ダイナミックセラーズ出版、二〇〇九年
(25)「鷺の湯」は誤りで「鷺の湯」のことと判断される。
(26) 佐藤弘人「草津温泉」「旅」一九五六年十一月号、日本交通公社、一一一―一一二ページ
(27) 小山和「27　草津から白根湯釜へ」『ドライブガイド全集　第1（関東周辺ドライブコース）』河出書房新社、一九六二年、一三九―一四三ページ
(28) 小山和「草津へのスキー・ドライブ　新しい有料道路を走る」「旅」一九六五年一月号、日本交通公社、一八四―一八五ページ
(29) 寺内大吉「「湯もみ」で知る草津の魅力　病人専用のイメージから脱皮する日本最大の酸性泉」「旅」一九六九年十一月号、日本交通公社、九六―一〇二ページ
(30) 虫明亜呂無「ベルツの夢　草津温泉考」「旅」一九八〇年一月号、日本交通公社、一〇〇ページ
(31) 同誌一〇五ページ
(32) 赤瀬川原平「にっぽん解剖旅行　⑩草津　理屈はともかく温泉へ行こう」「旅」一九九三年二月号、日本交通公社、一六一―一六八ページ
(33) 前掲『昭和旅行誌』二七一ページ

第5章　描かれた草津／写された草津／格付けされた草津

草津温泉は、さまざまな旅するイメージが出合う場所になってきた。本章では、草津温泉という場所がメディアによってどのように表象されてきたのか、あるいはイメージの構築にどのようにはたらきかけてきたのか、読み解いていきたい。素材とするのは、鳥瞰図、写真、ランキングの三つである。このうち、鳥瞰図と古写真については、温泉街の景観をたどるための資料としても活用できる。第2章での共同浴場の変遷や第3章での昭和初期までの温泉街の変容に関する記述を補完することにもなるだろう。

1　描かれた草津

鳥瞰図の構図

鳥瞰図とは、高空のある一点を想起させる視座から、透視図法的な空間の理解に基づき、広範囲の地表を俯瞰したもので、文字注記を施すことによって地誌的な情報を美しく楽しい形で提供する。(1)絵画と地図の中間に位置する鳥瞰図は、科学的測量に基づく地図とは異なり、鳥瞰図ごとに個性を見いだしやすく、当時の社会的背景をふまえながら、図像に込められたメッセージを読み解くことができる。

草津温泉の鳥瞰図は、民間で製作され出版・販売されてきたもので、作成主体としては草津在住者が中心になっている。同じ地域を描いたものとしては出版点数が非常に多い。[2] 十九世紀初期、都市を描いた鳥瞰図が流行するなかで、草津でも温泉街を俯瞰する図が一八二〇年代から刊行されるようになった。前掲の図4は、建物と人物の大きさがまちまちで、両者のバランスも取れておらず、参詣曼荼羅図に類似している。手前に滝に打たれる修行的な場面、背後に人々の病苦を救う薬師如来を本尊とする薬師堂を大きく描いた構図は、宗教的意味合いが強いものになっている。その後、湯畑と薬師堂の図像は時代が新しくなるにつれて小さくなり、周囲の建物との調和が図られていく。鳥瞰図の視点は北東から南西を向き、湯畑の末端にあった打たせ湯を前面に、中央に湯畑、背後に薬師堂や光泉寺、遠景に白根山などの山並みを描く構図が定番になっていた。これが草津らしさを表現するのにふさわしい構図だったためと考えられる。湯畑の北側は高台になっていて、囲山公園からは温泉街を眺めることができた（図47）。

図47　草津温泉の中心部と主要な共同浴場
基図は1988年修正2,500分の1「草津町市街図」
煮川の湯はもとの所在地を示す

　鳥瞰図の伝統的な構図は、明治に入っても継続的に用いられた（図48）。このような構図から脱却して、より高い視点から温泉街の広がりを一望の下に描いたのは一九〇〇年代に入ってからで、一〇年代から二〇年代にかけては「上州草津温泉真景図」（図49）のタイトルのもと、酷似したデザインの鳥瞰図の発行が続いた。図の周囲の別枠に温泉街から離れた場所にある景勝地を掲げる点など、全

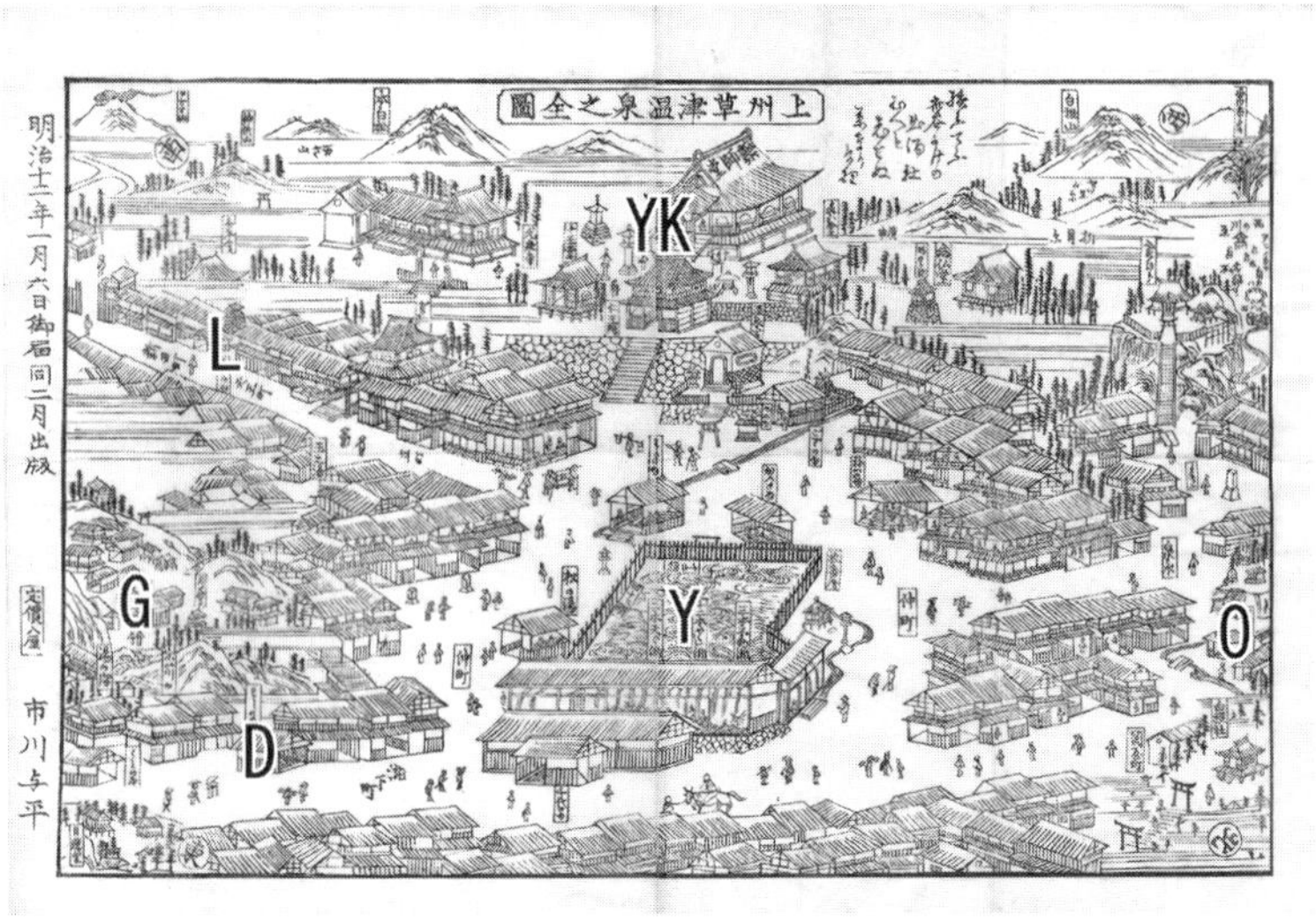

図48　市川与平「上州草津温泉之全図」（表12-No.11、1879年）
Y：湯畑　G：地蔵の湯　O：凪の湯　L：瑠璃の湯　D：鷲の湯　YK：薬師堂／光泉寺

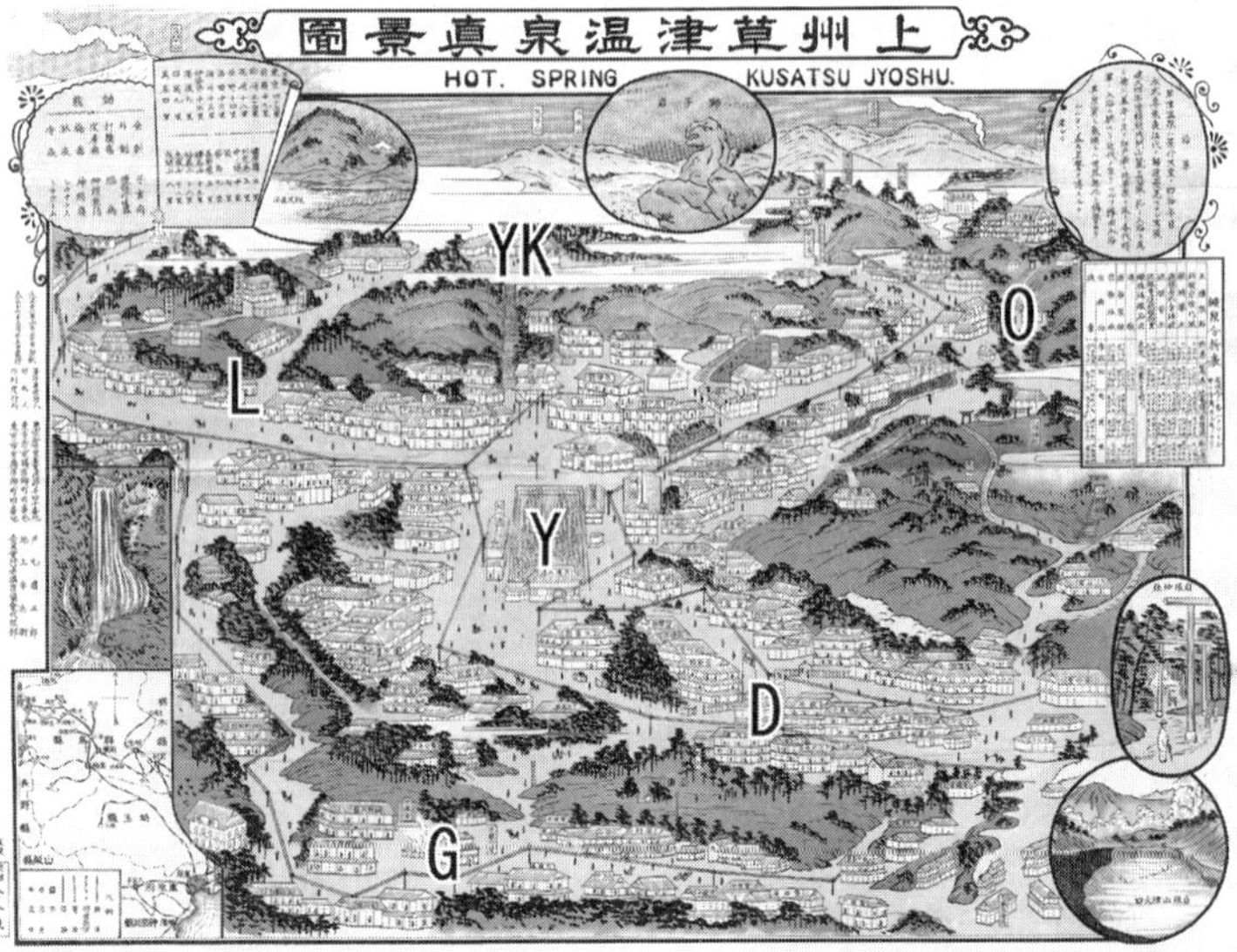

図49　戸丸国三郎「上州草津温泉真景図」（表12-No.43、1922年）
記号は図48と同じ

体のデザインも踏襲性が高い。いずれにせよ、湯畑を中心に置く点は一貫していた。

鳥瞰図に描かれたもの

表12には、鳥瞰図に記載されている特徴的な情報の有無を示した。温泉番付については後述するが、それ独自にも発行されてきたもので、草津は東の大関という最高位に位置していた。そのため、温泉街を描く図絵の大きさを犠牲にしても、番付を掲載する価値があったのだろう。

八景とは、図絵とは別の枠のなかに八つの風景を描く形式をとっているものを示した。No.12では木の葉石と鬼の茶釜、白根山、郷社白根神社、殺生川原、折目原、神供山、常布滝、西の河原、No.29では木の葉石、白根山、殺生川原、折目原、神供山、常布滝、西の河原、石尊山というように、図によって若干の違いがある。折目原、神供山は、明治以降に取り上げられるようになった場所である。その後、No.36―40、No.42―43にも別枠に景勝地の描写があるが（図49を参照）、これらの図では八という数へのこだわりはみられない。

近世以来の名所は、長く描かれ続けた。しかし、名所の数をみると、やや減少傾向にある。鬼の茶釜と鬼の角力場は、一八九七年（明治三十年）から全く示されなくなる。さらに一九〇九年以降になると、木の葉石とゆるぎ石がほとんどみられない。これらの名所が描かれなかったのは、その規模が小さいためだろう。反対に、最も多く描かれているのは西の河原で、前記の四つの名所もそのなかに点在している。西の河原に次いで多いのは、常布の滝である。ただし、No.36以降の図に別枠で描かれたのは嫗仙（翁仙）の滝で、絵はがきの写真もほとんどがこの滝を採用していて、名所の変化の一例となっている（滝の位置は図1を参照）。

草津の特色である共同浴場は、温泉の成分や効能の案内とともに、鳥瞰図に描かれていた。しかし、瑠璃の湯や凪の湯、関の湯のように、当時存在しながらも鳥瞰図に描かれていない共同浴場があった。これは、時間湯であるか否か、湯治客向けか地元住民向けか、規模の大小などを基準に、描くべき浴場の取捨選択がおこなわれていたためと推察される（前掲表1を参照）。

表12　草津温泉鳥瞰図の案内情報と描写内容の変化

No.	名称	発行年		番付	八景	名所	電線	街灯	宿名	乗り物
1	上州草津温泉大図	1810年	文化７年	×	×	8	×	×	×	馬
4	上州草津温泉之図	1825年	文政８年	×	○	8	×	×	×	馬
7	上州草津温泉之図	1853年	嘉永６年	×	×	8	×	×	×	馬
10	上州草津温泉之図	1859年	安政６年	×	×	8	×	×	×	馬
11	上州草津温泉之全図	1879年	明治12年	×	×	7	×	×	×	馬
12	上州草津温泉図并八景	1879年	明治12年	×	○	6	×	×	×	－
13	上州草津温泉之略図	1880年	明治13年	×	×	7	×	×	×	駕籠・人力車
14	上州草津温泉之全図	1881年	明治14年	×	×	5	×	×	×	駕籠
17	草津鉱泉場之図	1885年	明治18年	×	×	2	×	×	×	駕籠・人力車
18	上州草津温泉之全図	1887年	明治20年	×	×	5	×	×	×	－
19	上州草津鉱泉全図	1887年	明治20年	○	×	3	×	×	×	人力車
20	草津鉱泉場之図	1888年	明治21年	×	×	2	×	×	×	駕籠・人力車
22	上州草津鉱泉全図	1889年	明治22年	×	×	4	×	×	×	人力車
23	上州草津温泉図	1890年	明治23年	○	○	7	×	×	×	馬・人力車
24	上州草津温泉図	1891年	明治24年	○	○	6	×	×	×	人力車
26	上州草津温泉図	1892年	明治25年	○	○	7	×	×	×	馬・人力車
27	上州草津鉱泉全図	1893年	明治26年	○	×	5	×	×	×	人力車
29	上州草津温泉図	1896年	明治29年	○	○	7	×	×	×	馬・人力車
31	上州草津温泉場真図	1897年	明治30年	×	×	3	○	○	×	駕籠・人力車
33	上州草津温泉場略図	1903年	明治36年	×	×	5	○	○	○	馬・人力車
34	上州草津温泉場略図	1905年	明治38年	×	×	5	○	○	○	馬車
35	上州草津温泉略図	1908年	明治41年	○	×	4	○	×	×	人力車
36	上州草津温泉真景図	1909年	明治42年	×	×	2	×	○	○	馬・人力車
37	上州草津温泉真景図	1914年	大正３年	×	×	1	○	○	○	馬・人力車
38	上州草津温泉真景図	1914年	大正３年	×	×	3	×	×	○	馬車・人力車
39	上州草津温泉真景図	1916年	大正５年	×	×	1	○	○	○	人力車
40	上州草津温泉真景図	1917年	大正６年	×	×	1	○	○	○	自動車・人力車
41	上州草津温泉真景図	1920年	大正９年	×	×	3	○	×	○	自動車・馬車・馬・人力車
42	上州草津温泉真景図	1920年	大正９年	×	×	1	○	○	○	自動車・馬・人力車
43	上州草津温泉真景図	1922年	大正11年	×	×	1	○	○	○	自動車・自転車・馬・人力車
44	上州草津温泉案内図	1926年	大正15年	×	×	2	○	○	○	馬・人力車
45	上州草津温泉真図	1932年	昭和７年	×	×	5	×	○	○	自動車
46	上州草津温泉鳥瞰図	1938年	昭和13年	×	×	5	×	○	○	自動車

図番号は前掲「鳥瞰図にみる近代」による
名所とは近世以来の「常布の滝、氷谷、殺生河原、西の河原、鬼の茶釜、鬼の角力場、木の葉石、ゆるぎ石」のうち、いくつ示されているかを数えた

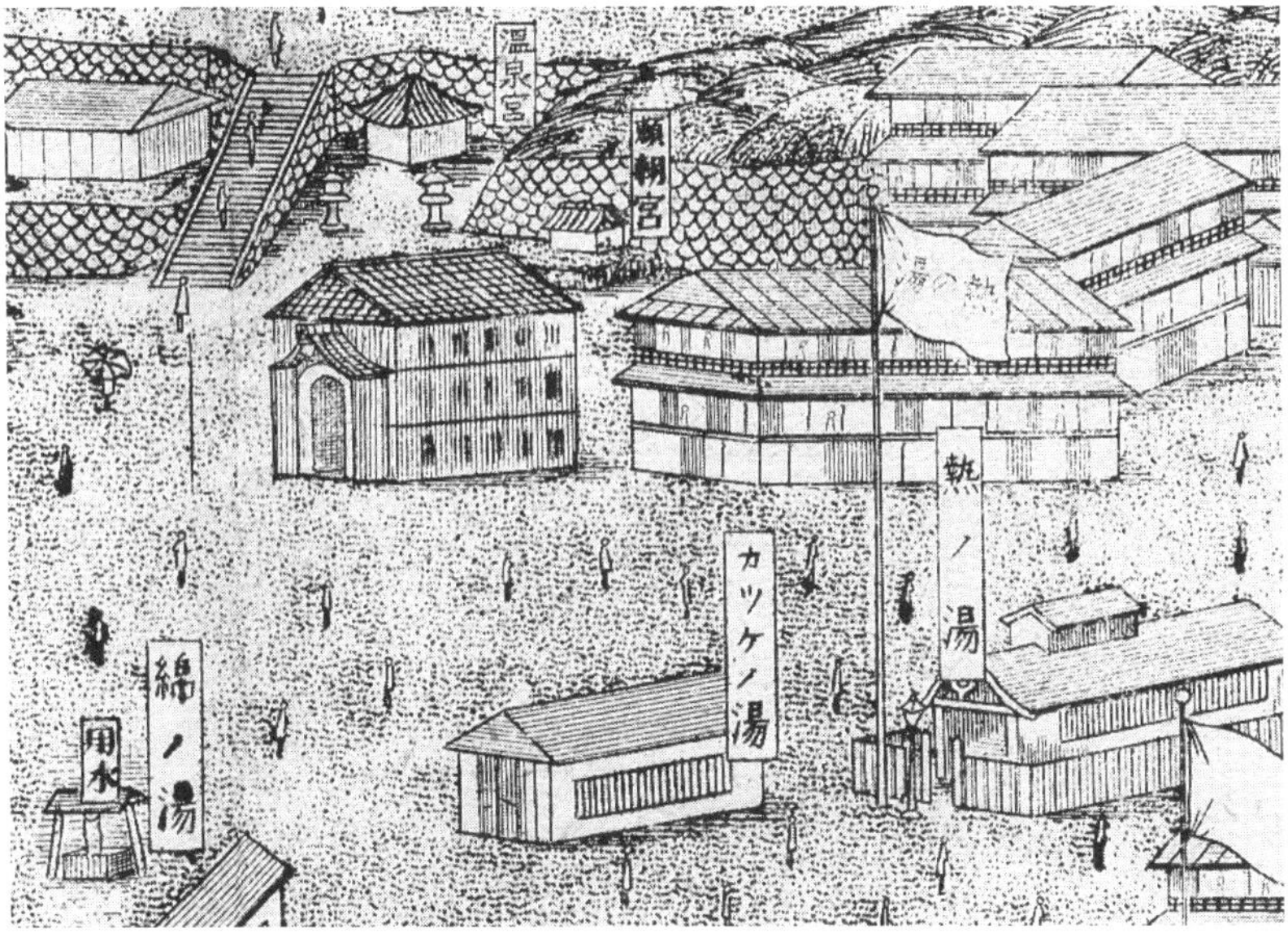

図50　御座の湯から白旗の湯への変化
上：松田敦朝「草津鉱泉場之図」部分、表12-No.17、1885年
下：阿部善吉「草津鉱泉場之図」部分、表12-No.20、1888年

一八八七年（明治二十年）に、湯之沢をハンセン病患者専用の療養地区とする施策がおこなわれた。そこで患者たちが入浴していた御座の湯が湯之沢に移設され、その跡に新築された浴場を白旗の湯と命名した。八五年のNo.17で御座の湯があった場所には、八八年のNo.20では、頼朝宮の左下に文字注記を欠くものの新たな建物が描かれている（図50）。鳥瞰図での描写は、御座の湯から白旗の湯への変化を正確に反映していることがわかる。ただし、実際の浴場はこの図にあるような三階建てではなかったので、建築前に仮想の建物を加筆したと思われる。なお、この図からは、外から内部が見えていた熱の湯と脚気の湯が壁で仕切られた造りへと変化していることも読み取れる。

図中の文字注記は、共同浴場、名所、寺社、町名などに限られていたが、のちに旅館や商店などにも付されるようになった。一般の住戸にはみられず、あくまで旅行客に向けての案内が主題になっていたといえる。文字注記が建物に網羅的に付されるようになるのは一九〇〇年代に入ってからであり、湯治場から観光地へと次第に変容を始めた時期と対応している。初期の例として、〇五年のNo.34を取り上げたい（図51）。

全体の構図は湯畑を中心とする定番のかたちになっている。ただし、図の左下に湯之沢地区を置いたためか、本来は湯畑から左下に延びて地蔵町と隣接するはずの滝下町が右下にあって、泉水通と同じ方向にある。また、当時あった浴場では、凪の湯と瑠璃の湯が見当たらないが、ほぼ網羅的に記載されている。

下の部分図をみると、旅館の建物は二階もしくは三階建てになっていて、付箋のように縦書きの文字注記があるものと、横書きで屋根に貼り付けられているものがあることがわかる。また白紙になっている箇所も多く、それだけ経営者の流動性が高かったことをうかがわせる。本図は編輯兼発行所が山田治衛門（東京）、編集人が一田屋常吉（草津）となっている。「立町」の文字の下に「一田屋常吉」とみえるのが編集人である。一田屋の経営者・宮崎常吉は、一九〇四年の『群馬県営業便覧』では、温泉宿屋・物品販売とされていて、土産物として鳥瞰図を販売していたと考えられる。

この図に付された文字注記と一九一一年の旅館一覧（前掲表6）を対照して記号を付した。明治初期にも最も

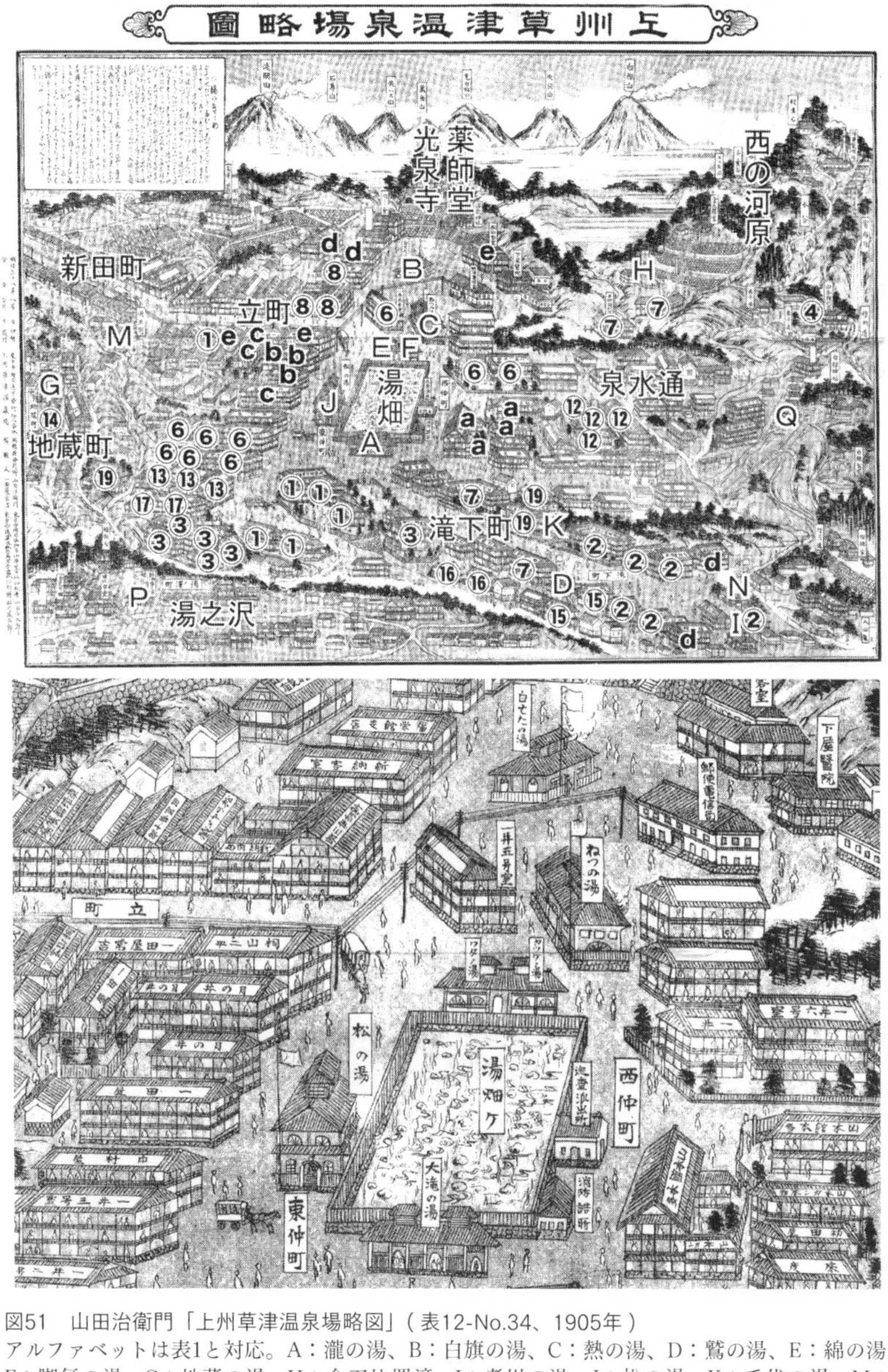

図51　山田治衛門「上州草津温泉場略図」（表12-No.34、1905年）
アルファベットは表1と対応。A：瀧の湯、B：白旗の湯、C：熱の湯、D：鷺の湯、E：綿の湯、F：脚気の湯、G：地蔵の湯、H：金刀比羅滝、I：煮川の湯、J：松の湯、K：千代の湯、M：玉の湯、N：富の湯、P：新御座の湯、Q：関の湯
丸数字は表6と対応。a：山本館本多、b：月の井、c：一田屋、d：福栄館、e：桐山二平

大きかった山本十一郎家は明治半ばまでに没落し、『群馬県営業便覧』では合名会社山本館となっていた。山本館の建物と敷地は三人（小林豊吉、黒岩誠一郎、市川久三郎）に分割されることになった[3]が、この図では、山本館本多（a）と山本館小林豊吉（⑫、のちの奈良屋）と記されている。前者（a）が山本館本店と桐山館となる。数多くの建物を有するのは、大東館①、大坂屋②、望雲館③、一井館⑥、日新館⑦で、いずれも一等旅館だった。一井は湯畑右上の現在地よりも、その反対側の場所に多くの建物を有している。表6の旅館一覧との関係では、月の井（b）と一田屋（c）は四等、桐山二平（e）は五等に位置づけられていて、福栄館（d）が見当たらない。

一九〇五年の鳥瞰図では複数の棟をもちながらも四等以下になったのは、六十棟が焼失した大火の影響と考えられる。〇八年五月、立町から出火し、新納⑧（のちの七星館）、桐山二平（のちの萩原）、月の井、一田屋、一井などが焼失して仲町の目抜きの場所が灰と化したが、望雲館は免れ、白旗の湯も焦げて焼け残った[4]。ちょうどこの区域が全焼した場所となったため、変動があったと推察される。

湯之沢地区の描写の変化

図51の左下の別枠には、ハンセン病の療養地区とされた湯之沢が大きく描かれている。ここでは排除されていないことに注目したい。若山牧水の紀行文にあったように、湯之沢地区は滝下町を湯川に沿って下った先にあった（前掲図21を参照）。湯之沢の地名は一八二五年（文政八年）の「上州草津温泉之図」（表12、№４）以来、湯川が流下していく街外れに記載されていて、明治期に入っても継承されていた。

湯畑の傍にあった御座の湯はハンセン病に特効ありと信じられていたため、この地区に移設されて新御座の湯となった。図52にあるように、「湯ノ澤」の地名がある周辺には、新御座の湯、白寿の湯のほか、源頼朝を祀ったヨリトモ宮もあり、簡略な家並みが描かれている。このように、鳥瞰図には、いち早く新たな情報を組み込んでいることがわかる。

一九一五年（大正四年）に草津を視察したコンウォール・リー（一八五七―一九四一）は、翌年から移り住み、ハンセン病患者の救済事業を進め、聖バルナバ教会や医院、ホームなどの諸施設を湯之沢に開設していった。[5] 湯之沢の人口は三〇年には八百三人を数え、[6] 草津町の総人口の一九パーセントを占めるほどで、自治組織をもち、町会議員も輩出していた。[7]

一九〇七年（明治四十年）に「癩予防ニ関スル件」が公布され、この法律によって、救護者がいない患者を収容するための療養所を設置することなどが定められた。こうしたなかで群馬県は、湯之沢の移転計画が容易に実現しなかった理由として、居住者が所有する土地・建物の買収に多額の経費を要すること、コンウォール・リーが創設した医院やホームが患者からの信頼が厚く支障になったことを挙げている。[8]

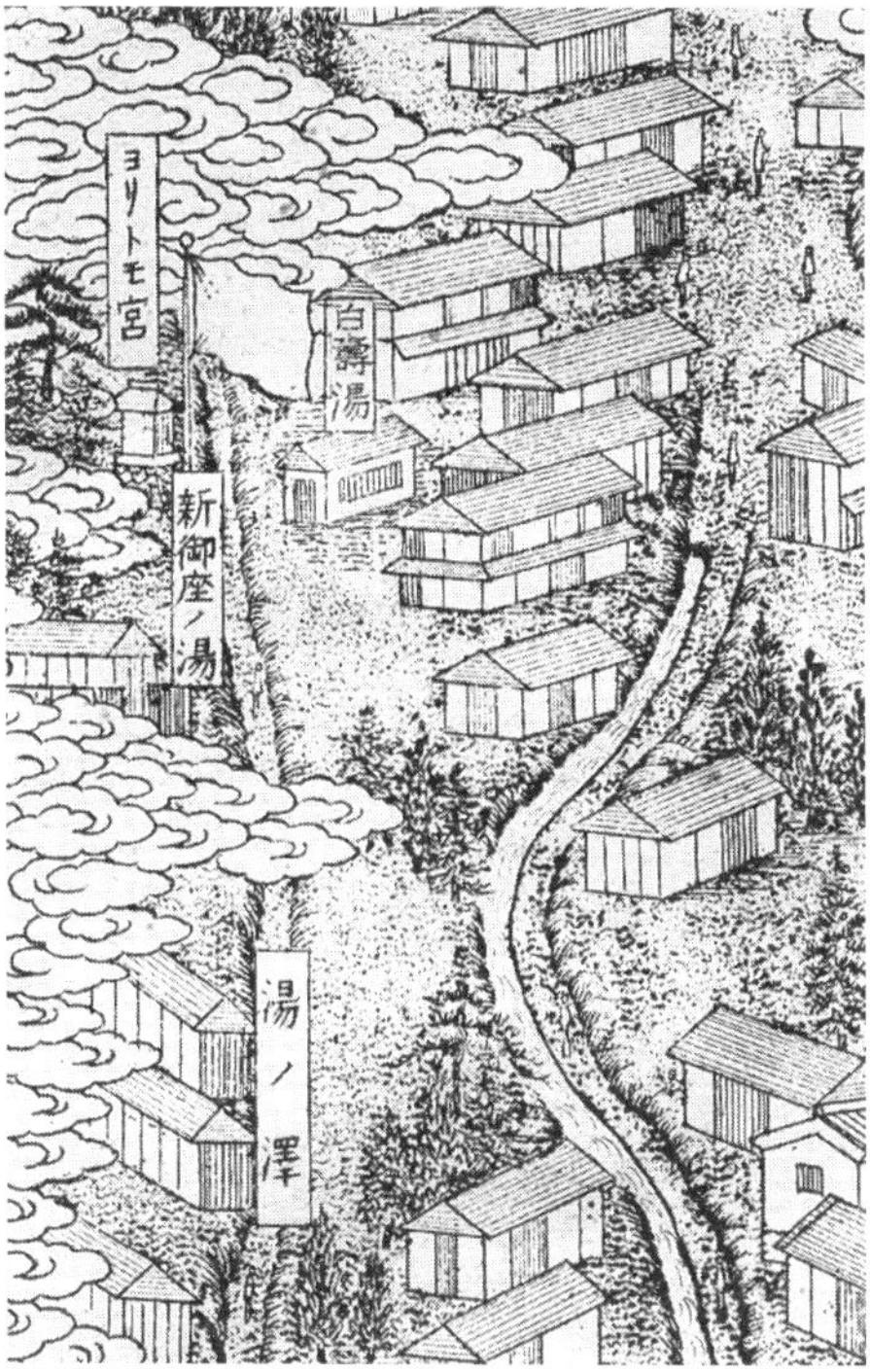

図52　湯之沢地区の描写
（出典：阿部善吉「草津鉱泉場之図」部分、1888年、表12-No.20）

このように湯之沢地区は、草津町のなかでも大きな部分を占めていたが、一九一四年（大正三年）以降の鳥瞰図では、図の右下隅に「湯ノ沢町」の文字注記があるだけで、表13に示したように、共同浴場や聖バルナバ医院などは示されていない。例外は、№.39、40、42、43に「耶蘇教会場」という注記が付されていることである。湯之沢地区の解散式がおこなわれたのは四一年だったが、二二年の№.43以降は地名の記載さえもなくなる。ハンセン病に対するいわれのない差別や偏見の高まりによって、湯之沢地区は描かれなくなり、排除されたといえるだろう。№.46には三二年創設の国立療養所栗生楽泉園へ向かう道に「楽泉園入口」「楽泉園ニ至ル」とある。

表13　鳥瞰図での湯之沢地区の記載の有無

No	名称	発行年		湯之沢	白寿	新御座
17	草津鉱泉場之図	1885年	明治18年	○	○	
19	上州草津鉱泉全図	1887年	明治20年	○	○	
20	草津鉱泉場之図	1888年	明治21年	○	○	○
22	上州草津鉱泉全図	1889年	明治22年	○	○	○
23	上州草津温泉図	1890年	明治23年	○		○
25	草津鉱泉場之図	1891年	明治24年	○	○	○
26	上州草津温泉図	1892年	明治25年	○		○
27	上州草津鉱泉全図	1893年	明治26年	○	○	○
28	上州草津温泉図	1893年	明治26年	○		○
30	上州草津温泉全図	1896年	明治29年	○	○	○
31	上州草津温泉場真図	1897年	明治30年	◎	○	○
32	上州草津温泉全図	1898年	明治31年	○	○	○
33	上州草津温泉場略図	1903年	明治36年	◎		○
34	上州草津温泉場略図	1905年	明治38年	◎		○
35	上州草津温泉略図	1908年	明治41年	◎		
36	上州草津温泉真景図	1909年	明治42年			
37	上州草津温泉真景図	1914年	大正３年	◎		
38	上州草津温泉真景図	1914年	大正３年			
39	上州草津温泉真景図	1916年	大正５年	◎		
40	上州草津温泉真景図	1917年	大正６年	◎		
41	上州草津温泉真景図	1920年	大正９年			
42	上州草津温泉真景図	1920年	大正９年	◎		
43	上州草津温泉真景図	1922年	大正11年			
44	上州草津温泉案内図	1926年	大正15年			
45	上州草津温泉真図	1932年	昭和７年			
46	上州草津温泉鳥瞰図	1938年	昭和13年	「楽泉園入口」「楽泉園ニ至ル」		

図番号は前掲「鳥瞰図にみる近代」による
◎は「湯ノ沢町」と「町」の表記があるもの
アミをかけたNo.33-35は図の左下の別枠に詳しい家並みの描写がある

近代化を象徴する図像

電線と街灯の描写は、一八九七年（明治三十年）のNo.31が初出である（表12を参照）。草津で電信の取り扱いが開始されたのは九七年で、近代化を象徴する図像として瞬時に取り込まれたのである。一九〇八年のNo.35までは、郵便電信局から立町を経由して東京方面へ一本の電線が延びている（前掲図51を参照）。一四年（大正三年）のNo.37からは、温泉街を巡る電線網となる。一〇年（明治四十三年）に加入者二十四台で電話の架設が始まったので、そのネットワークを描いたと考えられる。草津に電灯がついたのは、草津水力電気が開業した一九年のことだった。今日、電線は景観を阻害する要因として扱われることが多いが、この時期の鳥瞰図は、電信・電話や電灯を表す画像を近代化のシンボルとして積極的に書き込んで、広告しようとしたのだろう（図53）。

鳥瞰図では、交通案内の情報は詳しくない。ただし、図絵のなかには、乗り物を利用した人々の姿をみつけることができる。鉄道と自動車が導入される以前には、馬がおもな移動手段だった。明治・大正期には人力車も繰り返し描かれている。中之条―草津間を結ぶ馬車の成立は一八九七年（明治三十年）頃だったが、馬車の図像はわずかしか認められない。一方で、自動車は一九一七年（大正六年）のNo.40以降は数多く描かれる図像になる。草津で自動車業が試みられたのは一一年頃で、市川善三郎が中心となって一井旅館内に仮営業所を置き、渋川―草津間の直行運転を始めた。この頃は前橋や高崎でも自動車をみるのはまれで、初めて来るときには沿道の村民は待ち構えて見物した。乗客は十分あったものの、道路が不完全でしばしば故障があり、採算が取れずに一年で休業にいたった。[9] 一九年に草津軽便鉄道・嬬恋駅が開業したことによって、嬬恋―草津間の自動車営業が活況を呈した。自動車の図像は、草津への移動手段の変革を示したもので、三〇年代の図では、自動車だけが描かれている。

図53に示したNo.41には、さまざまな乗り物が描かれている。この図の画作兼発行人は、草津町に隣接する長野原町の萩原秋水（太一郎）である。萩原は草津鉱泉取締所が発行した『草津温泉』の著者で、この案内書は一九〇八年（明治四十一年）の初版から二六年（大正十五年）の第六版まで版を重ねた。第五版の序によれば、初版のときは温泉取締所の書記長を務め、のちに草津馬車合資会社や旅館・七星館の社長を歴任したことがわかる。同書は長く流通し、草津の歴史叙述にも影響を与えた。[10] No.36以降、酷似した鳥瞰図の出版が続くなかで、周囲にはスキー競技の光景、一井辰巳館、行基菩薩開基の紀年塔（前掲写真3を参照）など八枚の写真を配置していて、

図53　電線網・人力車・馬車・自動車の図像
(出典：萩原秋水「上州草津温泉真景図」部分、1920年、表12-No.41)

図54　松井天山「上州草津温泉鳥瞰図」1938年、表12-No.46
Y：湯畑　G：地蔵湯　O：凪の湯　L：瑠璃の湯　D：鷲の湯　YK：薬師堂／光泉寺
凪の湯は描かれていないが、位置を示した

草津のことをよく知る著者だけに独自性をもった図になっている。湯畑脇の「きり山」は坂に立つため、手前は四階、向こう側は三階になっているようにみえる。その上の「一井辰巳館」は洋風の要素を大きく取り入れていて、三階建ての前面に連続するアーチをつけ、木部を白ペンキ塗りとした外観を特徴としていた。図にもアーチが描かれている。左下の図に、萩原の関係した馬車会社がみえるのは、さりげない主張といえるだろうか。

このように鳥瞰図は、電信・電話・電気や自動車の導入といった近代化を象徴するイベントがあれば、そうした図像を書き込むことで、新たな情報をみる者に伝えてきたのである。

松井天山の鳥瞰図

最後に一九三八年（昭和十三年）発行の「上州草津温泉鳥瞰図」を取り上げたい（図54）。作者の松井天山は、千葉県内の都市をはじめとして六十点あまりの鳥瞰図を描いている。中西僚太郎は、「千葉市街鳥瞰」を事例に、商工案内を目的として縦長の「貼札」によって名称を記していること、簡略化しながらも写実性を保って建物を描いていることを指摘しているが、[11]草津の鳥瞰図も同様の特徴をもつ。ただし、草津の場合、商工案内だけでなく観光案内の要素が加わっている。

この図は、市街地の道路配置が明確であり、草津電気鉄道の草津温泉駅、別荘の分譲地、夜間スキー場、運動茶屋、囲山公園、西の河原、殺生河原、常布の滝なども、温泉街との平面的な位置関係がわかるように描いている。部分図を示した殺生河原では、獅子岩・猫石・走り大黒・月見の虎といった溶岩が作り出した奇岩、さらに武具脱《もののぐ》の池、氷谷とさまざまな見どころを描いている。また西の河原には「大医ベルツ先生碑」と文字注記があり、一九三五年（昭和十年）に建てられたベルツの記念碑が案内されている。

松井天山の鳥瞰図は、共同浴場の案内を欠かすことはないものの、療養地としての草津というよりは、自然に恵まれた観光地、避暑地やスキー場、別荘地としての草津を強調している。

2 写された草津

絵はがきの見方

まずは名所絵はがきとして印刷された風景写真を取り上げたい。絵はがきの消費量が劇的に増えたのは、一九〇四年（明治三十七年）の日露戦争以降で、その大きな理由は軍事郵便と記念絵はがきの発行にある。[12]絵はがきにはタイトルの記載があることがほとんどで、写真の主題や場所を把握しやすい。他方で、図書・雑誌のような書誌情報がなく、年代を特定しがたいという問題がある。郵便として使われた絵はがきで消印が読み取れるものであれば、使用時期が特定できる。そうでない場合、発行時期を特定する手がかりとして、①私製はがきが認可された一九〇〇年（明治三十三年）、②宛名面の三分の一が通信文に使用可能になった〇七年（明治四十年）、③宛名面の二分の一が通信文に使用可能になった一八年（大正七年）、④宛名面上部に記載の「郵便はかき」と濁点が加わった三三年（昭和八年）という四つの画期があげられる（図55）。そして⑤第二次世界大戦後には「郵便はがき」の記載が左横書きになる。[13]ただし、この手がかりは、発行時期を見分けるもので、写真の撮影時期を示すものではない。同じ写真がのちにも繰り返し利用されることがあるため、注意が必要である。[14]

なお、本書で扱う絵はがきにはⅰ期の書式はない。

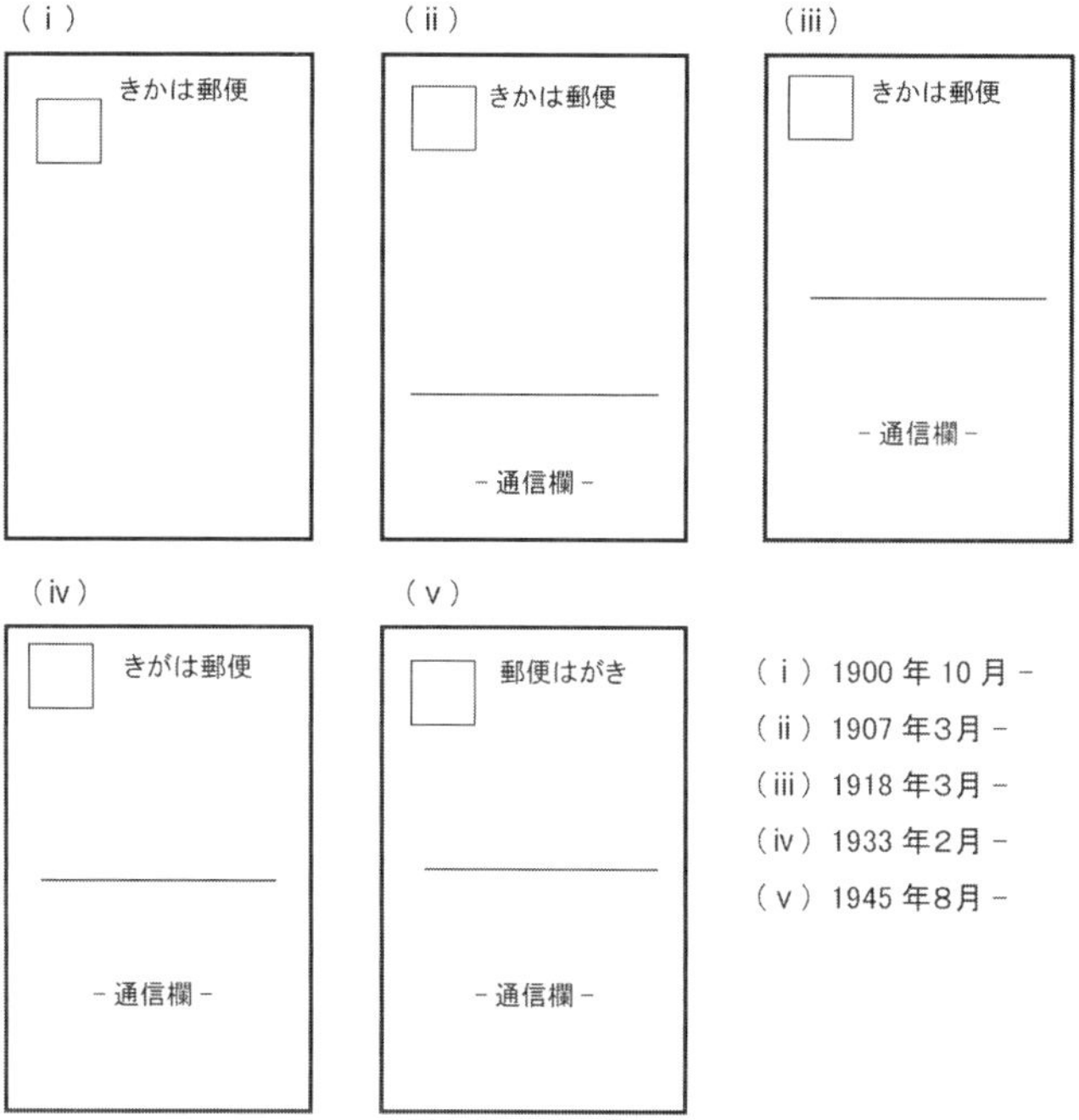

図55　絵はがきの宛名面の書式の変遷

撮影された場所

個々の絵はがきの写真の分析に入る前に、草津温泉を象徴する場所として、どの風景が選ばれているのかをみておきたい。複数の写真を集成した写真帳は、その格好の素材である。表14には、ほぼ同時期に出版された二冊の写真帳の内容構成を示した。浅間山、温泉街、時間湯、湯畑、白根山噴火口、西の河原などの写真が共通した題材になっていて、独特の入浴法である時間湯も、草津を語るうえで欠かせない画像として取り上げられている。全体としては、温泉街よりも白根山などの景勝地の写真が多くなっている。戸丸国三郎『草津温泉名勝写真帖』には、写真に添えて

表14　写真帳に収録された名所の一覧

富沢仙次郎編『上州草津温泉写真帖』（1913年）
○　浅間山ノ遠望
○　草津市街
○　時間湯ノ内部（1）
○　時間湯ノ内部（2）
○　時間湯ノ内部（3）
薬師堂ヨリ囲山公園ヲ望ム ○　湯花採取所（通称湯畑）
○　白根山頂ノ旧噴火坑
○　常布滝 鸊鷉岩
○　雨ノ西ノ河原
殺生山 ○　獅子巌
草津沿道証判ノ清流
○　小蓋ノ池浮島 ○　翁仙瀑

戸丸国三郎『草津温泉名勝写真帖』（1914年）
○　浅間山ノ噴煙
○　草津温泉市街：囲山公園白根神社ヨリ望ム（北ヨリ） 薬師堂境内ヨリ望ム（南ヨリ） 日蓮堂境内ヨリ望ム（東ヨリ）
○　湯畑（湯花採取所）
重ナル時間湯（白旗ノ湯、鷲ノ湯、地蔵ノ湯、熱ノ湯、松ノ湯）
○　時間湯ノ内部（1）（攪拌）
○　時間湯ノ内部（2）（灌注）
○　時間湯ノ内部（3）（入浴）
白根神社、薬師堂、日蓮堂
○　賽ノ河原 氷谷
○　翁仙ノ滝
○　獅子岩 ○　小蓋ノ池
○　常布ノ滝 毒水 蘆ヶ平ヨリ白根山ヲ望ム
○　白根山噴火口

タイトルは原典の表記による
○は共通の題材の写真があるもの
罫線で囲った範囲が１ページに相当

次のような案内文がある（要約）。

「翁仙（媼仙）の滝は、夏なお寒く涼風が起こるところ、白い布が懸かるのを見る、高さ二百尺（約六十一メートル）、左右の岩壁をはう十数条の支流がこれに添えている、終日見ていても飽きない。

　常布の滝は、蟻の戸渡りの絶壁を進むと、耳に遠雷が響く、右手を仰げば大きな白い布が懸かるのをみる、滝の高さは百五十尺（約四十五メートル）。

　獅子岩は、殺生河原にあって、白根山の溶岩でできた奇観である、この付近は硫気が多くて鳥獣の棲息を許さないので、殺生河原の名がある。

　小蓋の池は、芳ヶ平の茶屋から西に一丁（約百九メートル）にあって、二個の浮島がある、人がこれに乗って棹をさせば、池の中を遊行することができる」

　小蓋の池にある浮島に人々が乗って

いる写真は絵はがきにも使われている。ちなみに、小蓋の池は湿原となり笹原に変わって現存していない。

このような風景への関心は、田山花袋『南船北馬』（一八九九年）、小島烏水『日本山水論』（一九〇五年）、大町桂月『関東の山水』（一九〇九年）、坪谷水哉『山水行脚』（一九一一年）など紀行文が相次いで出版され、山水の美をたたえたこととつながっている。大正期には、田山や大町など多くの旅行家が全国の山水を探り、新しい風景を発見していき、山水ブームが起きた。こうして発見された山水に続々と都会から旅人が訪れるようになった。[15]個人的な写真撮影が困難だった時代、写真帳や絵はがきは、土産話として風景の美しさを伝える重要なメディアだった。

絵はがきは、袋入りのセットで販売されているものが多い。そこで表15には、セットの名称とそれぞれの絵はがきの題材を示した。例えば、セットCには、「草津温泉全景」「草津温泉時間湯（其一）」「草津温泉時間湯（其二）」「草津温泉時間湯（其三）」「西ノ河原」「白根神社」「翁仙ノ滝」「殺生河原ノ獅子岩」「運動茶屋ヨリ浅間山ヲ望ム」の九枚が収められている。このほか、湯畑や白根山噴火口の写真がセットに入る場合もあるが、温泉街、時間湯、周辺の景勝地という基本的な組み合わせは、すべてのセットで保たれている。これは写真帳とも共通している。また、セットKには一九四二年（昭和十七年）四月三十日宿泊記念のスタンプがある。この時期になると、以前にはなかった浅間山の鬼押出しや吾妻渓谷といった周遊観光地が含まれることに注目したい。伝統的な湯治場としての役割を残しながらも、一般の旅行客も多く迎える観光地へと変容しつつあったため、周遊地の写真も絵はがきのセットに組み込まれるようになったのだろう。

なお、表に示したセットは、古書店から袋付きで入手したもので、旅先で使用した絵はがきがあれば、その分は欠落していることになる。温泉街の全景、湯畑、時間湯の湯もみ・かぶり湯・入浴の三枚組みの一つを欠くものなどが、そうした事例と考えられる。

湯畑周辺の景観

では、絵はがきの風景写真から歴史的景観の変遷をみていこう。草津の温泉街を撮影するときの構図は、南西から湯畑をクローズアップしたもの（a）と、白根神社の位置する囲山公園から北東方向の湯畑周辺を見下ろした眺め（b）が定番になっている。その位置関係を図56に示した。まず、湯畑を撮影した写真から検討したい。多くの絵はがきを比較した結果、時系列の変化をたどることができる八枚を図57に示した。

G	H	I	J	K
上州名勝 草津温泉	草津温泉 名所	浅間・白根 高原 草津名勝	草津温泉の 印象	霊泉と風光 の楽郷 草津の展望
○	○	○		
1		1	1	1
○		○	○	
△	○	△	○	○
△	○			○
△	○	○	○	○
△	△	△		△
	△			△
△	○	○	○	
△	*			○
			○	○
	○			
		△		
			○	
	祖師堂	△ゆるぎ石		＊＊
iii	iv	iv	iv	iv

の鬼押出し、吾妻渓谷の４枚

①の中央に広がるのが湯畑で、温泉を流して湯ノ花を沈殿させ、それを採取するための湯樋十数本が架けられている。南側には綿の湯があったが、「吾妻郡草津町郷土誌」が作成された一九一〇年（明治四十三年）までに撤去されたと考えられる。その奥に瀧の湯（T）の屋根、右手に松の湯（M）、左手に「きり山」の看板がかかる桐山（K）がみえる。湯畑の外周はブロックと木柵で囲われている。左手前には広告塔が立っているが、これは、一三年（大正二年）刊『上州草津温泉写真帖』（富沢仙次郎編、真保堂）掲載の写真でも確認でき、一四年と一六年発行

表15　草津温泉の絵はがきセットの内容

題材＼名称	A 草津名所絵はかき	B 草津絵葉書	C 草津名勝御絵はかき	D 草津温泉	E 仙境の湯の町草津	F 草津温泉の名勝
全景	○	○	○	○	○	○
時間湯・湯もみ	2		3	2	2	1
湯畑		○		○		○
西の河原	○		○	○	○	○
白根神社			○	○	○	○
翁仙の滝	○		○	○	△	○
獅子岩	○	○	○	○	△	
猫岩					△	
浅間山遠望		○	○			○
白根山噴火口	○	○		○	○	○
白根山遠景					△	
白根山枯木	○					
登山すがた		○				
スキー					△	
その他	白根山弓池			薬師堂	△常布の滝	
書式（図55参照）	iii	iii	iii	iii	iii	iii

時間湯・湯もみ欄の数字は枚数を示す。△は一枚のはがきに複数の写真があるもの
＊は噴火口内部、湯釜の噴煙、旧噴火口の３枚。＊＊はベルツ博士の頌徳碑、地獄谷、浅間高原

の鳥瞰図にも描かれている（カバーの図を参照）。

②には広告塔はなく、柵の周りに多くの岩がみえる。湯畑の周囲には、一九二一年（大正十年）頃に高山植物園が造成された[16]。②と③を比較すると、③のほうに植物の増加が認められる。③では松の湯（M）の手前に街灯が設けられていて、案内地図の看板が立っている。

④は「徳川八代将軍御汲上之湯」の記念塔が主題になっている。これは徳川吉宗が草津の湯を江戸に運ばせて入浴したことを伝えるもので、現在も湯畑にある（位置は図32を参照）。記念塔には、「昭和五年六月元幕府家人中村熊太郎書」と刻まれているので、一九三〇年六月以後間もなくの建立と推察される。また、右手奥に大東館（D）、左手に桐山（K）の二つの旅館がみえる。

図56　1910年の湯畑周辺と写真の撮影方向
（出典：前掲「吾妻郡草津町郷土誌」付図から作成）

⑤では湯畑の周囲に岩や植物がなく、高山植物園が撤去されたことがわかる。左奥の三階建て入母屋造りの山本館本店（Y）は一九二八年頃までに建築された。[17] 中央奥にみえる桐山（K）は、石を置いた板葺き屋根の三階建てだが、次の⑥になると、改装して屋根がトタン葺きの入母屋造りになっている。さらに⑥では湯畑の囲いを木柵から石柵に取り替えていることに注目したい。湯畑に残っているこの時期の石柵の一本に「昭和九年八月草津町　旅館コモロ館　小林盛久」と彫られていて、湯畑の囲いは、三四年までに整備されたと考えられる。

⑦をみると、湯畑の周囲に多くの自動車が停車していて、記念塔の左手には、一九三五年に運行を始めたボンネット型の省営バスを確認できる。これはモータリゼーションの到来を強調した写真になっている。⑧では、左隅に一部がみえている熱の湯（N）と右手の松の湯（M）が改築されていること、山本館本店（Y）に塔屋（展望室）が付け加えられていること、山本館の左右ともに三階建ての旅館が新築されていることなどの変化を読み取れる。ちなみに、山本館本店の建物は現存し、二〇一二年に国の登録有形文化財になっている。

草津町による共同浴場の改良事業によって、一九三六年に千代の湯と瀧の湯、三七年に熱の湯・松の湯・地蔵の湯が改築された。[18] ⑧の写真には新しくなった共同浴場がみえている。図58に、熱の湯と松の湯の改築前後の写

図57　湯畑を撮影した絵はがき
①—⑤はⅲ期：1918-33年

図57　湯畑を撮影した絵はがき
⑥―⑧はⅳ期：1933-45年

真を示した。両時期とも湯気を抜く櫓を設けていて、左の写真では薄い木片を重ねたこけら葺きの屋根だったが、右の写真では瓦葺きへと変化している。草津の延べ入浴客数は三二年から四二年にかけて急増したが、こうした共同浴場の改築修繕が大きく寄与したのだろう。

温泉街の全景

次に温泉街全景の絵はがきの写真を取り上げる。写真を撮影するときには鳥瞰図のような架空の高い視点は得られないため、草津ではほとんどが囲山公園の高台から撮影されている。ここでは六枚の絵はがきから景観変遷をたどっていきたい。

図59には、高台に一九〇四年（明治三十七年）竣工で吾妻郡内届

図58　熱の湯（上）と松の湯（下）の変化
左はⅲ期：1918-33年、右はⅳ期：1933-45年。組み写真から抽出。右の写真にはスタンプ印の一部がかかっている

指の大校舎と評された小学校（a）がみえるが、〇八年（明治四十一年）四月完成の草津町役場はないので、この間の撮影とわかる。この写真では、湯けむりに覆われた湯畑の奥に綿の湯（b）、左手に松の湯（c）、手前に瀧の湯（d）がみえる。松の湯の向こうに三階建ての建物が連なっているが、ここの部分は〇八年五月の大火で焼失した。手前の旅館が大東館（e）と桐山（f）である。浴場以外の建物はほとんどが板葺き石置き屋根になっている。草津では、石置き屋根には杉板が使われ、杉皮も物置や仮屋の屋根に使われた。温泉の酸が強いため、七、八年で板が傷んできて、ひどく傷んだものは、石をどけて天地返しをしたという。[19]

一九〇八年の大火の跡を確認するため、例外的に逆方向の光泉寺付近から撮影された絵はがきを取り上げよう。図60をみると、大東館（e）の右手にある望雲館は残っているものの、その手前では一部二階建ての建物があるが、簡素な仮家もみられ、復興途上であることがわかる。一方で、三階建ての七星館（g）がすでに新築されている。桐山（f）の手前には熱の湯（h）がみえる。この写真でも多くの建物が板葺き石置き屋根である。

次の図61には、多くの電柱が立っているので、電気の使

図59　「草津温泉場全景」ⅱ期：1907-18年

図60　「上州草津温泉場（薬師堂ヨリ望ム）」ⅱ期：1907-18年

図61 「(草津名勝) 草津町全景」iii期：1918-33年、表15セットB

図62 「草津温泉全景」iii期：1918-33年、表15セットD

図63　「(草津温泉) 草津温泉全景」部分、iii期：1918-33年、表15セットF

図64　「草津温泉場の全景」iv期：1933-45年

用が始まった一九年以後の撮影と考えられる。小学校（a）の左に草津町役場（j）が確認できる。綿の湯がなくなり、その奥に白旗の湯（k）と七星館（g）がみえる。手前の瀧の湯（d）には、湯気抜きの櫓が加えられている。前面に連続するアーチをもつ一井辰巳館（m）は、湯畑からみて左半分がまず〇七年（明治四十年）に建てられ、翌年の大火のあとに右半分が増築された。[20]この画像ではL字型になった増築後の建物の形がわかる。

図62になると、富久住（n）、萩原（o）などの旅館が新たに建てられている。富久住の建物が鳥瞰図に描かれ始めるのは一九二二年（大正十一年）のことで、その前後の撮影だろう。

図63では、御汲上之湯記念塔を確認することができ、湯畑の囲いは木柵なので、一九三〇年代初めの撮影といえる。pの建物が建設中であり、奈良屋（q）が高層化している。

さらに図64をみると、建設中の建物が完成して名古屋館（p）となり、桐山（f）が改装されている。この写真では板葺き石置き屋根は大東館（e）ぐらいしか残っていない。当時の案内書には、近来乗合バスが著しく発達したために、東京はもちろん、近県各地から一泊の観光遊覧団体が続々と詰めかけるようになったので、旅館の建築や設備に一段の努力を払うようになり、旅館業は団体客本位と湯治客本位の二つの階層に分かれる状況にあると指摘されている。[21]絵はがきからも、団体客用に旅館の大型化が進んでいたことが認められる。さらに一九三六年に改築された瀧の湯（d）がみえる。当時、草津の共同浴場のうち瀧の湯だけが有料で、源泉に若干の水を混ぜて温度を下げ、湯治が主眼でなく観光遊覧に来た客を迎えていた。一泊の観光客や土地の有産階級に利用され、ほかの浴場のような混雑と不潔さがないと案内されている。他方で、三七年に改築される松の湯（c）は変化していないので、この写真は瀧の湯完成後まもなく撮影されたことがわかる。

絵はがきの写真でたどってきた景観変遷を松井天山の鳥瞰図で確認してみよう（全体図は図54を参照）。図65に示したように、湯畑の周囲には、瀧の湯（d）、松の湯（c）、熱の湯（h）、白旗の湯（k）の共同浴場があり、松の湯と熱の湯には「時間湯」の注記が付されている。この注記は、図の下部にみえる千代の湯（①）と鷲の湯（②）、左端の地蔵の湯（③）にも付けられている。そして湯畑の周囲には、一井（m）、奈良屋（q）、大坂屋（④）、

図65　松井天山「上州草津温泉鳥瞰図」部分（No.46、1938年）
a—q は図59—64と同じ

大東館（ｅ）、桐山（ｆ）、山本館本店（⑤）、望雲館（⑥）、七星館（ｇ）、日新館（⑦）といった大規模旅館が多くみられる。

鳥瞰図には、山本館本店の展望室、正面を平らにした看板建築の名古屋館（ｐ）が写実的に描写されていて、建物の特徴がよく把握されていることがわかる。名古屋館の脇には乗合バスの発着所である省線駅もみえていて、省営バスが湯畑に出入りしていたことが裏付けられる（前掲図42を参照）。また、注記は付されていないが、湯畑のなかには湯滝の灯籠も描かれている。

ここまでみてきたように、

絵はがきの写真を活用することで、文書には詳細が記録されない具体的な歴史的景観の変遷をたどることができる。研究資料として、絵はがきがもつ魅力である。次に取り上げる絵はがきの書信の内容については、当時の人々の旅先での意識を探る資料として検討したい。

旅先から送られた絵はがき

浦川和也は、絵はがきには二つのメディア性があるとして、発行者（販売者）＝「特定の人・組織」から購買者＝「不特定多数の人々」への情報伝達媒体としての機能、差出人＝「特定の人」から受取人＝「特定の人」への情報伝達媒体としての機能をあげる。[22] 前者については、ここまで風景写真の画像に関する分析をおこなった。後者の、使用された絵はがきに記された書信の内容についても、三つの事例を取り上げたい。

一枚目は、前掲図40の熱の湯の絵はがきに記された便りである。浴場の背後にみえる連続するアーチをつけた一井辰巳館には建て増し部分がないので、撮影時期は一九〇七年（明治四十年）と判断される。ちなみに、図58左上の写真では熱の湯の右上に増築された建物を確認できるので見比べてほしい。この絵はがきの差出人と受取人の関係は不明で、宛先は愛知県知多郡大野町（現・常滑市）となっている。

はじめに、たびたびの便りに対する礼を述べた後、「御陰を以て日々／入浴仕リ居リ候間／恐乍御休心被下度／タダレ肥満の人わ／早くも小生の如きわ／幾分遅て有之候／日々運動仕リ度候」と記している（／は改行箇所。以下、同）。日々入浴していること、湯ただれについては肥満の人は早いが小生のような人はいくぶん遅れてくること、日々運動したいことを書き送っている。熱の湯の写真を添えた湯治半ばの近況報告といえるだろうか。

二枚目は、浴客が馬に乗った絵はがきに添えられた通信である（図66）。写真には、馬が五頭、その両側に二人ずつの男性の浴客が馬上にあり、馬子の姿もみえる。差出人は大坂屋の宿泊者、宛先は茨城県行方郡手賀村（現・行方市）となっている。互いの姓は異なり、差出人と受取人の関係を文面から読み取ることはできない。

「草津へ参るには皆な此のヱハガキ／通り馬にて来るのです。／実際古代の民でも接した様な／感ぢ致します。

図66 「草津温泉場附近の浴客」iii期：1918-33年

／肴料も経財に出来る様子で／す。（略）／当泉の効は申迄も／無く、各病に良き事日本一と／迄称し、霊泉也と申て居ます。／鉱物質の多量は他の泉にて／くらべになりません」

この文面は三点からなる。一点目は、絵はがきの画像に言及し、草津に参るには、この絵はがきのように馬で来る、古代の民でも接したような感じがするとある。二点目は、引用を省略したが、滞在の方法で、宿が食事を提供する賄い付きと自炊の二つがあること、食事は料理店で注文できること、宿代は夜具・日用品の使用料だけで経済的であることが記されている。三点目は、温泉の効能や温泉成分の濃度の高さにふれていて、「各病に良き事日本一」「霊泉」と称していることを伝えている。

草津軽便鉄道は一九一九年（大正八年）に嬬恋まで延長されたが、二二年に自動車道が整備されるまで、駅から草津温泉へは徒歩・駕籠・馬に頼らざるをえなかった。草津に来る浴客の七割がこの鉄道で往来したので、嬬恋駅が草津の関門となり、「乗客の機関は依然櫓馬で一頭の馬に二人を乗せ或一頭一人跨り乗り等であつた[23]」という。差出人が草津へはみんな馬で来ると記していることから、この絵はがきは自動車による連絡が始まる前の二〇年前後に使用されたと考えられる。

ところで、絵はがきにみられる二人乗りの馬は、どのような仕組みだったのだろうか。「櫓《やぐら》馬」とは、コタツの櫓を逆さにして、馬の背の両側に振り分けて結び付け、そこに人や荷物を乗せたものである。このように櫓を付けた馬は、草津白根の登山にも使われていて、絵はがきにもみられる。差出人にとって、このような馬で移動

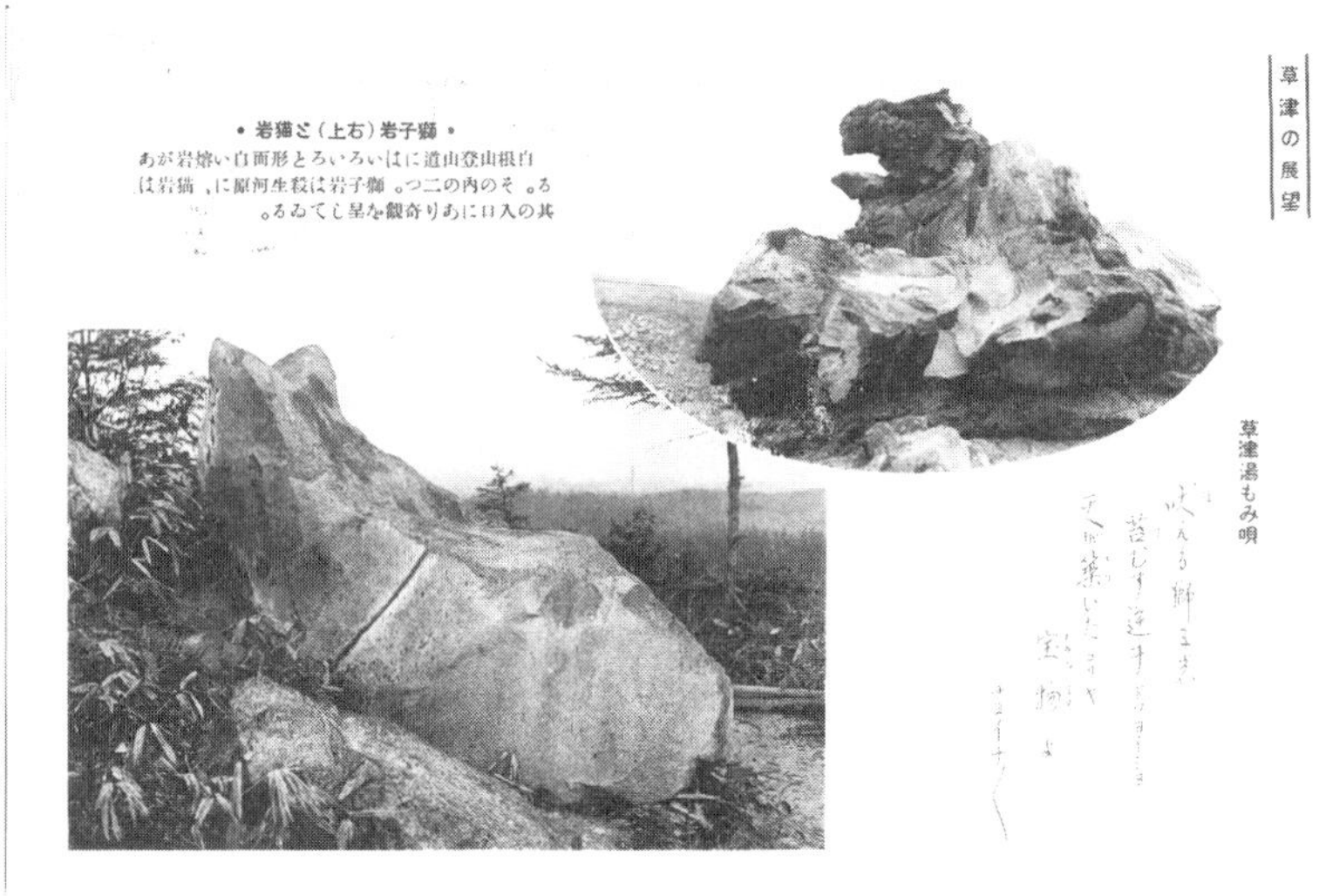

図67　大阪市東成区の家族に宛てた絵はがき（ⅳ期：1933-45年）
上：「時間湯」11月9日、下：「獅子岩と猫岩」12月10日

図67　大阪市東成区の家族に宛てた絵はがき（ⅳ期：1933-45年）
上：「地獄谷」12月12日、下：「白根山噴火口」12月15日

することは、古い時代を想起させるような体験であり、旅先からそのことを伝えたかったのだろう。

家族に宛てた絵はがき

三つ目は、一九四〇年に使用された絵はがきである。四通あり、差出人は七星館の宿泊者、受取人は大阪市東成区に住む家族になっている。

一通目は十一月九日の消印があり、小包で送ってほしい品を記したあと、「明朝ヨリ時間湯ニハイリ／マス今日作日《（ママ）》ハ一寸ヌルイ／温泉ニハイツテイマス／七星館ハ内湯ガ有リマス／カラ便利デス」と記している。草津に着いて間もなくの便りで、明日から時間湯に入ることを告げている。二通目は十二月十日付で、娘に宛て、よく勉強するように、女学校の試験に合格するように、学校の成績次第で何でも言うことを聞くと、書き送っている。三通目は十二月十二日付で、息子に宛て、言われなくとも父さんが一カ月も留守なら一度ぐらいは手紙を出すように、手紙は自身が思ったこと、してきたことを書けばよいと、注意している。四通目は十二月十五日付で、留守宅の伯母に宛てて「私も大分良くなりました／が後五六日もすればよいか／と思います沢足《（ママ）》温泉に三四日／行き廿五六日帰宅致し度くと思います」と書いている。仕上げの湯といわれた沢渡《さわたり》温泉に立ち寄って、二十五日か二十六日に帰阪すると伝えていて、二カ月近い長期滞在だったことがわかる。

このように家族や知人への便りに、草津の名所絵はがきが用いられていたのである。家族にとっては図67のような絵はがきをみることは、留守宅の楽しみだっただろう。一通目は時間湯の解説付きの写真、娘へは獅子岩と猫岩の奇観、息子へは地獄谷（殺生河原）の奇勝、四通目は煙を上げる白根山噴火口と、受け手を想いながら送ったことがうかがわれる。

「サン写真新聞」に掲載された写真

戦後の復興で、スキー場開発が大きな原動力になったことは第3章で取り上げたとおりである。萩原亮・元草

図68　「サン写真新聞」1950年12月31日付、1面（国立国会図書館所蔵）

津町長（一九七八年から四年間在任）は回顧録のなかで次のように述べている。(24)草津が日本一のスキー場になったのを後押ししたのが全国紙の「サン写真新聞」である。この新聞が大々的に報道してくれた。大紙面で取り上げて何度も宣伝してくれたおかげである。

この証言を手がかりに、「サン写真新聞」に掲載された草津の写真を探した。ここでは一面トップを飾った二枚の写真を紹介しよう。

一九五〇年十二月三十一日付には「三味線を背に一寸お座敷へ姐さん直滑降」という見出しで、スキーを履いた二人の芸者が旅館の客に手を振っている写真が掲載された（図68）。この記事は「芸者とスキー　どうみてもチグハグな対照だが　雪国では間々見うける図だ　例年より十日も早く雪に恵まれた泉郷草津では　ごらんの通り商売道具の三味を背負つた姐さんたちが　スキーでお座敷通い――（略）だが　何分慣れぬスキーのこととて雪中にしりもちをつき　赤いお腰がヒーラヒラ　島田も丸まげも雪まみれという色消しの場面も　ちよいちよい見うけられ　草津芸者の間では『スキー　ボイコット運動』まで起る始末『かくては草津芸者の名折れ』とばかり　芸妓組合では近く抱え子たちのスキー講習会を開いて『スキー学』のABCから指南する計画だそうな（略）」と、芸者たちを茶化した記事になっている。

一九五一年一月十三日付には「白銀の林に戯れる戦後派『雪女』」として、ビキニ姿の女性二人がスキーで歩いている写真が載った（図69）。これは明らかに演出された写真である。記事には「深山の雪の銀色が二人の美人の玉の肌に反射して　彼女たちの小麦色の肌はいよいよ美しく妖しく照り輝き　この写真をじっと見つめているとなんとなく息ぐるしくなるくらいだ　これを見たらかくいう記者もトタンにスキーがやりたくなった　＝草津にて」とあり、その下に小さな文字で、「本社主催　銀座―草津を結ぶスキーバス第二期は　来る十三日―十六日に開催」と告知している。

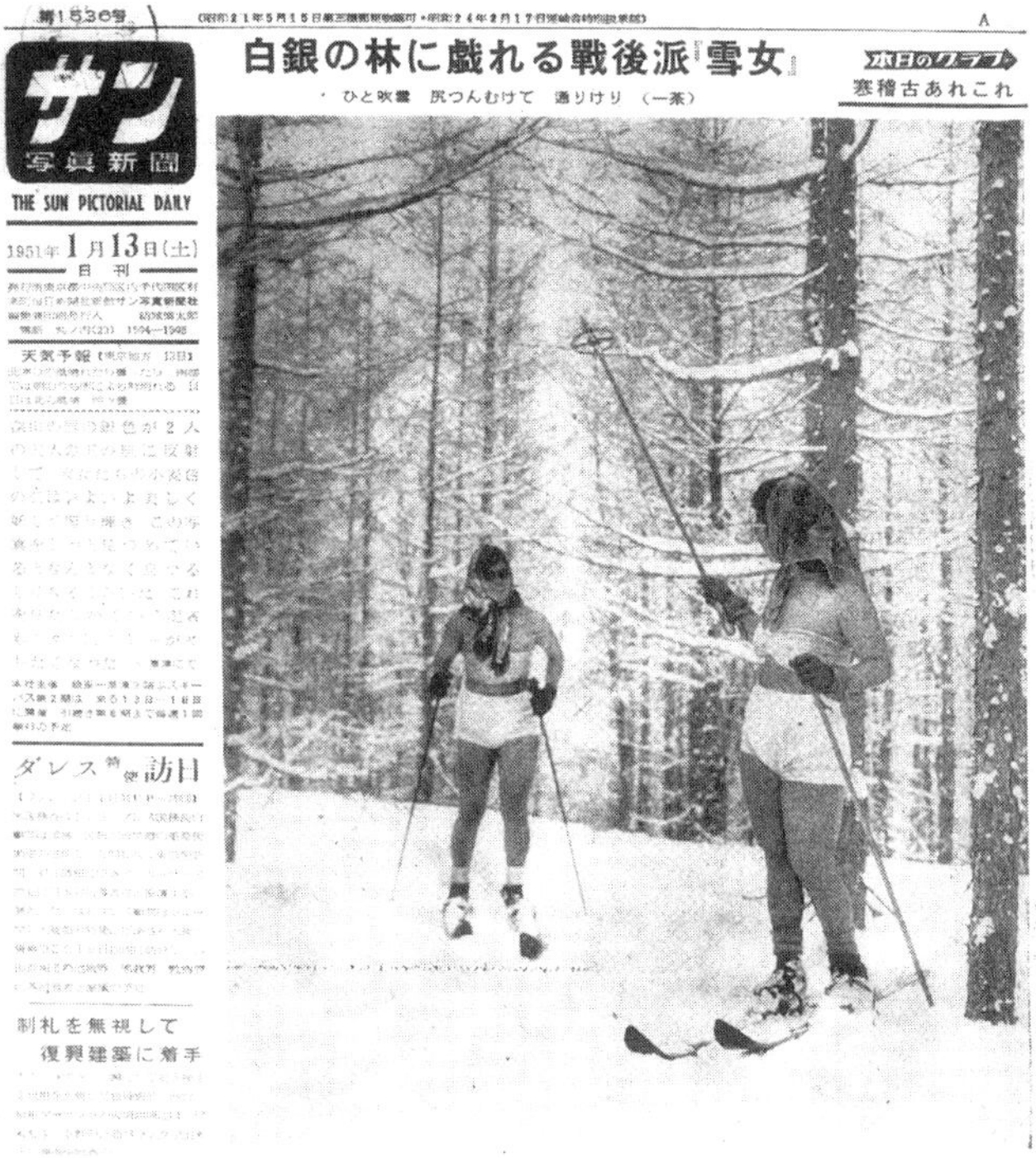
第1536号
サン 写真新聞
THE SUN PICTORIAL DAILY
1951年1月13日(土) 日刊
白銀の林に戯れる戦後派「雪女」
ひと吹雪　尻つんむけて　通りけり（一茶）
本日のグラフ　寒稽古あれこれ
ダレス特使訪日
制札を無視して　復興建築に着手

図69　「サン写真新聞」1951年1月13日付、1面（国立国会図書館所蔵）

一九五一年のシーズンには、毎日新聞社・東京日日新聞社・スポーツニッポン新聞社・サン写真新聞社の主催で、草津と銀座を結ぶ「銀嶺バス」を運行し、「カメラとスキーといで湯を楽しむ会」という三泊四日のイベントを週末ごとに六回実施している（「サン写真新聞」一九五一年一月二十三日付）。金曜の夜に出発して土曜の早朝草津に到着。スキー場では、三人の映画女優をモデルにした撮影会もおこなっている（「サン写真新聞」一九五一年一月七日付）。

表16　「るるぶ群馬」「草津温泉」の掲載写真に付けられた見出しと説明文

「るるぶ群馬 '96」1995年、全136ページ／草津6ページ
観光協会などで配布するラリー帳
珍しい資料もたくさん［草津町温泉資料館］
記念写真のメッカ、湯畑
美人の湯の呼び名も高い凪の湯
草津観光の目玉［熱の湯外観］
ショーは一日４回のみ［熱の湯内部］
本堂前でおみくじも引ける［光泉寺］
境内のシャクナゲ［白根神社］
熱帯圏は休憩＆温泉浴場も併設している［草津熱帯圏］
まるで川の一部のような露天風呂［西の河原露天風呂］
大滝乃湯の純和風の内風呂
ムードあふれるプール［クーア・プラザ草津］
温泉浴場、手前は寝湯［テルメテルメ］
温泉めぐり手帳は２年間有効［和風村内湯めぐり手形］
「るるぶ群馬 '05～ '06」2005年、全182ページ／草津8ページ
毎分約３万6000ℓ、自然湧出泉としては日本一の湯量を誇る草津温泉［湯畑の湯滝］
［俯瞰した湯畑］
温泉街を巡回中するボンネットバス
町中を颯爽と走る湯めぐり人力車
14軒の宿が並ぶ和風村の内湯巡り［湯めぐり手形］
無料で利用できる18の共同浴場［千代の湯］
草津の湯を手軽に楽しめる足湯スポット［湯けむり亭］
湯の川のほとりで鶴太郎氏の芸術に触れる［草津片岡鶴太郎美術館］
100人入っても大丈夫！開放感満点の巨大露天風呂［西の河原露天風呂］
「るるぶ群馬　草津伊香保富岡 '16」2015年、全187ページ／草津18ページ
温泉街の中心に位置する湯畑。自然に湧出した温泉が滝となって落ちる
熱乃湯が新生オープン
西の河原露天風呂がリニューアルオープン
湯畑特別ライトアップ
草津温泉感謝祭
湯畑キャンドル“夢の灯り”
湯畑の木樋を流れ落ちる温泉
「湯もみ」も時間湯の工程の１つ
湯畑周辺大リニューアル完了［俯瞰した湯畑］
将軍御汲上の湯枠
御汲上の湯の碑
「草津に歩みし百人」［湯畑を囲む石柵に『テルマエ・ロマエⅡ』の主人公ルシウスが加わった］
ライトアップされた湯滝は絶好の記念撮影スポット
お祭り気分を楽しめる遊び場！　大東館「縁日村」
昭和レトロな広場は街歩きのひと休みスポット　湯路広場
江戸・明治期の温泉場の雰囲気を伝える共同浴場　御座之湯
大正ロマン風に生まれ変わった伝統を伝える草津の新ランドマーク　熱乃湯*

ここからスタート！　湯畑
江戸時代の共同浴場を現代風にアレンジ　御座之湯
知る人ぞ知る隠れたパワースポット　草津穴守稲荷神社
西の河原公園は自然の中で足湯を楽しめる
草津で一番広い森の中の露天風呂　西の河原露天風呂＊
湯上がりに西の河原公園おさんぽ
ちょいな♨　三湯めぐり手形
草津ならではの熱〜いお湯を体感できる“合わせ湯”にチャレンジ！　大滝乃湯＊
昔ながらの温泉風情を満喫できる現代版の共同浴場　御座之湯＊
テルメテルメ
草津温泉館
白旗の湯
地蔵の湯
千代の湯
温泉街のトロピカルランド　草津熱帯圏
夏も冬も楽しく遊べる　草津国際スキー場
浴衣姿でアートを楽しむ　草津片岡鶴太郎美術館
夜のお楽しみは落語　草津温泉落語［熱乃湯内部］
草津の伝統的入浴法にトライ　時間湯体験［千代の湯内部］
草津ガラス蔵２号館
草津フォレストステージ

［　］は引用者による補足説明。＊は複数の写真が用いられているが詳細は省略した

新聞の売り上げやイベントの集客を向上させるため、このような興味をあおるような写真を掲載したのだろう。「サン写真新聞」は、毎日新聞社系列のサン写真新聞社から一九四六年四月に発行された夕刊タブロイド紙の先駆けである。関東圏で駅売りを中心に販売され、事件現場の写真などスキャンダラスな内容を掲載することで定評があったという。(25)ともあれ、こうした写真が男性を中心とする新たなスキー客を呼び込んだことは間違いないだろう。

「るるぶ」に掲載された写真

草津温泉という観光地を象徴する景観としてどのシーンが選ばれているのか、近年の状況については、ＪＴＢパブリッシングの旅行情報誌「るるぶ」に掲載されている写真によって検討しておきたい。「るるぶ群馬」は「るるぶ情報版関東1」として継続的に発行されている。ビジュアルな誌面によって、その場所を旅行しているような楽しみを体験できる。旅行情報誌は「見る」「食べる」「遊ぶ」「買う」「泊まる」など、いくつかの要素で構成されているが、ここでは、飲食店・土産物店や旅館・ホテルは除外し、観光スポットの写真を取り上げて

整理した（表16）。

まず一九九五年刊行の群馬版では、草津の記事は六ページにわたっていて、文字情報のほうが写真よりも大きな誌面を占めている。冒頭は「歴史と風景美の街道をドライブ」という見出しで、日本ロマンチック街道をめぐるステッカーラリーの案内になっていて、続いてバスターミナルの三階にあった草津町温泉資料館を取り上げている。ちなみに、資料館は改修されて二〇一五年に草津町温泉図書館になっていて、資料の展示コーナーも設けている。この版では、主要な温泉入浴施設のほかは、資料館や光泉寺・白根神社を取り上げていて、後年の内容と比べるとやや硬い印象を受ける。

二〇〇五年刊行の群馬版では、冒頭見開きで湯畑の湯滝をアップで撮った大きな写真を掲げている。このほかは小さな写真を組み込んで、和風村の内湯めぐりや十八の共同浴場を案内している。全体の点数が少なくなっているが、これは見開きで「西の河原通り　湯の町さんぽ」「湯けむりの宿」「気になる草津みやげ　この10店」というテーマでまとめていて、ほとんどが店舗と宿の紹介となっているためである。旅行客の消費を誘導する情報が多いのは、この当時の旅行情報誌の傾向といえそうである。

二〇一五年刊行の群馬版は、湯畑が雑誌の表紙のメイン写真になっていて「ついに完了　大リニューアル　草津」というコピーを中央に置く。記事の分量も大きく増加して十八ページにわたっていて、大小多様な写真が誌面を飾っている。こうした写真によって「ますます魅力あふれる温泉地となった」草津を詳しく案内している。記事の後半は「ランチ&スイーツ」「温泉みやげ道」「老舗宿」「贅沢ステイ宿」「寛ぎのお手頃宿」「おすすめスポット」というテーマで、いくつかの観光スポット以外は店舗と宿が紹介されている。

当然のことながら誌面には最新情報をふんだんに盛り込んでいて、リニューアルされた湯畑・御座之湯・熱乃湯・西の河原露天風呂・大滝乃湯については、構図を変えた複数の写真を掲載している。また「江戸・明治期の温泉場の雰囲気」「大正ロマン風」「昭和レトロ」というコピーを添えたり、白旗・地蔵・千代の湯という無料の共同浴場や「湯もみ」「合わせ湯」の写真を使うことで、景観まちづくりの成果や草津の温泉文化を効果的に伝

表17　温泉番付にみられる温泉の一覧

	A　92カ所	B　102カ所	C　401カ所	D　112カ所
	1817年（文化14年）	1887年（明治20年）	1888年（明治21年）	1908年（明治41年）
東　大関	草津（群馬）	草津（群馬）	草津（群馬）	草津（群馬）
関脇	那須（栃木）	伊香保（群馬）	熱海（静岡）	那須（栃木）
小結	湯河原（神奈川）	塩原（栃木）	伊香保（群馬）	諏訪（長野）
前頭	芦ノ湯（神奈川）	修善寺（静岡）	別府（大分）	岳（福島）
前頭	岳（福島）	湯河原（神奈川）	芦ノ湯（神奈川）	鳴子（宮城）
前頭	伊香保（群馬）	宮ノ下（神奈川）	湯の川（北海道）	高湯（山形）
前頭	鳴子（宮城）	岳（福島）	渋（長野）	湯河原（神奈川）
前頭	高湯（山形）	那須（栃木）	雲仙（長崎）	芦ノ湯（神奈川）
前頭	男鹿（秋田）	高湯（山形）	磐城湯本（福島）	中禅寺（栃木）
前頭	嶽（青森）	鳴子（宮城）	湯崎（和歌山）	渋（長野）
前頭	箱根湯本（神奈川）	男鹿（秋田）	温泉津（島根）	伊香保（群馬）*
西　大関	有馬（兵庫）	有馬（兵庫）	有馬（兵庫）	有馬（兵庫）
関脇	城崎（兵庫）	城崎（兵庫）	城崎（兵庫）	城崎（兵庫）
小結	道後（愛媛）	道後（愛媛）	諏訪（長野）	道後（愛媛）
前頭	山中（石川）	山中（石川）	那須（栃木）	山中（石川）
前頭	阿蘇（熊本）	阿蘇（熊本）	宮ノ下（神奈川）	雲仙（長崎）
前頭	浜脇（大分）	浜脇（大分）	沢渡（群馬）	阿蘇（熊本）
前頭	雲仙（長崎）	雲仙（長崎）	浅間（長野）	霧島（鹿児島）
前頭	霧島（鹿児島）	霧島（鹿児島）	東山（福島）	山鹿（熊本）
前頭	別府（大分）	別府（大分）	磯部（群馬）	和倉（石川）
前頭	山鹿（熊本）	山鹿（熊本）	箱根湯本（神奈川）	修善寺（静岡）
前頭	下呂（岐阜）	大鰐（青森）	湯田中（長野）	下呂（岐阜）
行司	熱海（静岡） 熊野本宮（和歌山） 大鰐（青森）	熊野新宮（和歌山） 熊野本宮（和歌山） 日光湯元（栃木）	中禅寺（栃木） 道後（愛媛） 修善寺（静岡）	熱海（静岡） 箱根湯本（神奈川） 伊香保（群馬）*
勧進元 差添	熊野新宮（和歌山） 川原湯（群馬）	四万（群馬） 熱海（静岡） 荒湯（栃木）	本宮（和歌山） 新宮（和歌山）	熊野本宮（和歌山） 熊野新宮（和歌山）
図名	「諸国温泉鑑」	「諸国温泉一覧」	「大日本帝国温泉一覧」	「大日本温泉一覧」
出版人	三嶋屋（草津）	垣本源次郎（東京）	島崎直次郎（道後）	片田長次郎（東京）

A、B、Dの番付は小暮金太夫編『錦絵にみる日本の温泉』（国書刊行会、2003年）所収。当て字が使用されている場合など、適宜今日の表記に変更した。* 行司には「伊香保」としたが、番付では「湯川尾」の当て字が踏襲され使われている

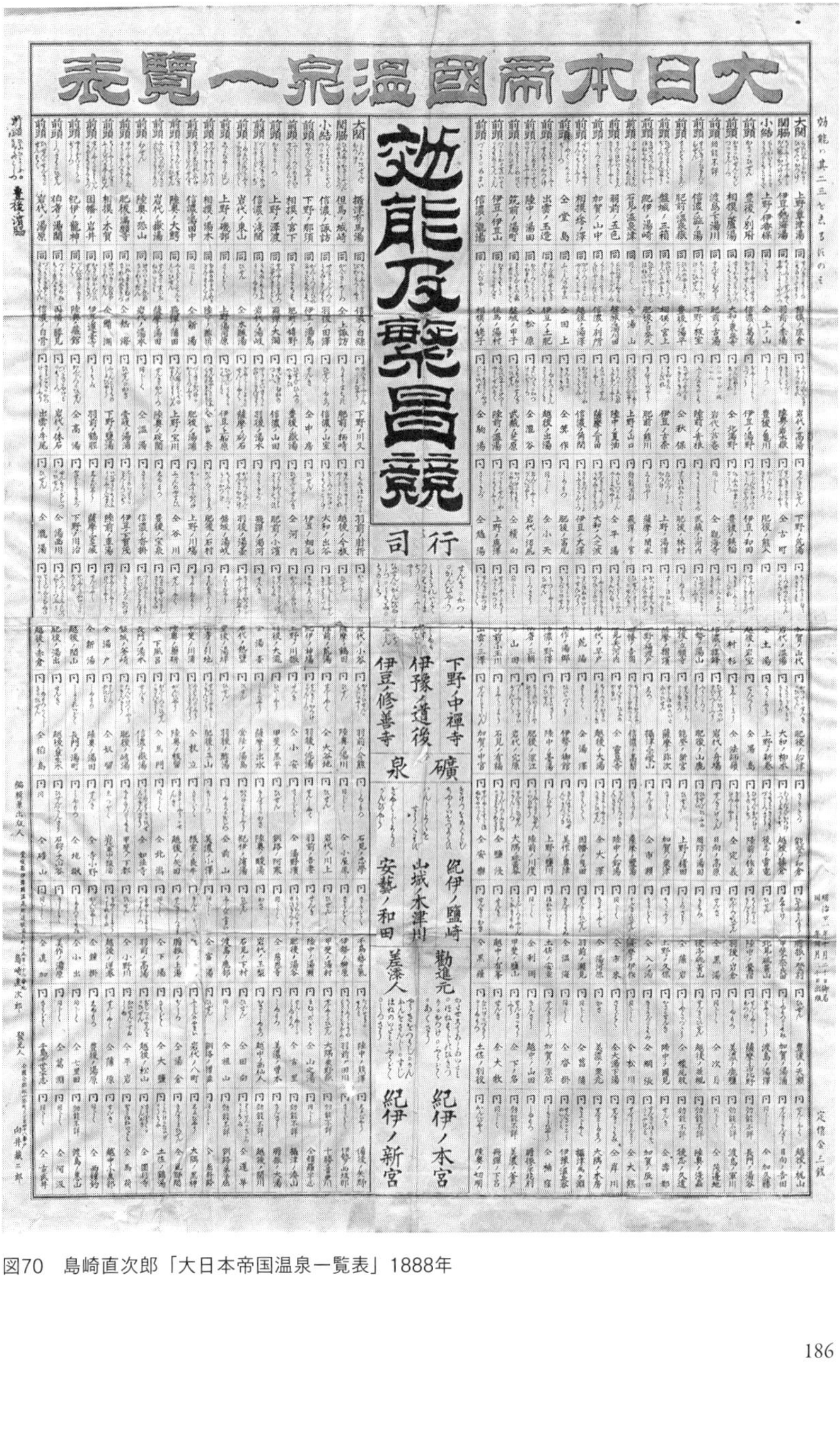
大日本帝國温泉一覧表

効能及繁昌競

行司

下野ノ中禪寺

伊豫ノ道後

伊豆ノ修善寺

礦泉

紀伊ノ鹽崎

山城ノ木津川

安藝ノ和田

勧進元

紀伊ノ本宮

差添人

紀伊ノ新宮

図70　島崎直次郎「大日本帝国温泉一覧表」1888年

えている。

3　格付けされた草津

温泉番付

ここでは、価値や人気によって決められるランキングを取り上げたい。番付は大相撲の力士の序列を一覧表にしたもので、この体裁にならって、温泉番付も作られてきた。木暮金太夫によれば、温泉番付は江戸中期から後期にかけて流行し、明治末期まで各地で出版されたもので、出版地は東京や京都のほか福島、栃木、群馬などで、とくに草津のものが圧倒的に多いという[26]。江戸期には「諸国温泉効能鑑」のタイトルで多く出版されている。文字どおり、温泉の効能を知るための手引として重宝がられたのだろう。

表17には、『錦絵にみる日本の温泉』に掲載されている三枚の番付と道後で刊行されたものを例に取り上げた。番付に掲載されている温泉数は百を上回るものが多いが、ここでは上位の温泉地を比較する。なお、道後の島崎直次郎が編集・出版したCは、左右それぞれ二十カ所、十段にわたって温泉が記載されていて、左上に張り出されている「前頭　豊後ノ浜脇」を加えると四百一の温泉が並び、温泉番付のなかでも圧倒的に情報量が多いものになっている（図70）。この図には九百二十余の全国の温泉を網羅した『日本鉱泉誌』（内務省衛生局、一八八六年）にはない温泉名が散見されるので、民間の温泉番付や案内書をもとに作成されたものだろう。番付Cには東西の表記はなく、温泉の地理的位置は考慮されていない。そのため、表には、右段にある温泉を東、左段にあるものを西に記載した。温泉の分布は均質ではないため、西の番付に東日本の温泉が入っていることも多い。番付Bの青森県大鰐温泉もその例である。温泉を数多く取り上げた番付Cでは、上位をみても東日本に偏っていることがわかり、東西の地理的な区分はもともと配慮されなかったと思われる。

第4章でみたように、寺内大吉は一八一七年（文化十四年）版の「諸国温泉効能鑑」に言及し、草津が東の大関という番付の最上位にあることは今昔の異変であるとして、近代相撲から立ち遅れた三流力士という辛口な評価を草津に与えていた。(27) 引き続き明治期に出版された三つの番付でも、最高位の東大関が草津、西大関が有馬で、このトップが決まった形になっている。東（Cでは右段）の温泉で草津に続くのは、那須・湯河原・芦ノ湯・岳・伊香保・鳴子・高湯などで、いずれも江戸期の番付にもみえる歴史がある温泉になっている。西（Cでは左段）では、道後が行司の中央にある番付C以外は、有馬・城崎・道後・山中という順位が不動であることがわかる。これらも長い歴史をもつ温泉である。これ以下では九州の温泉が並び、雲仙・阿蘇・霧島・別府・山鹿が続いている。東の番付と比べると、西の番付は順位の変動が小さい。また、番付BとCはほぼ同時期の刊行だが、温泉の並び方は大きく異なり、多様性に富んでいたことがうかがわれる。

熊野本宮と熊野新宮は、行司や勧進元・差添に欠かさず入っていて、熱海もC以外ではそこに割り当てられている。いずれにせよ、草津では、東大関であることを絶好の宣伝材料と捉えていたようで、温泉街の図絵とセットになった温泉番付が何度も出版されている（表12を参照）。また番付Cには、温泉ごとに効能を添えていて、草津には「らいびやう○かさ○ひぜん○かつけ」と記されていて、癩病（ハンセン病）、瘡（梅毒）、皮癬（疥癬）、脚気をあげている。

このような温泉番付が大正期以降ほとんど出版されなくなるのは、この時期に全国的な温泉のガイドブックが広く普及したためだろう。すなわち、各地の温泉の効能や概況、交通などの情報を記した冊子が入手できるようになって、温泉番付の役割が終わったといえる。

新聞社によるメディア・イベント

昭和に入ると、マスメディアが企画・主催し、その経過を報道した大規模なイベントがおこなわれた。「日本新八景」の選定は、昭和初期の観光を語る際に格好の話題として取り上げられることが多い。(28) このイベントは、一九二七年（昭和二年）に「東京日日新聞」と「大阪毎日新聞」の主催、鉄道省の後援でおこなわれた。山岳・渓谷・瀑布・温泉・湖沼・河川・海岸・平原という八種類の「昭和の新時代を代表すべき新日本の勝景」を選定しようとするものだった。ほかの八景が自然の風景地であるので、ここに温泉が加えられているのはやや異質な感じを受けるかもしれない。これに対して「日本新八景」は、風景コンテスト以上に観光地コンテストの色彩が強いことがうかがえると指摘されている。[29] 選定の方法は、官製はがきの投票によって一般からの推薦を募り、その結果を受けて十位までを候補地として審査委員会の協議によって八景を決定するというものだった。投票は一景に一枚の官製はがきを使い、四月十日に始まり、五月二十日に締め切られた。投票終了後の審査委員会による協議を受けて、得票順に推薦された八十景に五十三景を加えて、八景・二十五勝・百景の百三十三カ所を選定することになった。

表18　「日本新八景」得票上位と入選した温泉

順位	＊	名称	得票数	シェア
1	百	花巻（岩手）	2,120,488	17.8%
2	二	熱海（静岡）	1,038,287	8.7%
3	百	山中（石川）	907,862	7.6%
4	百	和倉（石川）	740,334	6.2%
5	百	三朝（鳥取）	570,356	4.8%
6	百	芦原（福井）	556,188	4.7%
7	百	東山（福島）	529,344	4.4%
8	百	片山津（石川）	516,718	4.3%
9	百	伊東（静岡）	507,488	4.3%
10	八	別府（大分）	484,697	4.1%
11	百	嬉野（佐賀）	416,594	3.5%
12		俵山（山口）	331,089	2.8%
13		温海（山形）	322,354	2.7%
14		那須（栃木）	300,524	2.5%
15		勝浦（和歌山）	288,016	2.4%
16		皆生（鳥取）	284,308	2.4%
17	百	青根（宮城）	269,680	2.3%
20	二	塩原（栃木）	248,206	2.1%
27	百	登別（北海道）	41,086	0.3%
35		草津（群馬）	6,667	0.1%
43	二	箱根（神奈川）	187	0.0%

得票数は「東京日日新聞」1927年6月10日付による
＊八：八景、二：二十五勝、百：百景

連日の報道によって各地の集票活動が次第に加熱し、最終的に確定された投票総数は九千三百四十八万千七百七十三票となった。[30] これは一九二五年の日本の人口五千九百七十四万人を大きく上回るものだった。有効投票数は九千三百四十二万票あまり、うち温泉部門は千百九十一万票あまりを数えた。最多の得票となった部門は海岸で三千百四十万票、最少は平原で二百八万票と大きな差があるなかで、温泉はほぼ八分の一の割合を占めた。百四十七カ所の温泉が推薦されたが、総得票数に占める割合は十位までで六七パーセント、二十五位までで九八パーセントと偏っていて、逆に八票以下の温泉が八十五カ所を数えた。つまり一部では大規模で組織的な投票行動がおこなわれたが、大半の温泉では個人的な投票となったのである。

最多得票は二百十二万票の花巻で、ここだけで全体の一七・八パーセントの票を集めていて、熱海の百四万票、山中の九十一万票、和倉の七十四万票と続いた（表18）。審査委員会による選定基準を加味して審議した結果、七月六日付の紙面で「日本新八景・二十五勝・百景」の選考経過とその結果が報じられた。温泉の第一勝である八景に選定されたのは、得票数十位、四十八万票を集めた別府だった。二十五勝には、熱海・塩原・箱根の三つの温泉が入った。熱海は二位と上位にあったが、塩原は二十位、箱根は四十三位と低位ながらも選定された。得票上位の花巻・山中・和倉などは百景に選ばれるにとどまり、十位以下の嬉野・青根・登別も百景に加えられた。先の温泉番付と対照すると、花巻・芦原・片山津・伊東などは温泉数が多い番付Cにもその名称がみられない。こうした温泉地では昭和の新たなランキングに入るため、熱心な票集めがおこなわれたのだろう。

箱根はわずか百八十七票で二十五勝に選定されたが、これは、追加選定の基準に合うものだったため、審査委員会によって浮上したものと推察される。その基準とは、「一．規模の大なること、二．景趣の多種多様なること、三．四季各特色のあること、四．交通の便利なること、五．史実の感興をひき若くは天然紀念《ママ》物のあること、六．民衆的施設あることおよび将来施設可能なること、七．地理的分布を考慮すること」だった。

草津の得票は六千六百六十七票で三十五位と順位が低かったことに加えて、この七つの基準に当てはまらないと判断されたのだろう。荒山正彦は、この基準が同時期の名勝や国立公園の選定基準と類似し、利用対象としての評価が付加されていることを指摘している。(31)

こののち箱根は、国民新聞社が主催した「全国温泉十六佳選」では圧倒的な得票で一位に輝いている。このイベントの投票は一九二九年（昭和四年）十二月二十日から翌年三月五日におこなわれたが、箱根は百二十万四千三百七十八票で、二位の花巻の八十六万七千八百六十二票を大きく引き離している。(32) このイベントで箱根全山七カ町村が結束して立ち上がったのは、箱根での国立公園指定認可運動と関係していたと考えられる。

表19　「じゃらん人気温泉地ランキング」の順位と得票率の推移

調査年	箱根 神奈川		草津 群馬		由布院* 大分		別府 大分		登別 北海道		道後 愛媛		有効 回答者数
2006年	1	16.3%	3	12.9%	2	14.9%	5	9.6%	4	11.4%	7	8.0%	10,087
2007年	1	18.3%	3	13.9%	2	14.9%	5	9.6%	4	12.1%	6	9.1%	6,727
2008年	1	17.9%	3	12.3%	2	14.9%	5	10.0%	4	12.0%	6	9.4%	5,800
2009年	1	18.0%	3	13.5%	2	14.3%	5	10.2%	4	12.7%	6	9.5%	5,106
2010年	1	18.2%	3	14.8%	2	15.9%	6	9.7%	4	12.4%	5	9.9%	3,605
2011年	1	18.5%	3	14.3%	2	15.2%	5	11.9%	4	13.3%	6	9.9%	11,031
2012年	1	18.6%	3	14.1%	2	16.0%	5	13.0%	4	13.2%	7	9.7%	8,721
2013年	1	19.0%	2	14.9%	3	14.2%	4	13.2%	5	13.2%	6	10.3%	5,013
2014年	1	21.9%	3	15.6%	2	17.3%	4	13.0%	5	11.5%	6	10.7%	12,048
2015年	1	16.8%	2	15.1%	3	14.9%	4	13.5%	5	12.5%	6	10.1%	12,062
2016年	1	17.4%	2	16.9%	3	14.6%	4	14.1%	5	12.6%	6	11.3%	11,713

＊2006-08年は「由布院・湯平温泉」、09年は「湯布院温泉」
330前後の温泉地を選択肢とし、これまで行ったことがある温泉地のうち「もう一度行ってみたい」温泉地を5つまで複数回答
（出典：リクルートライフスタイル「じゃらん人気温泉地ランキング2007－17」から作成）

一方で「全国温泉十六佳選」でも草津は二千七百四十一票で五十二位にとどまっている。草津で、これらのメディア・イベントへの関心が低かったのは、湯治場として療養を目的とした入浴客を安定的に確保していたためと思われる。

「毎日新聞」は、一九五〇年にも戦後日本を代表する観光地を選ぶ「日本観光地百選」というイベントを実施している。年賀郵便が全国で約一億というなかで、投票総数は七千七百五十万八百五十四票を集めた[33]。十部門それぞれ得票十位までが選定されたが、温泉は百八万六千五百九十六票を集めた箱根が一位だった。草津は三十位までに入っていない。三十位の得票は百四票だったので、これ以下だったことがわかる。ここでも箱根と草津の差が際立っている。草津はこうしたメディア・イベントには無関心だったのである。

「じゃらん人気温泉地ランキング」

全国的に人気がある温泉地はどこだろうか。一例として「じゃらん net」による調査を利用して概観したい。「人気温泉地ランキング」の調査は、「じゃらん net」会員を対象に、三百三十前後の温泉地を選択肢とし、これまで行ったことがある温泉地のうち「もう一度行ってみたい」温泉地について、五つまで複数回答を求めたものである。表19には、経年的変化を把握

表20　温泉地の選択理由

	回答数	街の雰囲気が好きだから	温泉の効能や泉質が気に入っているから	自然に囲まれているから	交通の便が良いから	手頃な料金で行けるから	周辺の観光スポットが充実しているから	温泉以外も楽しめるから
箱根	2,038	51.6%	28.7%	45.7%	59.4%	30.8%	18.1%	10.2%
草津	1,980	65.4%	68.3%	28.2%	18.5%	21.7%	8.4%	9.0%
由布院	1,711	76.7%	40.7%	49.7%	16.1%	10.1%	10.1%	8.4%
3カ所平均	5,729	64.6%	45.9%	41.2%	31.3%	20.9%	12.2%	9.2%

（出典：リクルートライフスタイル「じゃらん人気温泉地ランキング2017」から作成）

するため、得票率を求めて示している。

これによれば、二〇〇六年の調査開始以来、箱根・草津・由布院・別府・登別・道後が毎年のようにほぼ六位までに入っていることがわかる。とくに箱根の一位は不動であり、三位までの温泉は、回答者全体の二〇パーセントから一四パーセントほどの得票率を維持していて、安定した人気が続いている。それぞれ温泉地のブランド力が発揮されているといえる。首都圏の温泉として、箱根と草津は競合関係にあるなかで、草津が少しずつではあるが、得票率が上昇傾向にあることに注目しておきたい。

箱根・草津・由布院をそれぞれ選択した理由をみると、箱根では「交通の便が良いから」（五九・四パーセント）、「街の雰囲気が好きだから」（五一・六パーセント）、「自然に囲まれているから」（四五・七パーセント）、草津では「温泉の効能や泉質が気に入っているから」（六八・三パーセント）、「街の雰囲気が好きだから」（六五・四パーセント）、由布院では「街の雰囲気が好きだから」（七六・七パーセント）、「自然に囲まれているから」（四九・七パーセント）が上位にあがっている（表20）。人気のポイントは、街の雰囲気、温泉の効能・泉質、周囲の自然にあることがわかる。

草津に着目すると、「温泉の効能や泉質が気に入っているから」は三者のなかで突出して高いものの、「自然に囲まれているから」はかなり低い。上信越高原国立公園に位置し、草津白根山をはじめとした特徴的な資源がありながらも自然に関する認知は十分ではない。一方で、二〇〇一年におこなった「泉質主義」宣言によるブランドイメージは、旅行者によく浸透しているといえるだ

表21　「にっぽんの温泉100選」における草津の順位の推移

回	年度	草津の順位	選んだ理由別の順位							草津の得票数	草津の得票率	有効投票数	1位から3位の温泉地
			泉質	雰囲気	地域内の充実#	郷土の食文化	知名度	施設の完備等$	送客のしやすさ				
1	1987	14								237	1.6%	14,438	和倉・雲仙・指宿
2	1988	18								243	1.2%	19,580	和倉・雲仙・指宿
3	1989	8								531	2.4%	22,527	和倉・指宿・雲仙
4	1990	19								275	1.3%	20,382	和倉・雲仙・指宿
5	1991	21	15				23	48	32	332	1.2%	27,312	和倉・古牧・雲仙
6	1992	35		23			10	38	33	359	0.9%	38,463	古牧・山代・和倉
7	1993	36		94			9	49	14	255	0.8%	30,218	古牧・和倉・山代
8	1994	25		17			2	42	29	381	1.2%	32,951	古牧・秋保・登別
9	1995	27		55			14	52	71	271	0.9%	28,896	古牧・登別・雲仙
10	1996	29		34			21	74	64	243	0.8%	31,552	古牧・登別・和倉
11	1997	13		27			19	45	34	242	1.3%	18,743	古牧・和倉・雲仙
12	1998	13		18			10	34	34	264	1.2%	21,440	古牧・和倉・秋保
13	1999	9	4	14			10	35		250	1.2%	20,774	古牧・登別・和倉
14	2000	3	1	5			7	15		919	4.7%	19,704	古牧・登別・草津
15	2001	2	1	2			1	7		882	3.6%	24,639	古牧・草津・登別
16	2002	2	2	5			2	8		944	4.1%	23,174	登別・草津・黒川
17	2003	1	1	3			1	10		1,013	4.4%	22,951	草津・登別・由布院
18	2004	1	1	4			1	4		821	3.7%	22,479	草津・登別・由布院
19	2005	1	1	3			1	7		755	3.0%	25,306	草津・登別・由布院
20	2006	1	1	3			1	5		1,094	4.3%	25,306	草津・由布院・登別
21	2007	1	1	3			1	6		1,148	3.2%	36,004	草津・由布院・黒川
22	2008	1	1	3			1	5		1,085	3.0%	36,638	草津・登別・指宿
23	2009	1	1	3			1	3		987	2.6%	37,730	草津・登別・由布院
24	2010	1	1	3			1	5		791	2.2%	35,166	草津・登別・由布院
25	2011	1	1	3			1	3		942	2.6%	35,668	草津・由布院・登別
26	2012	1	1	1	2	3				1,005	2.7%	36,891	草津・登別・由布院
27	2013	1	1	1	2	5						33,192	草津・由布院・登別
28	2014	1	1	1	1	8						26,671	草津・由布院・下呂
29	2015	1	1	1	1	10						24,635	草津・由布院・下呂
30	2016	1	1	1	1	6						24,778	草津・別府八湯・指宿
31	2017	1	1	1	2	3						23,158	草津・下呂・別府八湯

2013年以降、票数は非掲載。#2017年度は「見所・体験の充実」となる。$13回までは「旅館などの宿泊施設」「宿泊などの施設の完備」「施設の充実」などの項目名だった。古牧は13―15回は「古牧・奥入瀬」となる
（出典：各年の「観光経済新聞」から作成）

ろう。

「にっぽんの温泉100選」

「観光経済新聞」が実施している「にっぽんの温泉100選」は、創刊千五百号記念として一九八七年に開始された。業界専門紙のために旅行業者による投票を特色とし、推薦する五つまでの温泉を列記する形式をとっている。第一回では、日本交通公社、近畿日本ツーリスト、日本旅行、東急観光、全国農協観光協会、読売旅行、東武トラベルといった大手業者と中堅旅行業者に投票用紙が配布された。近年では、「楽天トラベル」「じゃらんnet」などのネットエージェントも投票に加わっている。つまり旅行の「プロが選んだ」人気温泉ランキングになっている。

表21には、第一回から第三十一回までの草津の順位を示した。これによれば、一九九八年までは十位までに入っていなかったことがわかる。とくに九〇年代前半は三十位前後に低迷していたが、これは八〇年代後半から宿泊施設の収容人員が縮小したことなどが背景にあると考えられる（前掲図26を参照）。投票用紙には、お薦め旅館を併記するようになっていて、第一回の記事では、「特定の旅館が突出して票を伸ばした地域」と「温泉地そのものの知名度で得票した地域」に大別され、結果として「お客に好まれ、安心して送客できる温泉」が上位になったとされている（「観光経済新聞」一九八七年十月三日付。以下、紙名は省略）。第四回までは、和倉・雲仙・指宿が上位を占めていて、充実した宿泊施設や送客のしやすさがポイントとされていた。

第六回からは十年連続で古牧（のちに古牧・奥入瀬）が一位になった。ここは、十和田観光開発の経営で、古牧グランドホテル（四館）、渋沢公園、渋沢邸など各種文化施設で構成される総合温泉施設で、「総合力に凱歌」と報じられている（一九九二年十二月十九日付）。第十三回からは同じ経営にある奥入瀬も合算するようになり、滞在費用が廉価で、露天風呂のオープンなど、次々と魅力を生み出していると評価されている（一九九九年十二月十八日付）。第十六回で古牧は「名誉位」として顕彰され、選外となった。このときの上位は登別・草津・黒川となったが、収容力がある、均一なサービスを提供できるといった業者の視点ではなく、一般旅行者のニーズにより近づいた結果と解説されている（二〇〇二年十二月二十一日付）。

なお古牧温泉渋沢公園と十和田観光開発は二〇〇四年に経営破綻し、民事再生法の適用を受けた。巨大投資が重荷になり、料金の安売り競争もあって経営が悪化したためである（二〇〇五年二月二十六日付）。経営譲渡後、古牧グランドホテルの運営は星野リゾートが受け継ぎ、「星野リゾート青森屋」として再生されている。

図71　草津温泉が初の1位になったことを伝える紙面
「観光経済新聞」2003年12月20日付（国立国会図書館所蔵）

十五年連続第一位へ

草津は第十四回で三位になったが、この年は町制百周年を迎えてイベントを展開したことが得票につながったとされている（二〇〇〇年十二月十六日付）。そして、第十七回で草津は初の一位を獲得した（図71）。記事には「〝町を挙げた観光振興〟の成果」「温泉の泉質のよさをアピール」「地域を挙げた誘客への取り組みが温泉街の活性化に寄与」とある（二〇〇三年十二月二十日付）。続く第十八回の記事では、温泉の不当表示が問題化し、温泉とい

図72　14年連続第1位を伝えるポスター
（提供：草津温泉観光協会）

うものがいつになく注目を集めたなかで実施された温泉100選は、歴史に裏付けられた温泉地の信用がランキングに投影されていて、草津は大差で勝利したと伝えている（二〇〇四年十二月十八日付）。このように泉質への関心の高まりを受けて、草津の地位が揺るぎないものになっていったのだろう。また、首都圏という大きな市場を背景に、地域内の多くの旅行業者から票を集めやすい点も有利である。

第二十四回の記事では、草津は湯畑を中心にした温泉情緒と豊富な湯量、「泉質主義」を打ち出すほどの絶対の自信をもつ泉質が旅行会社から高く評価され、宿泊施設も充実し、ハイキングやスキーなど四季を通して楽しめるのも魅力だ、とある（二〇一〇年十二月十八日付）。こうした評価は、選んだ理由の順位に表れている。「泉質」は二〇〇三年から連続して一位になっていて、近年では「雰囲気」と「地域内の充実」も一位を獲得している。他方で「郷土の食文化」はやや低くなっている。郷土を草津町とするならば、山間の高冷地のため食材に恵まれないので、周辺地域にも広げて、食材や調理法など地域に根ざしたモノを活用することが必要だろう。

第三十回の記事では、「湯けむりが舞い上がるシンボル「湯畑」、湯の温度を下げる「湯もみ」などが、温泉地らしい風情を感じさせる。歴史・文化を維持するだけでなく、（略）新たな魅力づくりにも努めていることから、長きにわたってにっぽんの温泉100選のトップに君臨している」（二〇一六年十二月十七日付）と報じられた。図72は十四年連続第一位を伝えるポスターである。これを四百部印刷して、ホテル・旅館や希望のあるエージェントに配布し、イベントなどで使用したという。このポスターの背景には、二〇一六年暮れに始まったライティングによって彩られた湯けむり漂う湯畑の写真を用いている。

そして二〇一七年の第三十一回でも、草津が一位を獲得して十五年連続を達成した。トップ10は一六年と変わっておらず、「雰囲気」は草津・道後・由布院、「泉質」は草津・下呂・有馬、「見所・体験の充実」は指宿・草津・別府八湯、「郷土の食文化」は和倉・指宿・草津の順になっている（二〇一八年一月一日付）。

草津では、景観まちづくりの取り組みによって、湯畑周辺の諸施設が整備されて温泉情緒を感じさせること、夜間ライティングなど新たな魅力づくりに努めていることなどが高い評価につながっている。温泉に関する多様な情報があふれている今日、どのように差別化して生き残りをかけていくのか、競争は激しい。観光業界が認める権威ある温泉地ランキングとされる「にっぽんの温泉100選」で連続して一位に選ばれていることは、草津の絶好のセールスポイントになっている。

注

（1）矢守一彦『古地図と風景』筑摩書房、一九八四年、三―六八ページ、大久保純一「広重と江戸鳥瞰図」「国立歴史民俗博物館研究報告」第百九集、国立歴史民俗博物館、二〇〇四年、二一―四五ページ
（2）前掲、関戸明子「鳥瞰図にみる近代」三九―五三ページ
（3）工学院大学建築学科伊藤研究室『群馬県温泉浴場建築調査研究概報⑤』（〔社〕群馬県温泉協会学術調査研究報告、温泉史学）、群馬県温泉協会、一九八三年、八ページ
（4）前掲、佐藤曾平『草津町史』一五四―一五五ページ
（5）前掲、加藤三郎／山本与四朗「湯之沢区及び栗生楽泉園」八五六―八六二ページ
（6）同書八三五ページ
（7）前掲、山村順次「草津温泉観光発達史」二五八ページ
（8）「40　昭和16年　知事事務引継書（湯ノ沢集落移転問題）」、前掲、群馬県健康福祉部保健予防課『群馬県ハンセン病行政資料調査報告書』所収、四八―五五ページ
（9）前掲『草津町史』八五ページ

(10)前掲、関戸明子「草津温泉の開湯伝説と歴史意識の形成」六五―七八ページ
(11)中西僚太郎「昭和初期の千葉市街を描いた鳥瞰図」、中西僚太郎/関戸明子編『近代日本の視覚的経験――絵地図と古写真の世界』所収、ナカニシヤ出版、二〇〇八年、一〇三―一一八ページ
(12)細馬宏通『絵はがきの時代』青土社、二〇〇六年、二一―二二ページ
(13)生田誠編著『2005日本絵葉書カタログ』里文出版、二〇〇四年、一二八―一二九ページ、国立歴史民俗博物館編集『風景の記録――写真資料を考える』国立歴史民俗博物館、二〇一一年、七八ページ
(14)関戸明子「名所絵はがきを読む」「歴博」第百五十八号、国立歴史民俗博物館、二〇一〇年、七―一一ページ
(15)日本交通公社社史編纂室編『日本交通公社七十年史』日本交通公社、一九八二年、六五―六六ページ
(16)前掲、くさつ昔がたり編纂会編『くさつ昔がたり』口絵写真の注記
(17)前掲『群馬県温泉浴場建築調査研究概報⑤』九ページ
(18)前掲『草津町史』四三ページ
(19)森村方子編『聞き書き草津温泉の民俗 温泉習俗と口頭伝承』ぎょうせい、一九九二年、二三三―二三四ページ
(20)伊藤ていじ「草津の建築」、草津町誌編纂委員会編纂『草津温泉誌 自然・科学編1』所収、草津町役場、一九八四年、四二九―四三〇ページ
(21)前掲、中村舜二『天下の草津温泉』八九―九〇ページ
(22)浦川和也「近代日本人の東アジア・南洋諸島への「まなざし」――絵葉書の史料的価値と「異文化」表象」「国立歴史民俗博物館研究報告」第百四十集、国立歴史民俗博物館、二〇〇八年、一一七―一六三ページ
(23)前掲『草津町史』一一四ページ
(24)萩原亮「最初の天狗山・殺生リフトの建設」、前掲『草津のスキー』所収、五七―六〇ページ
(25)田中薫「『サン写真新聞』と写真ジャーナリズム」、「宮崎公立大学人文学部紀要」第七巻第一号、宮崎公立大学人文学部、二〇〇〇年、一〇五―一三四ページ
(26)木暮金太夫「温泉番付について」、木暮金太夫編『錦絵にみる日本の温泉』所収、国書刊行会、二〇〇三年、一〇〇―一〇一ページ

(27) 前掲、寺内大吉「「湯もみ」で知る草津の魅力」九六ページ
(28) 東京都江戸東京博物館編『美しき日本――大正昭和の旅展』東京都江戸東京博物館、二〇〇五年
(29) 白幡洋三郎「日本八景の誕生――昭和初期の日本人の風景観」、古川彰/大西行雄編『環境イメージ論――人間環境の重層的風景』所収、弘文堂、一九九二年、二七七―三〇七ページ
(30)「東京日日新聞」一九二七年六月十日付
(31) 荒山正彦「風景のローカリズム――郷土をつくりあげる運動」、「郷土」研究会編『郷土――表象と実践』所収、嵯峨野書院、二〇〇三年、九〇―一〇七ページ
(32) 関戸明子「メディア・イベントと温泉――「国民新聞」主催「全国温泉十六佳選」をめぐって」「群馬大学教育学部紀要 人文・社会科学編」第五十四巻、群馬大学教育学部、二〇〇五年、六七―八三ページ
(33)「毎日新聞」一九五〇年十月十一日付

終章　結びにかえて

1　男性客ばかりの時間湯

終章では、ここまでの章では扱うことができなかった話題を取り上げたい。草津の時間湯の写真をみると、男性客ばかりが並んでいる（前掲図12と図38を参照）。数多くの時間湯の絵はがきを確認しても女性客はほとんど見いだせない。ただし、図38右下のかぶり湯の写真には、奥のほうに女性らしい姿が認められる。また、『上州草津温泉写真帖』に収録されたかぶり湯の写真にも二人の女性が撮影されている（図73）。戦前の温泉地の絵はがきでは、混浴になっていて女性客が写っているものは、それほど珍しくはない。そうしたなかで、草津の時間湯には、どうして女性客がごくわずかしか写っていないのだろうか。

若山牧水は時間湯をみて「初め気がつかなかつたが、湯を攪き立てゝゐるなかには四五人の女も混つてゐるのだ。男同様両足を踏んばり、肩を怒らし、声を合せて、『ハ、ドッコイ〳〵』と囃してゐる[1]」と書いている。このように目立たないほど、女性は少数だったのだろう。

田山花袋は、草津を「烈しい温泉」であり「女などには余り向かない温泉[2]」と述べた。一九一四年（大正三年）の草津の延べ入浴客数十一万六千八百九十八人のうち、男性は八三パーセントを占めていて圧倒的に多かった。群馬県内の入浴客に限ると、八九パーセントとさらに男性の割合が高くなる（前掲図35を参照）。とくに近隣

図73　時間湯の内部とかぶり湯の様子
（出典：戸丸国三郎『上州草津温泉写真帖』日本温泉協会代理部、1914年）

の女性には敬遠されていたのだろうか。

内務省衛生局『全国温泉鉱泉ニ関スル調査』（一九二三年）には、一九一一年（明治四十四年）から二〇年（大正九年）までの十年間の入浴客数の年平均が男女別に記載されている。表22は、年間十五万人以上の三十一カ所と草津を加えて、男性客の割合が多い順に並べたものである。表に注記したように、この調査では、草津の入浴客数が過小に報告されていると判断できるが、前述のように男性が八〇パーセントを超えている記録もあるので、最上位にあることは間違いない。この表をみると、全体として男性の割合が高いことがわかる。温泉旅行には交通費・滞在費などを必要とするので、経済的に優位な男性が多くなったのだろう。一方で、伊香保など子宝の湯として知られている温泉は、女性を引き付けたと思われる。また、宝塚・湊山・吉方・湯田など都市近在の温泉で相対的に女性の割合が高くなっている。反対に、この調査で最も男性の比率が高かったのは立山温泉（富山県）であり、男性二万六千六百六人、女性六十九人（五年間の平均）と男性が一〇〇パーセントに近い。ここは常願寺川の上流、標

表22　大正期の入浴客に占める男性の割合

名称	所在地	入浴客数	男性の割合
草津温泉	群馬県草津町	7,118	73.0%
湯原温泉	岡山県真庭市	197,747	70.0%
城崎温泉	兵庫県豊岡市	1,007,175	65.0%
熱海温泉	静岡県熱海市	165,085	63.2%
湯村温鉱泉（湯村）	兵庫県新温泉町	255,172	60.0%
別府温泉	大分県別府市	778,799	59.0%
道後温泉	愛媛県松山市	1,030,237	58.7%
武雄温泉	佐賀県武雄市	433,371	57.5%
日奈久温泉	熊本県八代市	163,919	55.4%
山鹿温泉	熊本県山鹿市	683,220	54.3%
城端ラジウム鉱泉	富山県南砺市	260,411	53.9%
鯉ノ湯（熊入）	熊本県山鹿市	157,500	53.0%
食塩亜兒加里性炭酸泉（宝塚）	兵庫県宝塚市	231,773	52.2%
湊山温泉	兵庫県神戸市	199,916	52.1%
吉方温泉	鳥取県鳥取市	164,050	51.5%
伊香保温泉	群馬県渋川市	227,064	50.5%
山口町湯田温泉	山口県山口市	306,340	48.5%

草津の平均入浴客は7,118人とあるが、『群馬県統計書』の数値で1913－20年の平均を求めると149,577人となる。草津以外は入浴客数15万人以上の温泉
（出典：前掲『全国温泉鉱泉ニ関スル調査』から作成）

高千三百メートルにかつてあった温泉で、立山への登山基地になっていたところだった。

一九二六年（大正十五年）の草津電気鉄道開通以前は、立山登山ほどではないにしても、草津への行程が女性の足には厳しかったことも、このような極端な男女差になっていた要因と考えられる。図66に示した絵はがき「草津温泉場附近の浴客」でも、五頭の馬の両側に乗っている客はすべて男性だった。さらに、梅毒などの治療法が確立していなかった第二世界次大戦前には、時間湯はもっぱら病気療養を目的とした客に利用されていて、そのほかの遊覧客は、時間湯以外の共同浴場や旅館の内湯を使用していた。このため時間湯内部の写真については、男性客ばかりが並んでいたと推察される。そして、こうした図像が草津温泉の効能を宣伝することにもつながっていたといえる。

一九四九年（昭和二十四年）の上信越高原国立公園指定後の西の河原の絵はがきには、多くの人々が露天風呂に開放的に浸かっているさまが撮影されている（図74）。「週刊平凡」の六九年の記事には「河原の中ほどに出ると、小さな天然の露天風呂があり、数組の老夫婦が湯にひたっていた。好奇のまなざしで見る観光客の目を知ってか知らずか、気持ちよさそうに空をあおいでいた[3]」とある。このように少なくともこの頃まで、西の河原で天然の露天風呂に入っていた客がいたことが確認できるが、そうした光景はかなり珍しくなっていたのだろう。

図74　絵はがき「上信越高原国立公園　西の河原」部分（v期：1945年 -）

ともあれ、病を癒やすべく規律正しく熱湯に我慢して入る時間湯と、のんびり、ゆったり浸かる露天風呂とでは、全く趣が異なる。現在の西の河原露天風呂が造られたのは、八七年のことである。八〇年代は全国各地で露天風呂が人気を集め、温泉地を訪れる女性客が増加した時期だった。草津では七〇年代に高原地区の開発が進み、次第に「病人専用のイメージ」[4]から脱却して、若い世代、家族や友人の個人旅行客が増加していった。

表23　人気温泉地での性別の得票率

	男 =6458	女 =5255	合計	男女差
箱根	17.0%	17.9%	17.4%	−0.9%
草津	18.2%	15.3%	16.9%	2.9%
由布院	13.6%	15.9%	14.6%	−2.3%
別府	13.3%	15.0%	14.1%	−1.7%
登別	13.6%	11.5%	12.6%	2.1%
道後	12.2%	10.2%	11.3%	2.0%

（出典：前掲「じゃらん人気温泉地ランキング2017」から作成）

いまも温泉地の選好に男女差は表れているのだろうか。第5章で取り上げた「じゃらん人気温泉地ランキング」の調査結果を利用してみたい。表23にあるように、上位六位までの温泉地とも男女差は三パーセント以内にとどまっている。男性の得票率が高くなっているのは、草津・登別・道後の三つで、草津の男女差が最も大きくなっている。

写真15　「昭和九年八月」の刻印がある石柵（2016年6月撮影）

大正期までのような極端な差はないが、男性に好まれる傾向はわずかながらも残っているといえそうである。

2　草津の歴史や文化を味わう

本書では、景観の変化に着目しながら草津温泉の歴史や文化の重層性を読み解くことを試みてきた。以下では本書で取り上げた題材をもとに、草津温泉というフィールドでの観察ポイントや見学場所を紹介したい。

歴史的景観として最も重要な地位にあるのは草津のシンボル・湯畑である。案内書や紀行文、近世の絵図、近代の鳥瞰図、絵はがきなど多様なメディアに記録されてきた。湯畑とその周辺を構成する要素のなかで、瀧の湯、綿の湯、脚気の湯、松の湯といった共同浴場は取り壊されて現在はない。打たせ湯だった瀧の湯があった場所は湯が流れ落ちる滝壺になっていて、松の湯の跡には足湯が設置されている。

白旗源泉地と頼朝宮、将軍御汲上の湯枠、一八三〇年（文政十三年）の湯滝の灯籠、昭和初期の石柵と「徳川八代将軍御汲上之湯」記念塔は現在もみることができる（位置は図32を参照）。第5章で言及したように石柵の一本には「昭和九年八月草津町　旅館コモロ館　小林盛久」と刻まれている（写真15）。この古い石柵は百六十五本が残っていて、地名では、東京六十一本、草津五十三本、群馬七本、大阪六本、埼玉五本と続く[5]。例えば「萬座温泉　電灯完備　千人風呂豊國館」と刻まれた石柱は、旅館の広告を意図したものといえるだろう。これらが設置された経緯は不明だが、寄進によって建てられたと推察され、当時の社会関係を示す貴重な記録といえる。

目を向ける人はほとんどいないが、草津に行ったならば観察してみてほしい。また、湯畑に面した旅館では、二〇一二年に国の登録有形文化財となった山本館本店が昭和初期の温泉宿の姿を伝えている（図57を参照）。さらに、千代の湯がある滝下通りに向かうと、二階三階に縁側を付けたようにする「せがい出し梁づくり」を再現した旅館が並んでいる（写真6を参照）。通りを東に進むと、Y字路の分岐点には「鷲乃湯跡」の碑が置かれている（図45と図65を参照）。

共同浴場は草津を支えてきた柱である。近世に作られた共同浴場で、ほぼ同じ場所に現存するのは、御座之湯、白旗の湯、熱乃湯、地蔵の湯、瑠璃の湯、凪の湯である。熱乃湯でおこなわれている湯もみと踊りショーと湯もみ体験は、観光客に人気のアトラクションになっている。また、明治半ば、御座の湯の取り壊し後に白旗の湯が建てられたので、歴史的にみれば二つの浴場が並んだのは、二〇一三年に新たに御座之湯が建設されてはじめて実現したことになる。ところで、大正期までの建物の多くは板葺き石置き屋根だった（図60を参照）。いまこの景観は残されていないが、御座之湯は杉板を使用したとんとん葺きの屋根になっているので、石は置かれていないものの、かつての形状を思い描くことができる。光泉寺の石段を登って裏手に回ると、御座之湯の屋根を眺めることができる（写真16）。

写真16　御座之湯のとんとん葺きの屋根（2016年6月撮影）

湯畑周辺はいつも多くの観光客で賑わっているが、坂道を登って地蔵の湯に行くと、こうした喧騒を離れる。図75の鳥瞰図には、地蔵の湯の前に柵で囲われた源泉湧出地と「地蔵ソン」の文字の左に地蔵堂が描かれている。現在も地蔵の湯の前に地蔵堂と源泉湧出地をみることができる。浴場の前は広場として整備されていて、足湯が設けられている。この広場から案内板に沿って道を上がっていくと、草津聖バルナバ教会と頌徳公園にたどり着く（位置は図30を参照）。教会にはコンウォール・リ

図75　地蔵の湯の描写
藤本軍次「上州草津温泉略図」部分（表12-No.35、1908年）

ー女史のはたらきを紹介するリーかあさま記念館があり、公園にはリー女史記念碑（一九四一年の刻印）と胸像（二〇〇七年の刻印）が置かれている。この一帯は湯之沢地区の歴史を振り返ることができる場所になっている。ちなみに、湯之沢地区の一般住宅が並んでいた場所は、頌徳公園から坂道を下った大滝乃湯周辺の湯川に沿った谷間にあった。大滝乃湯の東には、品木ダム水質管理所・草津中和工場「環境体験アミューズメント」があり、酸性河川を中和する仕組みを学べる展示をおこなっている（写真1を参照）。

西の河原公園は遊歩道が整備されていて、格好の散策場所になっている。公園内にある草津ビジターセンターでは、火山や動植物などの自然にかかわる展示がある。西の河原露天風呂に至るまでに、源泉地の一つで草津八景にも入っていた鬼の茶釜、一九三五年建立のベルツ博士の記念碑（図76）、不動滝と不動明王などをみることができる。この絵はがきには、ベルツ博士が「世界に稀な良泉として内外に発表したため今日の草津温泉に発展した」という説明がある。『草津温泉』（一九〇八年）では、西の河原は、温泉が至る所に湧出して渓流を造り、硫気に化成された種々の奇石が乱立している、ところどころに温泉を淀ませて湯ノ花を採取する小池が造られている、この河原にはお地蔵様が古くからあった、近頃は成田の不動尊の分霊が湯滝の上に立たせたまう[6]、と案内している。この記述にある湯滝の上の不動明王は絵はがきにも写っている（図77）。左の写真では河原のなかに舞台が設けられていて、その上に鎮座している。右の写真には現在の形状に近い小さな滝が設けられていて、その右側の矢印の先に不動明王がみえる。不動明王はその形態から現在の不動滝の右上にある石像物が当時の不動尊だったと判断できる（写真17）。

写真右手の「西の河原不動瀧」の石碑には、一九二七年（昭和二年）の刻印がある。西の河原は昭和初期に公園としての整備が進められた。

草津温泉の入り口には、道の駅草津運動茶屋公園がある（位置は図30を参照）。ここには草津ベルツ記念館が設けられていて、ベルツ博士に関係する資料や温泉街の古い写真などの展示をみることができる。道の駅の北東には泣き灯籠が置かれている。この付近が別れを惜しみながら湯治客を見送った場所だった（図39を参照）。さらに北東方向に行くと、南本町児童公園のなかに「草軽電気鉄道草津温泉駅跡」の碑が建っている（写真18）。一九二六年から六二年まで、草津温泉駅は乗降客が行き交い、硫黄などの物資を発送し、食料や生活資材を受け入れていた。また、バスターミナルの三階にある草津町温泉図書館では、小さなスペースながら各種資料の紹介をおこなっている。

ここまでいくつかの観察ポイントや見学場所を紹介したが、温泉街の地域スケールが小さくまとまっていることに加え、高低差が景観に変化を与えているため、草津は街歩きの魅力にあふれている。共同浴場めぐりとあわせて楽しんでほしい。

図76　絵はがき「ベルツ博士の頌徳碑」（ⅳ期：1933-45年）

最後に、草津町の広報誌「いでゆ」に言及したい。「いでゆ」では「こんにちは、図書館です」という見出しで「草津を知る」の連載が二〇一二年二月に始まった。それ以来ほぼ毎月、草津の歴史にかかわる出来事を見開き二ページで紹介している。このように長く連載が続いていることに敬

図77　絵はがきに写された西の河原の不動明王
左：「草津温泉風景雨ノ西ノ川原」部分、ii 期：1907-18年
右：「西の河原　不動瀧附近の風光」部分、iii 期：1918-33年

写真18　草津温泉駅跡の碑（2017年5月撮影）

写真17　西の河原の不動瀧と不動明王
（2016年6月撮影）

意を表したい。記事は町民に向けたものであり、ここから地元に密着した興味深い話題や貴重な情報を得ることができる。また、草津町が進めている事業の報告もある。「いでゆ」は草津町役場のウェブサイトにＰＤＦ版を掲載しているので、関心があるテーマを検索して閲覧することができる。

注

（1）前掲、若山牧水「上州草津」一三八ページ
（2）前掲、田山花袋「草津」二七六ページ
（3）「新・日本の旅50　第24回　草津・白根　変貌する高原の名湯」「週刊平凡」第十一巻第二十五号、平凡出版、一九六九年、一〇四ページ
（4）前掲、寺内大吉「「湯もみ」で知る草津の魅力」
（5）草津町総務課編「いでゆ」第六百二十九号、草津町、二〇一七年、一四―一五ページ
（6）前掲、萩原太一郎『草津温泉』四五ページ

参考文献一覧

赤瀬川原平「にっぽん解剖旅行⑩草津　理屈はともかく温泉へ行こう」「旅」一九九三年二月号、日本交通公社、一六一―一六八ページ

荒山正彦「風景のローカリズム――郷土をつくりあげる運動」、「郷土」研究会編『郷土――表象と実践』所収、嵯峨野書院、二〇〇三年、九〇―一〇七ページ

生田誠編著『2005日本絵葉書カタログ』里文出版、二〇〇四年

伊藤ていじ「草津の建築」、草津町誌編纂委員会編纂『草津温泉誌　自然・科学編1』所収、草津町役場、一九八四年、四〇九―四五四ページ

宇都浩三／早川由紀夫／荒牧重雄／小坂丈予「草津白根火山地質図」（火山地質図3）、通商産業省工業技術院地質調査所、一九八三年

浦川和也「近代日本人の東アジア・南洋諸島への「まなざし」――絵葉書の史料的価値と「異文化」表象」「国立歴史民俗博物館研究報告」第百四十集、国立歴史民俗博物館、二〇〇八年、一一七―一六三ページ

大久保純一「広重と江戸鳥瞰図」「国立歴史民俗博物館研究報告」第百九集、二〇〇四年、国立歴史民俗博物館、二一一―四五ページ

大槻文彦「上毛温泉遊記」『復軒旅日記』（冨山房百科文庫）、冨山房、一九三八年、二一―三二ページ

太平主人編著『草津温泉繁昌誌――江戸期草津温泉資料集成』（太平文庫）、太平書屋、二〇一二年

大町桂月「草津温泉の二十五日」『関東の山水』博文館、一九〇九年、三四二―三五一ページ

大町桂月『桂月全集』第十二巻、桂月全集刊行会、一九二三年

岡本薫「草津温泉を打診する」「温泉」第二十七巻第三号、日本温泉協会、一九五九年、三三―三五ページ

梶原正昭／大津雄一／野中哲照校注・訳『曾我物語』（「新編日本古典文学全集」第五十三巻）、小学館、二〇〇二年

加藤三郎／山本与四朗「湯之沢区及び栗生楽泉園」、草津町誌編さん委員会編さん『草津温泉誌』第二巻所収、草津町、

一九九二年、八二九—九〇二ページ
川合勇太郎「近世の草津」、草津町誌編さん委員会編さん『草津温泉誌』第一巻所収、草津町、一九七六年、五一三—一一二三ページ
神田径／高倉伸一／小山崇夫／小川康雄／関香織／日野裕太／長谷英彰「草津万代鉱周辺でのＡＭＴ調査」『2014年Conductivity Anomaly 研究会論文集』ＣＡ研究グループ、二〇一四年、八七—九一ページ
北山孝二郎「草津温泉 御座之湯、湯路広場、熱乃湯——基本構想 北山創造研究所 設計 北山孝二郎＋K計画事務所」「新建築」第九十一巻第十四号、新建築社、二〇一六年、一七二—一八一ページ
草津温泉観光協会編『国立公園草津高原』草津温泉観光協会、一九五七年
草津温泉旅館協同組合『旅館組合40年誌』草津温泉旅館協同組合、一九九六年
草津国際スキー場開設80年記念事業・草津スキークラブ創立80周年記念事業実行委員会『草津のスキー——草津スキークラブ創立八十周年記念　草津国際スキー場開場八十周年記念』一九九七年
草津新聞社編『草津躍進誌』草津新聞社、一九六二年
草津町『草津町観光立町推進基本計画』二〇〇九年
草津町『草津町景観計画』二〇一四年
くさつ昔がたり編纂会編『くさつ昔がたり』くさつ昔がたり編纂会、一九九三年
栗生楽泉園入所者自治会『国立ハンセン病療養所栗生楽泉園ガイドブック』栗生楽泉園入所者自治会、二〇一三年
黒岩忠四郎『十五ヶ年計画の草津温泉』黒岩忠四郎、一九三三年
群馬県健康福祉部保健予防課『群馬県ハンセン病行政資料調査報告書』二〇一五年
工学院大学建築学科伊藤研究室『群馬県温泉浴場建築調査研究概報⑤』（〔社〕群馬県温泉協会学術調査研究報告、温泉史学）、群馬県温泉協会、一九八三年
国立歴史民俗博物館編『風景の記録——写真資料を考える』国立歴史民俗博物館、二〇一一年
木暮金太夫「温泉番付について」、木暮金太夫編『錦絵にみる日本の温泉』所収、国書刊行会、二〇〇三年
小山和「草津へのスキー・ドライブ——新しい有料道路を走る」「旅」一九六五年一月号、日本交通公社、一八四—一八

五ページ
佐々木博「上州草津温泉の文化景観の変貌」「人文地理学研究」第二十一号、筑波大学地球科学系、三九―六七ページ
佐藤曾平『草津町史』佐藤曾平、一九三八年
佐藤弘人「草津温泉」「旅」一九五六年十一月号、日本交通公社、一一一―一一二ページ
佐藤弘人『はだか随筆』ダイナミックセラーズ出版、二〇〇九年
潮見俊隆／伊藤道保「草津」、川島武宜／潮見俊隆／渡辺洋三編『温泉権の研究』所収、勁草書房、一九六四年、二七〇―三四三ページ
下屋学『草津鉱泉療法』下屋学、一九〇七年
下谷昌幸『白根火山――湯釜の観測、白根火山噴火、硫黄鉱山、湖沼の測定、遭難の記録、上信越自然歩道』上毛新聞社、一九八五年
白幡洋三郎「日本八景の誕生――昭和初期の日本人の風景観」、古川彰／大西行雄編『環境イメージ論――人間環境の重層的風景』所収、弘文堂、一九九二年、二七七―三〇七ページ
関戸明子「メディア・イベントと温泉――「国民新聞」主催「全国温泉十六佳選」をめぐって」「群馬大学教育学部紀要人文・社会科学編」第五十四巻、群馬大学教育学部、二〇〇五年、六七―八三ページ
関戸明子『近代ツーリズムと温泉』（叢書・地球発見）、ナカニシヤ出版、二〇〇七年
関戸明子「戦前期における鉄道旅行の普及と草津温泉の変容」、神田孝治編『観光の空間――視点とアプローチ』所収、ナカニシヤ出版、二〇〇九年、一六―二五ページ
関戸明子「名所絵はがきを読む」「歴博」第百五十八号、国立歴史民俗博物館、二〇一〇年、七―一一ページ
関戸明子「コモンズとしての温泉――草津における温泉の利用・管理の事例を中心に」、谷口真人編著『地下水流動――モンスーンアジアの資源と循環』所収、共立出版、二〇一一年、二二二―二四三ページ
関戸明子「絵はがきから草津温泉の景観を読む」「えりあぐんま」第十七号、群馬地理学会、二〇一一年、四三―五六ページ
関戸明子「鳥瞰図にみる近代――草津温泉を事例として」「歴史地理学」第五十四巻第一号、歴史地理学会、二〇一二年、

三九―五三ページ
関戸明子「草津温泉の開湯伝説と歴史意識の形成」「群馬大学教育学部紀要 人文・社会科学編」第六十六巻、群馬大学教育学部、二〇一七年、六五―七八ページ
関戸明子「紀行文に描かれた近代の草津温泉」「群馬大学教育学部紀要 人文・社会科学編」第六十七巻、群馬大学教育学部、二〇一八年、六一―七六ページ
田中薫「『サン写真新聞』と写真ジャーナリズム」、「宮崎公立大学人文学部紀要」第七巻第一号、宮崎公立大学人文学部、二〇〇〇年、一〇五―一三四ページ
田山花袋「草津嶺を踰ゆるの記」「太陽」第三巻第十七号、博文館、一八九七年、一八八―一九四ページ
田山花袋「草津」「一日の行楽」博文館、一九一八年、二七四―二七六ページ
田山花袋「草津」『東京近郊 一日の行楽』博文館、一九二三年、四〇二―四〇四ページ
田山花袋／中澤弘光『温泉周遊 東の巻』金星堂、一九二二年
坪谷水哉「草津入浴記」『山水行脚』博文館、一九一一年、六七―七六ページ
寺内大吉「「湯もみ」で知る草津の魅力――病人専用のイメージから脱皮する日本最大の酸性泉」「旅」一九六九年十一月号、日本交通公社、九六―一〇二ページ
東京都江戸東京博物館編『美しき日本――大正昭和の旅展』東京都江戸東京博物館、二〇〇五年
トク・ベルツ編『ベルツの日記』下、菅沼竜太郎訳（岩波文庫）、岩波書店、一九七九年
戸丸国三郎『上州草津温泉写真帖』日本温泉協会代理部、一九一四年
富田永世『上野名跡志初編』万巻堂書店、一九〇一年
内務省衛生局編『日本鉱泉誌』上・中・下、報行社、一八八六年
内務省衛生局編『全国温泉鉱泉ニ関スル調査』内務省衛生局、一九二三年
内務省衛生局編『全国鉱泉調査』内務省衛生局、一九三五年
内務省東京衛生試験所編『*The mineral springs of Japan*』内務省東京衛生試験所、一九一五年
長井文靖『上毛草津鉱泉独案内』成美堂、一八八四年

中沢温泉研究所「温泉地の再開発構想――草津温泉を事例として」「温泉」第四十七巻第二号、日本温泉協会、一九七九年、二三―二九ページ
中沢晁三「草津温泉滝下通りの再開発について――古きよき時代の街並み再現」「月刊観光」一九八〇年六月号、日本観光協会、一五―一九ページ
中西僚太郎「昭和初期の千葉市街を描いた鳥瞰図」、中西僚太郎／関戸明子編『近代日本の視覚的経験――絵地図と古写真の世界』所収、ナカニシヤ出版、二〇〇八年、一〇三―一一八ページ
中村舜二『天下の草津温泉』大東京社、一九三六年
日本温泉協会編『日本温泉大鑑』博文館、一九四一年
日本温泉協会編『温泉引用の実情調査』日本温泉協会、一九四二年
日本観光協会『観光地の経済構造に関する研究調査報告書』一九八一年
日本交通公社『草津温泉歩きたくなる観光地づくり基本計画策定調査報告書』草津町役場、二〇〇三年
日本交通公社社史編纂室編『日本交通公社七十年史』日本交通公社、一九八二年
萩原進「中世の草津」、草津町誌編さん委員会編『草津温泉誌』第一巻所収、草津町役場、一九七六年、一一一―五一二ページ
萩原太一郎『草津温泉』草津鉱泉取締所、一九〇八年
萩原太一郎『草津温泉』増補再版、草津鉱泉取締所、一九一一年
萩原太一郎『草津温泉』増補第五版、草津鉱泉取締所、一九二二年
萩原亮「草津温泉の戦後史と将来」「温泉」第四十七巻第二号、日本温泉協会、一九七九年、三〇―三三ページ
萩原亮「最初の天狗山・殺生リフトの建設」、前掲『草津のスキー』所収、五七―六〇ページ
早川由紀夫／由井将雄「草津白根山の噴火史」「第四紀研究」第二十八巻第一号、日本第四紀学会、一九八九年、一―一七ページ
はやし生「草津への旅」「旅」一九二七年四月号、日本旅行文化協会、七二―七四ページ
福井一喜「群馬県草津温泉の宿泊業におけるインターネット利用の動態――宿泊施設の経営戦略に着目して」「地理学評

論」第八十八巻第六号、日本地理学会、二〇一五年、六〇七―六二二ページ
布施廣雄『草津温泉』草津鉱泉取締所、一九二三年
別府市編『別府市誌』別府市、一九八五年
細馬宏通『絵はがきの時代』青土社、二〇〇六年
毎日新聞社編『人間形成ある根性』光風社、一九六三年
益子安「温泉工学」、草津町誌編纂委員会編『草津温泉誌　自然・科学編1』所収、草津町役場、一九八四年、二八一―三五〇ページ
松永彦右衛門『上州草津温泉誌』臥遊山房、一九〇五年
虫明亜呂無「ベルツの夢　草津温泉考」「旅」一九八〇年一月号、日本交通公社、一〇〇―一〇五ページ
森正人『昭和旅行誌――雑誌『旅』を読む』中央公論新社、二〇一〇年
森村方子編『聞き書き草津温泉の民俗――温泉習俗と口頭伝承』ぎょうせい、一九九二年
山口力雄「スキー事始め［明治44年―昭和53年］」、前掲『草津のスキー』所収、二六―三五ページ
山村順次「東京観光圏における温泉観光地の地域的展開――温泉観光地の研究（第一報）」「地理学評論」第四十巻第十一号、日本地理学会、一九六七年、六二五―六四三ページ
山村順次「草津温泉観光発達史」、草津町誌編さん委員会『草津温泉誌』第二巻所収、草津町役場、一九九二年、五―五五四ページ
矢守一彦『古地図と風景』筑摩書房、一九八四年
吉田団輔「草津温泉」『季節の旅――山・海・温泉』新日本社、一九三七年、一六一―一六四ページ
若山牧水「上州草津」『静かなる旅を行きつゝ』アルス、一九二一年、一三一―一四四ページ
渡辺洋三「川島武宜の温泉権論について」、川島武宜『温泉権』岩波書店、一九九四年、三一四―三二二ページ
綿抜邦彦「草津温泉の化学的特徴と温泉の保護」「温泉科学」第四十九巻第三号、日本温泉科学会、一九九九年、九〇―九八ページ

あとがき

二〇一八年一月二十三日、本白根山が噴火した。前年の六月には白根火山ロープウェイに乗って本白根山に登っていたし、鏡池周辺には何度も行ったことがある。なじみがある場所だっただけに大きな衝撃を受けた。本書の原稿は一七年十一月半ばに脱稿し、十二月初めには「あとがき」を含めて青弓社に届けていたが、第1章にコラムとして、「草津白根山の火山災害」について加筆した。あわせて、一七年の観光入込客数を確認し、第4章の図43にデータを加えて部分的に文章を改めた。また、第5章の「にっぽんの温泉100選」については、一七年度のランキングが公表されたので、表21にその結果を加えて補筆した。

一八九四年（明治二十六年）、二十三歳の田山花袋は、渋温泉から草津温泉へ向かう途中、湯釜がある白根山に登ったときの旅の体験を「太陽」第三巻第十七号（博文館、一八九七年）に「草津嶺を踰ゆるの記」として残している。そこで、「わが例の山水癖《さんすいへき》」は、この人跡まれなさびしい山を越え行くとして、草鞋《わらじ》を履きつぶしながら山頂へ達し、そこから火口を見下ろして「われはかゝる奇景に逢ひたる事なし」と述べている。さらに、硫黄を採る者をみて、行けるところまで行こうと下って、火口湖のかたわら近くに進んだところで、熱湯を数十丈の高さに噴き上げたさまをみて「わが身は粉砕せらるゝか」と驚き、硫黄を採る人々とも言葉を交わし、あちこち周覧したのち帰途に就いている。湯釜に下りていく、強い冒険心が感じられる。草津白根山は草津温泉からの探勝地として、よく知られた場所だった。荒々しい火山の風景が人々を魅了してきたのだが、今回の噴火で災害をもたらすものであることを改めて認識することになった。

本書の執筆を終えて、ようやくゴールまでたどり着き、ほっとした気分である。

二〇一六年、一七年とスパトレイル（SPATRAIL）というトレイルランニングの大会に出場した。四万《しま》温泉から草津温泉まで、累積標高四千六百十メートル、七十二キロほどの山道を男子のトップ選手だと七時間前後で駆け抜ける大会である。野反湖《のぞりこ》や旧六合村《くに》のなかの集落をあちこちと回るコースで、四万と草津を最短距離で結んではいない。わたし自身は、走ったり歩いたり、ゆっくり上り下りを繰り返し、エイドでの地元の人々のもてなしを楽しみながら、十二時間ほどでゴールした。このコース上で草津温泉を遠望できるポイントがある。一つは四十キロ地点、コース最高点の野反湖畔にある弁天山の山頂である。もう一つは世立《よだて》集落を抜けて見晴らしのよい尾根筋に出た五十四キロ地点付近で、このあと白砂川沿いに下りてから世立八滝のきつい登りが待っている。本書所収の写真5は、後者のポイントから撮影したものである。はるか先にみえる草津温泉まで自分の足で進んでいかなければならないのだが、ゴールしたときの達成感はとても大きい。そして、草津の強い湯に入ると、疲れた身体を癒やすことができ、さっぱりして気持ちいい。

このような山道をたどった「旅」の経験もあって、草津温泉を目指して徒歩で移動した時代の紀行文を共感しながら読むことになった。第4章で紹介した大槻文彦の「上毛温泉遊記」は、一八七九年（明治十二年）の旅の記録である。大槻は四万から六合に向かったとき、間ノ倉山の峠を越える新道を使っている。スパトレイルのコースと重なっていて、いまは林道が通っているが、当時は「峠の坂路迂曲回旋して息もつきえぬ程の難所」「茅隈笹《くまざさ》を刈り払ひたる許《ばかり》にて草鞋も踏みぬきせんを恐るる」ような厳しい道だった。和光原《わこうはら》集落に着くと同道した牛飼いの家で、湯に味噌を落とし、米麦にさやのままのインゲンをまぜた雑炊を食べている。茶屋もない道だったので、そこで食べ物を求めたのである。第4章では草津温泉での滞在中の記述だけを取り上げているが、道中での見聞の記録も興味深い。第二次世界大戦前の文章は慣れないと難しいと感じるかもしれないが、それぞれ時代の雰囲気を読み取ることができるものを選んだので、ぜひ味わってほしい。

本書の執筆にとりかかったのは二〇一六年一月だった。これまで草津温泉に関する論考をいくつか公刊していて、それらを部分的に活用してはいるものの、新たに多くの資料を集めたり図表を作成したりしたため、ほぼ二年間を要することになった。ちょうど草津のシンボルである湯畑周辺のリニューアルが進行していた期間と重なっていたため、その進捗状況を観察できたことは幸いだった。ライティングの効果もあって、湯畑は夜間も賑わっていて、一日中、写真を撮りながら散策する人の姿が絶えることはない。一七年の観光客の入り込みは順調で、年間宿泊客は前年比一〇九パーセントと増加し、二百二十二万人と過去最高を記録した。

しかしながら、二〇一八年は本白根山噴火の影響を受けるだろう。草津温泉旅館協同組合に加盟する百五軒のうち、回答があった八十六軒で、噴火翌日の二十四日までに延べ一万四千百三十三人のキャンセルがあったと報道された（「朝日新聞」二〇一八年一月二十七日付）。さらに、二十六日までに宿泊予約のキャンセルは二万二百七十五人にのぼった。これまでどおり温泉に入ること、温泉街を散策することはできても、草津白根山近辺でのスキーや登山、ハイキングができないと、楽しみを減じることになる。火山活動が沈静化することを願うとともに、白根山・本白根山の火山災害に備えて避難場所や避難経路を定める実践的な計画をつくり、観光客に安心して来てもらえる安全対策を大切にしてほしい。

本書の作成にかかわる調査は、ＪＳＰＳ科研費（基盤研究（Ｃ）15K03004）の助成を受けておこなった。資料収集にあたっては、草津町役場、草津温泉旅館協同組合、草津温泉観光協会、草津観光公社などの協力を得た。本書をまとめる機会を与えていただいた青弓社の矢野恵二氏をはじめ、お世話になった多くの方々にお礼を申し上げます。

二〇一八年二月初旬

関戸明子

［著者略歴］
関戸明子（せきど・あきこ）
1962年、愛知県生まれ
奈良女子大学大学院人間文化研究科比較文化学専攻中途退学
群馬大学教育学部教授
専攻は歴史地理学
著書に『近代ツーリズムと温泉』（ナカニシヤ出版）、『村落社会の空間構成と地域変容』（大明堂）、共編著に『近代日本の視覚的経験――絵地図と古写真の世界』（ナカニシヤ出版）、分担執筆に『新・秋山記行』（高志書院）ほか多数

草津温泉《くさつおんせん》の社会史《しゃかいし》

発行――2018年5月24日　第1刷
定価――2400円＋税
著者――関戸明子
発行者――矢野恵二
発行所――株式会社青弓社
〒101-0061 東京都千代田区神田三崎町3-3-4
電話 03-3265-8548（代）
http://www.seikyusha.co.jp
印刷所――三松堂
製本所――三松堂

ISBN978-4-7872-2075-2　C0025